滇西挂职行思录

曹东勃◎著

路边的中国

复旦大学出版社

本书出版受到教育部定点联系滇西专项课题"依托农民丰收节传承优秀传统农耕文化研究"、中央高校基本科研业务费专项基金项目"马克思主义视域下城乡协调发展研究"资助

序　言

曹锦清

打赢脱贫攻坚战是全面建成小康社会的底线任务,也是中国共产党对全体人民的庄严政治承诺。回溯历史,我们可以发现,中华民族反贫困的斗争从未停歇,只不过受特定物质条件和发展阶段的限制,过去无论在减贫规模还是在减贫效果上,都不能与今天相比。在新时代,中央提出精准扶贫、精准脱贫方略,到 2020 年彻底解决现行标准下贫困人口的脱贫问题,这将是中华民族发展历史上首次整体消除绝对贫困。我们躬逢其盛,即将见证这一伟大的历史时刻。当然,若能亲自参与这场史无前例的脱贫攻坚战,就更是人生幸事。

上海财经大学青年才俊曹东勃博士作为教育部第六批滇西挂职干部,于 2018 年至 2019 年远赴云南省红河州元阳县挂职副县长。挂职期间,东勃不仅圆满完成了组织交办的各项任务,还深入基层,访民情、听民意,开展了扎实的调查研究,对县级贫困治理有了系统的认识。眼前呈现给读者的这本《红河边的中国》,便是他这一年来在基层工作的观察、记录和思考。我认为,这本书对我们从县级层面来考察精准扶贫的政策和实践,具有重要的启示意义。

2010年至2015年间,东勃在华东理工大学任教,出于对农村研究的热爱,在教学之余,他也作为华东理工大学中国城乡发展研究中心的研究人员,参与相关课题的研究,曾多次跟随团队到各地农村做社会调查。他笔头快、思考勤,对周遭生活的观察细致,于访谈研讨中常有新见。2015年,东勃回到其母校上海财经大学工作,临行前他到我家中跟我道别,我勉励他始终要对社会存有敬畏之情,认真阅读社会这本无字之书,时刻保持对现实世界的敏锐性,努力用自己的思想去守护我们的民族。近几年与东勃的交往虽不如以前密集,但我还是不时能够听到他在教书育人、科学研究等方面的喜讯,我为东勃取得的进步感到由衷的高兴。

2019年年初,我们一行几人前往华东理工大学对口帮扶的昆明市寻甸县调研。在滇期间,东勃得知我们的行程后,便盛情邀请我们到他所挂职的元阳县看看。结束寻甸的行程之后,我们马不停蹄地南下元阳县,一睹红河边中国的风采。在东勃的精心安排下,我们先后考察了产业扶贫基地、易地扶贫搬迁安置点、劳动力转移就业典型、板蓝根染料提纯加工厂、少数民族传统村落、土司府等处。元阳之行印象最深刻的是在攀枝花乡参观土司府,看到了关于此地土司制度历史演变的个案材料和详实数据。透过土司府兴衰史的分析,我们可以想见整个西南地区是如何纳入国家治理体系之中的,中国郡县制传统在这些地区是如何延续的,中华民族共同体的认同是如何达成的。在元阳县看到的各种"活"历史,对我们重新认识中国,理解大一统局面大有助益。

东勃这部书稿,同步形成于他挂职期间。成书后的谋篇布局,基本也对应于他到地方工作后所接触实际问题、开展调查研究的先后顺序。从中能够读到一个年轻挂职干部超脱于日常的事务主义牵绊,始终带着浓厚的家国情怀和问题意识,在工作中研究、在研究中工作的积极进取的精神面貌。书中不少地方,不仅描摹呈现了事实的基本面向,更挖掘思考到深层的动力结构。这里仅例举二三。

第一,脱贫攻坚背后的制度结构。东勃敏于观察,初到地方,即用心留意贫困县治理中的制度结构,特别是帮扶力量的多元构成。他虽来自上海,严格说来却属于教育部部属高校的派出干部;而当地同时还有来自大型央企、发达地区地方政府以及云南省、红河州的多名挂职干部。这一观察,随即勾连起他对毛泽东《论十大关系》中有关"部门与地方""地方与地方"等"条块关系"论的深刻印象。由此入手,将触角再向上延展,到明清地方志中去找寻发达地区对欠发达地区的"帮扶"样态和彼时地方干部"异地交流"的蛛丝马迹;向下探问,理解"三线"建设到东西部扶贫"结对"的当代脉络。中国共产党是一个使命型的政党,在其时代叙事与历史使命中,蕴含着浓厚的民族赶超与复兴的价值取向。实现把全体人民"一个不少"地带入全面小康社会,仅仅是其历史使命的一个篇章、一部序曲。但是完成这一攻坚任务,需要的不仅是一腔热血和蛮干硬干,更要有持久深入的制度建设作为支撑。我们要看到脱贫攻坚过程中那些可歌可泣的感人故事,更应该看到背后的强大制度力量,这对我们理解当下这张纵横交错的精准扶贫网络,无疑有重要的参照意义。当然,我们也应当思考,如何更有效地确保这套制度在其执行和落地的过程中不打折扣、减少"跑冒滴漏"。对于后面一个问题,东勃也在书中专门做了思考,讨论到如何克服县域治理中的官僚主义、形式主义。我以为,本书第一部分的这些思考是中肯的。

第二,产业扶贫过程中的可持续性。东勃在元阳县政府中的分管领域,并不涉及产业、就业等方面。不过,这并不影响他灵活机动地就近从旁观察,获得鲜活的直观感受,最终形成书中第二部分的不少真知灼见。产业扶贫是稳定脱贫的根本之策。在边远山区发展产业,谈何容易。绿水青山,世界遗产,脱贫攻坚,这三个标签同时落在元阳的头上,既是难得的机遇,也有沉重的责任。如何在旅游资源开发与文化遗产保护、当前的脱贫要求与长久的发展源泉之间寻求平衡?特别是随着后2020时代的到来,以往那种疾风骤雨式的资源投入可能很难再有,那么在精准扶贫阶段贫困地区所进行的大量的基础设施建设,其后续的维护成本由谁消化,那些没有配套支撑的产业项目怎样避免"人走茶凉"和"翻烧饼"的命运?这都是非常现实的问题。我始终认为,毛泽东农村工作思想最经典的一条仍然富有启发,即坚决反对恩赐路线,致力于组织农民。组织起来,依然是脱贫攻坚和乡村振兴至关重要的命题。

第三,民族地区的教育问题。东勃此书对教育扶贫着墨最多,用了两个篇章。教育是阻断贫困代际传递的重要途径,相较于其他扶贫手段,教育扶贫虽然周期长,但效果最明显。一般来说,一个贫困家庭如果培养出一个大学生,那么这个家庭就很可能因此而世代脱贫。所以,在精准扶贫的过程中,我们怎么去强调教育的重要性,都不为过。在民族地区,受各种条件的限制,教育的发展还存在不少薄弱环节,学前儿童的教育还没有全覆盖。我的一个总体观感和判断是,改革开放40多年来,这些地区年轻一代(30岁以下)外出的意愿没有差异,或者说,都是愿意外出的。但是能否顺利外出务工,主要就取决于语言能力和受教育程度的差异。越往高山走,可能这方面就越薄弱,出去之后就越难适应。类似元阳这种地方,新中国成立七十年以来,教育已有巨大的进步,1985年后出生的基本都是小学毕业的,总体上是一辈新人换旧人,一代更比一代强。现在的学校都是普通话教学,目前30岁左右这一辈人的日常语言是普通话+元阳方言,再早一点的时候则是元阳方言+土话。而他们外出交流都能用普通话,语言上没有障碍。婚姻状况发生了一些变化,60岁左右那一辈已经没有民族通婚的障碍,1949年前出生的那一辈可能还有一些,改革开放之后完全是自由恋爱。人们对民族之间的这种交流与融合的趋势,是自然接受的。祖辈的焦虑可能会有一些,主要是担忧语言会不会消失。其实,语言有两种功能:一是交流,二是承载民族文化历史记忆,形成一种"我们是谁"的认同。推广普通话交流,就是要塑造和强化"中华民族共同体"的认同。语言认同在西南地区完全不是一个障碍,而且由于语言的习得,事实上也便于更快、更好、更准确地对接这套语言所承载的现代教育体系,进而获得走出大山、拓展社会交往活动的更大机会和空间。这正是百年树人、教育为本的根本性意义。

以上是我读完东勃这本书后引发的一些感想。《红河边的中国》一书结构清晰、逻辑严谨、文笔流畅、通俗易懂,以理性观察和基层视角勾勒出这场浩大的脱贫攻坚"战场"上一个局部的"战斗"片段,却能够以小见大,使关注这一问题的人们有身临其境之感,亦有所启发和思考。特别是其中有关贫困地区教育情况的文字,确实让人对"扶贫先抚智""教育扶贫是阻断贫困代际传递的根本之策"更加认同。基于此,我愿将东勃所著的这部《红河边的中国》推荐给诸君。

2019 年 10 月

目　录

序言 …………………………………………………… 曹锦清　1

一　制度观察的文化沉思 ………………………………………… 1
二　传统结构的现代转化 ………………………………………… 77
三　乡村教育的逆势突围 ………………………………………… 101
四　控辍保学的"破心中贼" …………………………………… 169

附录 ………………………………………………………………… 229

后记 ………………………………………………………………… 252

一

制度观察的文化沉思

- "精准扶贫"的社区维度
- 对口支援政策体系的中国实践
- 扶贫任务体系中的国家治理经验
- 优秀传统农耕文化的本质内涵
- 80后扶贫干部为什么白了头?
- 克服县域治理中的官僚主义
- 三个扶贫挂职干部的交流
- 经济理性驱动的乡村礼俗嬗变
- 偏远山区一场无声的殡葬礼俗改革
- "文明上山"的观察与反思
- 爱在红河元阳
- 我的第三个本命年
- 在脱贫攻坚一线感受真实的中国

"精准扶贫"的社区维度

精准扶贫、精准脱贫,已经作为面向全面建成小康社会的三大攻坚任务,明确出现在中共十九大报告的文本中。这也是兑现中共十八大报告中所作出的"2020年城乡居民人均收入比2010年翻一番"的政治承诺所必须要补齐的一块短板。怎样理解精准扶贫,如何避免流于形式,是政策执行过程中必须考虑的重要方面。

扶贫工作岂能陷入形式主义怪圈

2017年7月24日,国务院扶贫办发布《关于进一步克服形式主义减轻基层负担的通知》。这份1700字的文件开篇,即痛陈"扶贫领域形式主义问题依然突出,一些地方还有新的表现。近段时间以来,各方面普遍反映,频繁填表报数、迎评迎检、陪会参会等耗费了基层干部大量精力,干扰了脱贫攻坚工作,影响了党和政府形象,必须坚决制止"。随即提出了"减少填表报数,减少检查考评,减少会议活动,减少发文数量,规范调查研究,严格督查问责"六条具体举措。尽管这份文件只是扶贫办一个部门发出的,但其问题导向和现实针对性确实值得各个地方和部门借鉴,其间也反映出"条块关系"处理不当带来的弊端。

部门与地方之间的关系,也叫做"条块关系"。"条条"的优势在于站位高、大局观念强,然而其短处也很明显,毕竟没有身处第一线,一些决策难免会纸上谈兵、拍脑袋制定。"块块"的优势在于贴近实际、直面问题,掌握大量的一手信息,但其不足在于囿于局部视野、固守地方本位、缺乏大局意识。"条条"要更好地实现其垂直管理的职能,必须仰赖"块块"的配合,做好数据收集和分析,了解真实情况。"块块"要获得可持续发展,也必须自觉纳入"一盘大棋"之中,统筹发展。

"条块关系"处理不当在政府管理中并不鲜见。早在新中国成立初期,就出现过会议集训多、公文报告表册多的现象。每个部门都根据自身工作要求地方采集数据,一来严重增加了基层工作负担,二来严重影响了国家统计工作的权威性和系统性。加之这类工作往往时间紧、任务重、种类多、数量大,客观上逼使地方采取"上边要,下边造"的方式应付了事,助长了统计造假的歪风。

毛泽东同志 1956 年为写作《论十大关系》与部委负责人座谈时就深有感触:"现在几十只手插到地方,使地方的事情不好办。立了一个部就要革命,要革命就要下命令。各部不好向省委、省人民委员会下命令,就同省、市的厅局联成一线,天天给厅局下命令。这些命令虽然党中央不知道,国务院不知道,但都说是中央来的,给地方压力很大。表报之多,闹得泛滥成灾。这种情况,必须纠正。"①

周恩来总理将治理统计报表泛滥上升到反对"文牍主义和形式主义的官僚主义"这样的政治高度。他对此有过形象描述和深刻批评:"指示多,不看;报告多,不批;表报多,不用;会议多,不传;来往多,不谈。"②为此,当时国务院要求各部门自上而下清理自查和各地方自下而上揭发"非法"表格,对文牍主义和形式主义开展严肃的批评问责。这在很大程度上遏制了统计报表满天飞的不正常现象,清除废止了一批冗余的报表制度,改进了党的工作作风,优化了社会治理。

几十年的政府改革中,简政放权、清理文山会海一直是主要内容。尤其在 2020 年全面建成小康社会这一关键节点即将到来之际,做好精准扶贫工作更是成为补齐短板的重中之重。可是,近一个时期以来,各方面渠道所反映的工作流程漏洞和基层干部苦衷,让人们看到了某种文牍主义、形式主义的死灰复燃。

---

① 毛泽东:《论十大关系》,《人民日报》1976.12.26。
② 周恩来:《周恩来选集》(下卷),北京:人民出版社,1984 年,第 420 页。

在信息化作为"四化同步"关键环节的大数据时代,以各类统计报表为载体的人为工作量有增无减,岂非咄咄怪事?部分干部为了获得准确信息,将大量工作摊派到农村一线,使原有依托于熟人社会环境的、较为自然的社区治理关系骤然紧张。部分农村基层自治组织疲于登记造册,部分贫困农户的真实信息得不到反映。一些"三支一扶"(支农、支教、支医、扶贫)计划、西部志愿者计划和大学生村官计划的入选者,也陷于村委会办公室的各类文牍工作的汪洋大海之中,成为应对各类报表的 office 达人,却连下到农户家中调查研究的时间都排不出来。难道他们"到西部去、到基层去、到祖国最需要的地方去",只能做这些纸面工作吗?形式主义的可怕后果,由此可见一斑。

精准扶贫工作中,尤其需要打击形式主义。这不只关系到精准扶贫工作的扎实推进和不断完善,更是群众路线教育实践活动踏石留印、抓铁有痕的必然逻辑延伸。要将改革真正进行到底,就必须将反对形式主义、官僚主义、享乐主义和奢靡之风进行到底。

精准扶贫:国家治理能力与治理体系现代化的要求

2017 年 6 月 23 日,全国人大常委会听取审议国家审计署所关于 2016 年度中央预算执行和其他财政收支的审计工作报告。报告指出了精准扶贫项目在执行过程中存在的风险。有 53 个县的 189 个项目因脱离实际、管护不到位等,建成后改作他用或废弃,涉及扶贫资金 1.41 亿元;有 24 个县的 56 个项目与贫困户利益联结较弱,集中在龙头企业或合作社,存在"垒大户""造盆景"现象,涉及扶贫资金 5 643.68 万元;有 32 个县的 81 个项目在资金分配中搞简单"平均主义",涉及补助 1.33 亿元;有 119 个县财政涉农资金统筹整合试点推进慢,其中 84 个县形成闲置资金 19.54 亿元,有 6.23 亿元闲置两年以上。

理解精准扶贫,需要将其纳入国家治理能力和治理体系现代化之中。

现代国家追求强大的治理能力,这并不稀奇。黄仁宇的著名说法是"数目字管理",实际上是把整个社会资源整合进一个数字化的统计系统,进而在商贸活动、财税收支、产权界定等方面更主要的是治理体系和制度安排上完全量化。

对于人类理性的这种扩张建构、操控一切的冲动,鲍曼用了一个更直观的语词来概括:造园(gardening)。人人心中有一个"造园梦",梦寐以求成为自己理想国的总设计师、总园艺师。造园,关键是清晰划界,区分良莠,甄别优劣,培植和抚育那些符合园艺师心中"理想类型"的鲜花,剪除那些非主流、边缘化的杂草。

曾提出"道义经济"和"弱武器"两个概念的斯科特,把这种理性自负聚焦为"国家的视角",并将之追溯到18世纪普鲁士的科学林业。通过国家管道式的狭隘视野,自然状态下多样化、多用途的林业被单一木材和燃料的体积所代表的抽象的树所取代,这些抽象树组成了作为国家单纯财政目标的财政森林、商业森林,这与农业领域中人们不断扩大单一作物播种面积而减少农业生态系统中的灌木、矮林等面积,破坏野生动物的通道、庇护地和自然环境并导致物种多样性的巨大损失,遵循的是相似的逻辑。人的秩序加诸自然秩序,开始了人对自然的标准化改造和强制立法。

"精准扶贫",本质上也是追求治理能力现代化进程中的副产品。随着2020年全面建成小康社会目标期限的迫近,如何兑现2012年提出的"到2020年国内生产总值和城乡居民人均收入比2010年翻一番"的承诺,成为广受关注的议题。这种背景下,精准扶贫已不只是一项战略和一项政策,其补短板的意义显而易见,甚至在个别地区升级加码为一场运动、一次"会战"。

精准扶贫的前提是精准识别。恰恰是在这个环节,目前一些地方披露出来的工作流程存在不少漏洞。为了获得准确信息,大量工作被摊派到农村一线,使原有依托于熟人社会环境的、较为自然的社区治理关系骤然紧张,部分农村基层自治组织疲于登记造册,部分贫困农户的真实信息得不到反映。正如前文所引毛泽东在《论十大关系》中的描述,各种来自条线的压力造成的"条块关系"紧张,由来已久。城市套路深,传导到农村。农村行政化,后果真可怕。这些年不少"三支一扶"(支农、支教、支医、扶贫)计划、西部志愿者计划和大学生村官计划的入选者,真正的用武之地是投入到应对各类上级报表之中,这方面的文案水平他们确实远超农村本土能人。文牍误国,可见一斑。假如有人拍一部《文件上的中国》,我想它的收视率一定比《舌尖上的中国》不知道高到哪里去,遍地都是素材。

理解精准扶贫,社区是一个绕不过去的维度

理解精准扶贫,有必要把这个偏正短语拆开来分头解读。

理解扶贫,需要社区治理的视角。贫困是一个相对的概念,正如现代化、富裕、中产之类概念一样。那么,精准扶贫就不能简单理解为从一个变革社会之中精准识别并精准"拔除"那些贫困阶层,而是必须与社区环境紧密关联。比如一个人长了一根白发,他可以精准地拔除它,但是他整个头皮层下面的"生态环境",才是白发得以滋生的基本面。所以,贫困的识别要聚焦个体后跳脱出来。

理解扶贫,需要生命周期的视角。贫困有可能是一个随家庭生命周期而自然演化的过程。一个三口之家又称为核心家庭,它往往是消耗型的,主要表现在对劳动力时间和空间的剥夺与错配——使得家庭成员围绕子女的养育,特别是幼年子女初期阶段的养育进行分工调整。一方有可能放弃外出务工的机会,甚至专事家务。待度过这一阶段,才会形成一个家庭收入激增的阶段。而随着子女教育进入高等阶段,又会进入一个支出高峰,对家庭收入的吞噬效应也会进一步增大。到子女分家、核心家庭析出新家庭时,则老年劳动力丧失比较优势,收入水平陷入低谷,甚至毫无收入流,到了晚景凄凉坐吃山空之境,再赶上大病,就很可能翻不过身了。谈精准扶贫,必须具体地结合家庭生命周期的变化来分析。

理解扶贫,需要历史比较的视角。1949年以来的扶贫过程,大体

可分为三个阶段。第一个是集体化阶段。新中国成立初期,耕者有其田的土地改革,实际是在一个横截面上求得一个静态的平均分配。但是很快在东北和山西陆续出现了对"分化"的争论,这一争论伴随着农村合作化运动和农村集体所有制的不断升级而告终结。在人民公社体制下,虽然整体笼罩在集体贫困的环境之中,分化仍然存在。不仅有集体内部基于"劳动—工分"制度的分化,集体与集体之间在生产资料、基础设施投入方面的分化也很明显——这也是后来农村改革开启之时"队为基础"原则得到贯彻的一个重要原因。

第二个是集体(人民公社)瓦解后很长一段时间的"先富"带动"后富"的阶段。在社会主义作为国家基本制度的前提下,集体再分配能力削弱后,自然意味着要寻找共同富裕新的实现路径。因而,一部分人先富起来、先富带动后富、最终实现共同富裕的政策语词,无论如何都是1980年代政策转向后的一种必须。然而这种"带动"的实际效果并不完美,甚至可以说,把共同富裕这一重任寄希望于自发的"带动",似乎越发成为不可承受之重和不可完成的任务。

于是,在集体"退场"之后,寄希望于个体自发秩序的承诺也逐渐落空,国家开始不动声色地亲自上阵,精准扶贫的话语体系在这个时候开始登场。这是第三个阶段,它的出现本身,就蕴含着对第二阶段的否弃和改弦更张。

这里颇值得玩味的有几点:第一,"集体"是标准的社会主义组织形式;第二,"带动"是具有中国传统色彩的实践形式,它默认的前提是守望相助、富含社会救济精神的传统文化背景;第三,在市场经济的氛围中,人也可以具有高尚的道德情操、社会责任感和自觉性、主动性,可以自发实现自助助人的带动效果;第四,精准,则是一种不成熟、不完善的国家主义或"国家的视角"(斯科特语),在现代化进程中,似乎少有这类精准的成功先例可循,是一项全新而极富挑战性的事业。

说完贫困,我们再回头来看如何理解精准。

理解精准,需要国际比较的视角。西方哪一个国家没有贫困?日本1970年代喊"一亿总中流",就算一亿中产阶级的数量足够庞大,贫困仍然存在,只不过贫富差距相对较小。扶贫的精准化路径,要么是学日本韩国和台湾地区——具有强大的集体自治基础和社会合作精神;要么是学北欧福利国家。但中国这么庞大的规模和体量难度不小,而且欧债危机殷鉴不远,不可视而不见。撇开这两个角度空谈精准,无异于缘木求鱼。

理解精准,需要宗教文化的视角。一些老百姓信菩萨。菩萨的理想类型是有求必应、点对点服务,是为精准。所以民间自家供菩萨,不是金刚。在现代社会提出要做所有个体的大靠山,有求必应,扮演菩萨的角色。这实际是一个光荣又艰巨的任务,它不只是满足物质需求,更要满足现代社会人的精神追求。精准扶贫是做减法,精细管理是做加法。全知全能何以可能,大数据时代的控制、计划可能性变大了,是否真能做到精准规划和控制?现代菩萨究竟当得当不得?在临时抱佛脚的群众看来,菩萨是马虎不得的,而且必须一事一议,一旦有失,就是泥菩萨自身难保,免不得把菩萨拉下神坛。

理解精准,需要城乡一体的视角。社会治理体系是一个"中心—边缘"结构。放开边缘,固然极大激发了创造活力,反过来倒逼中心。但这只是1980年代初改革从农村开启并星火燎原的剧本,这一剧本并未能一直演下去。事实恰恰在于,既然边缘创造了奇迹,那么中心便可稳坐钓鱼台,无须劳神费力再思进取。所以,本应深化改革的中心地带——比如国有企业等方面的许多痼疾,被一拖再拖;本应开风气之先的城市,不再是"冒险家的乐园",反成为保守、稳定、僵硬、固化的体制堡垒;本属不毛之地的农村则屡屡发力,敢为天下先。农村包围城市的旧戏,没能再次重演。因为城市抽干了农村的活力,瓦解了富含合作精神的社会基础,乡村衰败、资本外流,贫富分化加剧。这时,作为指挥中心的城市开始转向"精准扶贫"。

贫困问题的真正解决,不能忽略社区的作用。切不要忘记,即便农村税费负担极为严重的时候,一种社区内部的自我救济机制仍然发挥了一定作用,"三提五统"设计的初衷还是因袭了农村传统社区的内在逻辑,尽管它表现出来的外在效果是"甩包袱"。

社区的重要性有二，一是规模适度，熟人社会圈子中，信息成本较小，对于贫困的识别相对精准；二是激励充分，众人之事的决断、众人之财的使用，必须有明确的说法，也必须有监督动力和惩罚机制。以国家救济越俎代庖，别人充其量会认为拿到（或忽悠到）"国家补贴"的人很有本事，你既没动我的奶酪，又从国家那里获得了增量部分，对我而言是多一事不如少一事、睁只眼不如闭只眼，看不惯却也没什么动力去说破，最终大家一副"你懂的"的旁观姿态，一起心照不宣地伪造资格骗取国家财政的转移支付（这种情况实际上已经在当下一些地区发生）。这种放任和纵容往往也造成了严重的乡村基层"委托—代理"问题：社区精英借此机会造假和寻租，而最应予以扶持和补贴的贫困户，却仿佛被无形的玻璃幕墙隔离在外，这种农村"折叠"的状况理应引起人们足够的重视。

对口支援政策体系的中国实践

持续40载的改革开放伟大历史进程及其巨大变革力量,不仅极大改变了中国大地的物质形态和中国人民的生活面貌,也极大增强了区域协调发展的内生动力和中华民族共同体意识的内在支撑。从这个意义上说,以东西部扶贫协作为代表的对口支援政策体系功不可没。

实现区域协调发展的大国之路

幅员辽阔、战略纵深巨大,既使得我们这样一个大国在面对危机时可以有充分的缓冲空间以及产业分工与布局的梯度和秩序,也为我们设定了通过不断发展逐步夷平地区差距、最终实现全体人民共同富裕的责任和使命。

对口支援政策体系汲取了中国古代国家治理的经验教训。从中国的历史经验看,区域之间的发展失衡问题,非但关涉民生,更直接影响国家的政治稳定。然而,古代王朝多以移民、屯田、建制为主要手段开发边疆。清朝中期以降,江南一带已开始出现大量的农业兼业化甚至非农化趋势,中央政府在鼓励当地纺织业发展的同时,也有意识地安排具有经济作物、农特产品种植和经营经验的地方官员交流到边疆地区异地任职,在更大范围推广经验和技术,以期改善当地经济状况。这些举措固然在一定程度上促进了人员、物资、信息和资金的区域流动,也为西部开发和东西部之间的交流协作做出了一定贡献,但其发生多为偶然,手段也比较单一,并没有形成稳定的制度安排。

对口支援政策体系发挥了社会主义制度下内生发展的优势。新中国成立后,在中华民族多元一体、民族团结共同繁荣进步的共同体意识和社会主义集中力量办大事的制度优势影响下,党领导人民探索出一条符合中国国情的区域协调发展、协同发展、共同发展的道路,构建了一套卓有成效的对口支援政策体系。毛泽东同志在《论十大关系》一文中专门谈到"地方与地方之间的关系",特别提出"省市和省市之间的关系,也是一种地方和地方的关系",而处理这一关系的基本原则就是"顾全大局,互助互让"①。在经济社会发展较为困难的20世纪60年代,以"三线"建设为标志的一系列政策推动下,沿海与内陆、东部与西部、发达地区与欠发达地区,纵使相隔千山万水,依旧建立起密切的合作关系。上海的一批重纺、机械工业企业相继迁到云南,数万上海知青奔赴云南,受到人民的培养和哺育,也为边疆民族地区经济社会发展作出了贡献。

对口支援政策体系促进了市场经济条件下国内统一市场的生成。改革开放吹响了"以经济建设为中心"的号角。"为增长而竞争"的地方经济繁荣的背后,也潜藏着地方保护主义的隐忧。打破地区壁垒、建立全国统一市场的呼声不是削弱了,而是增强了,这也为进一步提升对口支援能级、深化区域合作内涵创造了契机。1979年,中央就专门召开会议,明确了内地发达省市对口支援边疆少数民族地区的具体方案,对口省份在工业、农业、科技、能源开发等领域的物资、资金、技术、人员的协作日渐加深。1996年中央扶贫开发工作会议明确要求北京、上海、广东等9个东部沿海省市对口帮扶内蒙古、云南、广西等10个贫困省区,由此开始了有组织、有计划、大规模的对口支援和东西部扶贫协作。其重要意义和丰硕成果,正如习近平总书记所评价的那样,"是加强区域合作、优化产业布局、拓展对内对外开放新空间的大布局,是实现先富帮后富、最终实现共同富裕目标的大举措"②。

---

① 毛泽东:《论十大关系》,《人民日报》1976.12.26。
② 习近平:《习近平扶贫论述摘编》,北京:中央文献出版社,2018年,第101—102页。

推动治理体系现代化的有益探索

完善和发展中国特色社会主义制度,推进国家治理体系和治理能力现代化,是全面深化改革的总目标。就国家治理体系而言,制度建设是其中轴结构。对口支援政策体系的实质,正是在中国特色社会主义制度下,通过制度化的方式建立一种常规、稳定和可持续的地方政府间关系。

对口支援政策体系的建立彰显中央权威。对口支援关系的共同特点在于,对口省份大多数并非地理空间上毗邻,这与区域经济一体化政策有着明显差异。那么,推动这些地方政府建立超越空间地理约束的"对口"固定关系的深层决定力量和初始推动力量,必然是强大的中央权威及其坚定政治意志与深刻历史自觉。在没有这种机制的情况下,传统的地方政府交往方式大多带有浓厚的个人色彩,随个人的流转而自然延伸。比如一地领导人异地任职于另一地后,两地政府之间的交往交流与合作也会频繁起来。这带有相当程度的偶然性。对口支援政策体系下的"结对子"并非简单的"拉郎配",而是充分尊重和照顾地方之间的历史渊源与互补性基础上的一种制度安排。由此建立的地方政府之间在人、财、物等方面的流动,在商业、科技、教育等方面的项目安排,乃至于在财政资金上的直接转移支付,实质是以地方政府之间的"互助合作",实现发展的空间公平和区域资源要素的均等化。

对口支援政策体系的维系需要优势互补。跨地域的经济合作具有飞地经济的性质。2017 年,国家发改委等部门颁布的《关于支持"飞地经济"发展的指导意见》就明确提出,"支持在各类对口支援、帮扶、协作中开展'飞地经济'合作"。所谓"飞地经济",是指两个相互独立、经济发展存在落差的行政地区打破原有行政区划限制,通过跨空间的行政管理和经济开发,实现两地资源互补、经济协调发展的一种区域经济合作模式。对口支援政策体系中两个地理空间上并不相邻的区域地方政府之间的合作，除了中央权威的驱动之外，必然要基于一定的优势互补性，使得资本、技术撬动资源、劳动，资源、劳动吸附资本、技术，双方互利共赢、相得益彰。作为支援方的发达地区实现产业的转移、转型与升级，作为受援方的欠发达地区实现就业增长、收入增加和资本积累，逐步实现"输血"向"造血"、"对口援助"到"对口合作"的自然演进。

打赢新时代脱贫攻坚战的必然要求

十九大报告指出，中国特色社会主义进入新时代，我国社会主要矛盾已经转化为人民日益增长的美好生活需要和不平衡不充分的发展之间的矛盾。这种不平衡，首要地表现为区域发展水平的不平衡。2012年的十八大报告也明确提出了到2020年"要在发展平衡性、协调性、可持续性明显增强的基础上，实现国内生产总值和城乡居民人均收入比2010年翻一番"的宏伟目标。"两个翻一番"，是党对人民的郑重承诺。"全面建成小康社会，一个不能少；共同富裕路上，一个不能掉队"，体现了中国共产党打赢三年脱贫攻坚战的坚定决心和责任担当。

很多贫困地区同时也是边疆地区、少数民族地区，多重维度相交织决定了脱贫攻坚的艰巨性和复杂性。民族学有一个专门的说法叫做"直过民族"，指的是新中国成立后直接从原始部落的前现代社会过渡到社会主义社会的民族。"直过民族"所在地区也是当前脱贫攻坚的重点难点地带。一是基础设施薄弱。受地理、气候等因素限制，"直过民族"聚居区交通、水利、通信等设施应对灾害能力弱，养护难度较大。二是产业发展滞后。受地理环境制约，群众依然延续传统种养方式，产业规模小，农产品竞争力差，加之交通不便，外部企业进驻和开发的意愿较低，带动效应难以实现。三是文化素质和教育程度低。思想观念落后，劳动素质低，科技知识缺乏，在科学技术推广应用上长期处于被动局面。

以"直过民族"聚居区为代表的一些极端贫困山区的民众热忱纯朴，没有货币观念、市场观念，甚至部分人至今还习惯于简单的物物交换状态。以至于地方志上所谓"重农怀土，贸易不出其境，不与富商巨贾开智争，遂虽有铜锡之厂，开采者多他省人，邑人在厂地者鲜"的描述，今天仍然适用。而我们当下所讲的脱贫还只是一道最低门槛，从摆脱贫困到实现富裕还要经历一个过程。在这个市场化、货币化的现代世界中，如何改变那种隔绝于外部世界、自成一体的深山里，在一种熟人社会结构中封闭运转了千百年的思维观念和生活方式？改变那种"贸易不出其境"和"邑人在厂地者鲜"的状态，真正激活当地人民脱贫致富的内生动力？这是摆在我们面前的一道难题。

破解这道难题，发达地区责无旁贷。仍以上海—云南协作关系为例。自1996年沪滇两地东西部扶贫协作和对口支援关系确立以来，通过项目投资、无偿捐赠、干部交流、人才培训、劳务输出和技术咨询服务等方式，累计实施7 000余项帮扶项目、投入各类帮扶资金近40亿元、解决了60余万贫困人口的基本温饱问题、受益群众达150余万人，深刻改变了当地人民的生活面貌，让相聚2 000多公里的两地人民形成了紧密相连的命运共同体。上海是全国的上海，上海的发展离不开全国的支持，上海也只有在全国的共同繁荣中才能实现自身的更大发展。上海有着独特的大市场、大流通优势，业已实施的"云品入沪"工程，不仅让云南当地贫困群众鼓起"钱袋子"，向摆脱贫困的目标更近一步，也丰富了上海市民的"菜篮子"，满足了新时代人民日益增长的美好生活需要。

帮助群众摆脱贫困、实现共同富裕，是执政党念兹在兹的奋斗目标。通过对口支援和区域协作、携手奔小康，是社会主义大家庭各民族、各地区之间团结互助、实现社会主义现代化的独特优势。我们有理由相信，这一制度优势及其蕴含的深刻价值内涵，将在建设社会主义现代化强国的征程上得到更充分的展示，结出更为丰硕的成果。

扶贫任务体系中的国家治理经验

扶贫,是当前各级组织的一个重要工作任务;但扶贫,又不只是帮助贫困户脱贫那么简单。毛泽东在《论十大关系》一文中曾明确指出,处理好中央与地方的关系、部门与地方的关系、地方与地方的关系对于我们这样的大国大党是一个十分重要的问题,进而十分生动地用条块关系、块块关系详加阐释。其实,我们今日的扶贫体系,也是深刻地嵌入到条块与块块的关系中。不理解扶贫体系与国家治理整体结构的关系,就很难深入理解扶贫体系,也就很难真正把扶贫工作做好。

现行扶贫体系的制度特点

现行扶贫体系是由基本行政体系及其结构决定的,也是央地、条块、块块三种关系深层互动的产物,其突出之处是彰显中央权威。

从条块关系与块块关系的视角出发看我国目前的扶贫体系,也会发现有非常清晰的一纵一横两个维度。从纵向来说,就是"条"对"块"的帮扶,即中央单位定点扶贫,指的是中央国家机关、中央企业与贫困地区建立的长期帮扶关系。这一制度设计始于20世纪80年代中后期,并在1994年颁布的"八七扶贫攻坚计划"中明确下来。从横向而言,就是"块"对"块"的帮扶,即东西部扶贫协作,指的是发达地区与欠发达地区、东部沿海地区与西部贫困地区结成的对口支援关系。这一制度设计缘起于1996年的中央扶贫开发工作会议,明确了9个东部省市和4个计划单列市与西部10省区之间的对口支援关系。

在实际工作中,中央单位定点帮扶和东西部扶贫协作之间当然是紧密交织的,它们之间纵横交错,共同助力贫困地区脱贫攻坚。以笔者所挂职的西南某贫困县为例,即有中信集团作为中央单位定点帮扶、上海市徐汇区作为东西部扶贫协作对口帮扶、上海财经大学作为教育部滇西片区对口联系帮扶。此外,还有省、州机关部门和其他单位的挂包帮扶。这些来自上述帮扶单位的5位同志,挂职担任副书记或副县长,具体负责相应帮扶项目的落地执行。前不久,笔者有机会参与到一个调研组,专题调研6个国家级贫困县的中央单位定点扶贫工作。结合自己挂职以来的工作实践与观察,对"一纵一横"的现行扶贫体系的特点作了一些思考。

其一,中央单位、条线部门有明显的行业优势、信息优势,甚至有些定点扶贫本身就是部门工作的一线延伸。

这方面的扶贫案例比比皆是。比如,国家林业局对滇桂黔石漠化片区贫困县的定点帮扶,兼具靠前指挥、推动石质荒漠化治理的意图。又如,外交部对金平县和麻栗坡县的定点帮扶,是由于这两个县从20世纪50年代到80年代,40余年长期"支前",直至90年代初才进入正常的恢复重建,被列为战区恢复县,从那时起,外交部以其独特的影响力和号召力,以"讲好中国故事"来贡献减贫智慧,引导海内外资源为改善两县的教育、卫生、饮水等条件做出巨大贡献。再如,自1992年至今定点帮扶元阳、屏边两县的中信集团,在基础设施建设和实业开发、金融投资方面有丰富的经验,他们在贫困县修乡村公路、开机耕道、建教学楼、奖教助学,多年来也深受当地群众欢迎。此外,延续着三线产业发展持续深耕泸西县的中国兵装集团,引入汽车产业,拓展职业教育,援建实训基地,联合办学、联合培养、定向就业,通过市场化的运营,既推动当地职业教育高质量发展,又让新的汽修产业落地生根,更实现了建档立卡贫困户以一技之长稳定就业而脱贫。一些体量庞大的中央企业的消费扶贫,甚至能够在春节前夕通过其内部采购平台,短期内促成贫困县农特产品上百万元的销售额。

其二,发达地区对欠发达地区的对口扶贫协作,充分激活了地方政府间要素协同、优势互补的潜能。

东部沿海发达地区一方面每年通过地方政府间的专项资金拨付、以项目制的方式向西部欠发达地区贫困县提供财政渠道的专项支持;另一方面,也力度空前地动员社会力量投入脱贫攻坚。以东西部扶贫协作中的上海对云南的对口帮扶为例,由上海各区对口云南若干深度贫困县、区内各街道对口县内各贫困乡、域内企业对口乡中各贫困村,形成三级总动员、百企进百村的局面。实际上,这是地方政府间财政转移支付之外的一种额外动员机制,它的一个显著特点是指标的层层分解和责任的逐级压实,而且对口双方在行政层级上有明显的势差——以高一级别的行政单元举全力开展帮扶。这样的扶贫协作,既有利于现有行政体系下各项资源的调动配置,也有助于两个相互独立、经济发展存在落差的行政地区打破原有行政区划限制,通过"飞地经济"合作,以发达地区之所长,拉动贫困地区的经济发展。

从大的结构上来说,中国的扶贫体系既延续了传统中国治理的特点,发展了社会主义集中力量办大事的优势,又充分考虑市场经济条件下各个地方的积极性。但是,好的宏观体系并不保证在具体实施中不出现具体问题。

现行扶贫体系的堵点

实际上,如何治理一个超大型的社会,始终是中华民族的一大挑战,也是全人类的一个挑战。从《论十大关系》到十八届三中全会"改革六十条"顶层设计,新中国 70 年来的探索过程,一直试图建立一个社会放活、行政分权与政治强大三者兼具的总框架。在央地分权的前提下,保持一个强大的中央权威,协调区域间的发展不平衡,存在巨大的内部张力。这种张力也必然在扶贫过程中有所反映。

从目前的情况看,现行扶贫体系的最大问题存在于受援方常常被短期诉求裹挟。

其一,受援方的短期诉求与援助/受援机制的不匹配。

这一问题在此前中央对各地的脱贫攻坚专项巡视反馈意见中也多次提及。尽管扶贫攻坚总的目标是紧紧围绕"两不愁三保障"(不愁吃不愁穿、义务教育、基本医疗、住房安全有保障),但中央单位定点扶贫和东西部扶贫协作的实施重点与贫困地区的自身需求之间仍然需要一个磨合对接的过程。

最为核心的问题是,扶贫工作不能聚焦于把一切帮扶资源用于"数字"的短期提升。贫困地区政府,应当以长远眼光来综合平衡与协调产业扶贫、就业扶贫、生态扶贫、教育扶贫、健康扶贫之间的内在联系,不能以对"扶贫"短期成果的渴望,而错失夯实长期发展基础的良机。

目前,我们发现有一些贫困地区的产业扶贫热衷于求新求快,这就容易造成扶贫会随着扶贫干部个人的进退流转而更替迭代。每一任干部都极力推广扩大自己中意的产业品种、种养模式,忽视了当地贫困户的生产条件、种植经验和技术传统。这特别容易造成贫困地区每隔三四年就经历一个产业的盛衰枯荣,在"数字脱贫"后留下不了了之的"烂尾楼"。

产业扶贫是当下扶贫工作中最难的一个领域。农业产业扶贫资金多是在财政体制常规分配渠道之外,按照专项资金和项目制方式进行资源配置。农业生产的周期性特征决定了农业产业发展的特殊性,往往需要三五年甚至更长时间的持续投入经营,才能形成比较成熟的产业链。而在扶贫项目短期目标的牵引下,倾向于就当年抓当年,把资金安排给当年拟脱贫的贫困户,因此资金覆盖率低,投入时间短,对脱贫支撑作用弱。如果操作过程再比较粗糙,配套的服务体系和技能培训跟不上,就很容易使部分贫困户对乡镇、帮扶单位发给的仔猪、鸡鸭鱼苗等饲养管理不精心,病死的不管,养大的自己吃,造成增收不明显。

因而，中央部门、中央企业及其他中央单位在具体分管条线有专业优势，贫困地区就要善用其所长来补自己的短板，而不是"强人所难"，更不要"买椟还珠"；发达地区在产业发展上有一套成熟的经验和做法，但也必须深入调研当地经济社会基础、劳动力状况和产业配套情况，而不是头脑发热乱拍板，更不要一厢情愿"拉郎配"。

其二，扶贫资金拨付下达进度与项目实施进展之间的咬合存在断档缺口。

东西部扶贫协作帮扶资金的性质，实质上是在社会主义基本制度与实现共同富裕的"两个大局"原则之下，地方政府之间的财政专项转移支付。因此其执行的基本方式是在前一个预算年度的年底，由贫困县提出帮扶项目及详细预算汇总到欠发达省份扶贫办，再由后者提交发达地区政府合作交流办，然后在发达地区新一年度的人大会议表决通过政府的一揽子预算方案后，逐级划拨。中央单位定点扶贫的项目资金过程虽然没有人大审批环节，但也存在同样的时滞。

因此，这样的流程就决定从项目申报到资金拨付到位，往往要经历大半年的时间，有时甚至要一直等到下半年的八九月份。如果等到拨款到位才开工，事实上很多项目的实施周期将只有三四个月时间；如果由贫困地区政府或项目实施方垫付，则其中又潜存着较大的财政风险和社会风险。而农业特别是种植业的很多项目是有极强的季节周期性的，从种到收的任何一个环节，都不能违背农时以至于一步错过而步步错过。这样的资金中转流程也是我们的系统运行体制造成的。因而，要提升脱贫攻坚冲刺阶段相关工作执行力，必须通过适当的顶层设计和政策协调来疏通这一堵点。

现行扶贫体系存在的资源错配及其修正

这些具体问题的出现，根本上说，是由于改革开放 40 年的发展，也使中国的贫困面貌发生重大变化。这就要求我们要顺应时代的发展,在大的扶贫体系中,密切关注与扶贫工作相关的各类资源体系之间的动态关系。

其一,以统筹协同致力于贫困生态的改善。

所谓统筹,指的是用联系的而非孤立的观点和方法来面对和解决脱贫攻坚过程中的关键问题。无论是中央单位定点帮扶还是东西部扶贫协作,根据精准扶贫的要求,其"定点"和"对口"的指向,都是县域层面。但当下的贫困发生,已经不简单地是集中连片的大面积贫困,而是出现了点面相间的"点状贫困"。改变这种贫困状况的关键,在于改变其整个"生态环境"。那么,贫困户与非贫困户、未脱贫县与已脱贫县、县域经济与城市经济之间就绝不是一个相互割裂的关系,只顾前者而忽视后者,无视贫困县所在州市的产业发展、社会发展和就业机会创造,继续以县为单位各自闷头发展而缺乏更高层次的统筹、协调与规划,既容易出现产业上的重复建设和资源浪费,也不利于贫困县自身的当下脱贫和长远发展。

如今扶贫资金的使用有着严格要求。一方面,扶贫资金的使用必须精准,不能挪作他用;另一方面,帮扶部门和地方都是对贫困县负责、与贫困县直接对接。这样的体系关联便把贫困县外的地市层面绕了过去,架空起来。但是,当下绝大多数贫困县受限于"市管县"体制,地市在人事、财政等相当广泛的议题领域,对贫困县仍具有举足轻重的影响。这就要求我们更好地关注如何在更广范围内合法合规地统筹资金资源,改善贫困县的"发展生态"。

所谓协同,指的是整合集中优势兵力,发挥专业特长,合力脱贫攻坚。一个贫困县内同时存在中央单位定点帮扶、东西部扶贫协作等各方面扶贫力量及其挂职干部代表,如果彼此之间在人才、资金、项目等方面集思广益、整合资源,会比单打独斗、单兵作战的效果好很多,也往往能取得事半功倍的工作效果。比如,在产业引导、整村推进、道路基础设施建设、农村专业技术人才和基层干部培训等方面,都有很多类似的结合点。

其二，扶贫过程中的体制机制完善、治理经验累积尚未受到足够重视。

中央单位和发达地区持续多年的定点扶贫和对口帮扶，以亿万计的扶贫资金通过项目制形式生根落地。这个过程并不是简单的"砸钱"，它带来的还有先进的管理理念和治理体系。比如，东西部扶贫协作资金是地方财政之间的对口转移，接受人民代表大会的直接授权和监督，有严格的考核要求和使用规范。每年年末的专项考核，更是深入村寨去确认账面与实物是否相符而绝非简单核对账目。这种全息扫描式的"体检"，也给援助和受援双方的长期深度协作奠定坚实基础。又如，一些中央单位能够运用自身形象和品牌优势，吸引海内外社会力量和慈善基金进入贫困县，投入教育、卫生等民生领域的扶贫项目。这类项目往往要按照爱心组织和相关捐资人的意愿，从项目的选择、实施到验收，接受全透明式的监管和第三方评估。

上述过程，其实也正是推进贫困地区社会治理能力和治理体系现代化的过程。如果我们不从治理经验上加以总结，只满足于项目的完成，对于贫困县的内生发展是非常不利的。

其三，扶贫过程中忽视了增强农村集体经济基础和激发农村可持续发展潜能。

诸多扶贫项目的考核指标和验收标准中，不仅在微观层面包含了对贫困户的覆盖面和带动力，更在宏观层面注重其对于贫困村集体经济内生动力的影响和拉动。一个时期以来，主要出于信息不对称的缘故，一些扶贫干部倾向于做"甩手掌柜"，以近似一种"承包制"的方式，将本应是发展集体经济、合作经济的扶贫项目简单地交由村干部直接处理。

这种状况经常会发展到两个极端走向。一种情况是，倘若村干部没有相应的技术水平、经营管理能力和意愿，多半会将宝贵的扶贫资金消耗在前期基础设施投入中，之后却找不到合适的种养殖能手进行日常管理,或是在没有做好市场调研和销路拓展的情况下贸然投放生产物资,于是,我们会在扶贫现场看到各类鱼苗鸭苗养成后无人收购,只能成为乡村日常婚丧节庆招待宾客的盘中之餐,也能看到很多产业扶贫项目建成之日就是失败之时。另一种情况是,村干部确有参与的能力和动力,但却过于僭越,忘记了扶贫项目的普惠性质:就算干部积极参股入社有其必要性和引领意义,但若不对群众做充分动员而私下"代民做主",其结果就多半是在"火车跑得快,全靠车头带""党员带头"的名义下"暗度陈仓",背离了共同富裕的扶贫初衷,"穷了庙宇,苦了和尚,富了方丈"。产业扶贫项目若是这般搞法,就很容易在反复折腾和反复选择中,每三五年"清零"重来一次,变成"扶不起的阿斗"。

要避免这一乱象,就必然要求在扶贫项目对接的过程中,真正做实和强化农村基层组织的经济基础;在扶贫项目实施的过程中,以真正的农民合作经济促进贫困户个体的脱贫增收,为贫困地区在后脱贫时代的乡村振兴,播下无数充满希望和活力的种子。通过志、智双扶,激活本土资源,把一批明白人、带头人、能人团结带动起来,以外部帮扶力量"扶上马,送一程",最终还是要探索建立小农户对接大市场的有效机制,自立而立人。

优秀传统农耕文化的本质内涵

2018年9月23日即农历秋分日,迎来我国首个"中国农民丰收节"。这一节日的设立,有着丰厚的历史根基、民意基础和文化底蕴,充分彰显"三农"工作的重要地位,充分反映亿万农民精神世界和价值追求,充分凝聚各族人民的精神力量,有利于提升广大农民的荣誉感、幸福感、获得感,有利于以节为媒、推动中华优秀传统农耕文化的现代传承与创新,是乡村振兴特别是文化振兴的题中应有之义。

十八大以来,中央在一如既往地高度重视"三农"工作的基础上,也根据新时代全面建成小康社会和实现乡村振兴的新目标,提出了许多更高质量、更深层次的新要求、新举措。早在2013年中央农村工作会议上,习近平总书记就特别谈道:"我听说,在云南哈尼稻田所在地,农村会唱《哈尼四季生产调》等古歌、会跳乐作舞的人越来越少。不能名为搞现代化,就把老祖宗的好东西弄丢了!"[①]农耕文化、农耕文明是中华民族对人类文明的重要贡献,是乡风文明的根和魂,而乡风则是维系中华民族文化基因的重要纽带。

我们至少可以从四个方面来阐释和解读中华优秀传统农耕文化的深刻内涵及其现代意义。

---

① 李树芬,杨明志:《非遗保护唱响哈尼古歌》,《云南日报》2015.4.29。

开拓进取、自强不息的奋斗精神

马克思曾批评旧的机械唯物主义只承认人是环境的产物，忘记了环境正是由人来改变的，并指出动物只生产自身，而人再生产整个自然界。人类这种可敬可叹、可歌可泣的实践改造活动，也同步塑造着人的精神世界。我们的祖先从狩猎和采集社会步入农业社会，驯化选育动植物，生产食物以维持生计和繁衍后代。无论是在广袤肥沃的平原地带，抑或是荒凉贫瘠的河谷山沟，先民们在感恩大自然慷慨馈赠的同时，也依靠自己的双手辛劳耕作、坚韧不拔地改变了山川大地的面貌。

"天行健，君子以自强不息；地势坤，君子以厚德载物。"这是对我们农耕时代的先祖立于天地之间开拓进取、生生不息的气质品格最精炼准确的概括。钱穆先生认为，所谓中国，其实是一个吸纳接受的形成过程，政治上的标准是接受以周礼为代表的一套政治秩序，经济上的标准就是变游牧为农耕。我们以往只是在对汉民族的意义上讲自强不息是最能代表我们民族品格的精神，这种自强不息的奋斗精神，是包括各民族同胞在内的中华民族的共同价值取向和宝贵精神财富，也是中华优秀传统农耕文化的内核。

总书记提到的具有千年历史传承的哈尼梯田，位于云南省红河哈尼族彝族自治州境内，是第一个以民族名称命名的世界文化遗产。丰收时节，站在梯田底部仰望最高可达2 000多级"阶梯"的梯田之上滚滚稻浪的壮阔场景，每每令人叹为观止，那正是一代代哈尼族同胞接续奋斗创造的人间奇景。我们不难体会到康德在《论优美感与崇高感》中所讲的那种崇高感，那是一种震撼、壮美，而激发这种情感的是一种各民族共同创造历史的勤劳智慧和奋斗耕耘。

道法自然、和谐共生的传统智慧

人口爆炸以来的农耕史的一条主线，就是人类绞尽脑汁榨尽地力、提高农作物产量以养活自身的历史。现代化的介入,产生了改造传统农业的要求,人类将自身的秩序加诸自然的秩序,开始了人对自然的改造、规制和立法。现代商业中完全的利润导向和"大量生产——大量消费——大量废弃"模式被植入传统农业,让原本具有多种功能、提供多样化产品的农业在价值和功能上趋于单一。现代农业在创造了增长奇迹的同时,也罹患了生态顽疾。

  恩格斯曾深刻指出,经济上落后的国家与民族,在哲学上仍然能够演奏第一提琴。我们的祖先在生产力并不发达、生活也比较困窘的状态下,却在人与自然和谐发展这一重要的当代命题上,给出了富有哲思和启迪的出色回答。天时、地利、人和,这就是地地道道的农业语言。正如钱穆先生阐释的:"就农业民族之观念,气候固极重要,但必兼土壤。气候土壤固极重要,但又必兼人事。苟不务耕耘,则天时地利同于落空。而耕耘则贵群合作。"[①]对于我们的祖先而言,自然界并不是一个外在于我们、需要被"征服"的对象,而是一个需要掌握其原理、怀有敬畏之心并与之和谐相处的系统。

  道法自然、天地人三才和谐共生,这正是中国农耕文化的传统智慧,它主要体现为对农业节令和时序的把握、顺应和利用。习近平总书记提到的《哈尼四季生产调》,就是由哈尼族长老在年节时传唱,以令妇孺皆知的一种农事节令歌。其实,即便是游牧时代,那种"逐水草而居"的真实含义,也并非毫无节制的涸泽而渔。水草枯荣的自然景观变化,反映的是自然时序的客观变化。初民遵循这一自然的指示,调整自身的生活生产节律以与生态物候相适应。到了农耕时代,先民逐渐认识到春生夏长、秋收冬藏的自然规律,体验到农事活动必须顺应时序、实现人与自然的和合有序——"与天地合其德,与日月合其明,与四时合其序"。

  这些经由一代代人口耳相传而最终成为中华优秀传统农耕文化的经验和智慧,直到今天仍是人们农业生产实践活动的重要指南。笔

---

① 钱穆:《晚学盲言》(上),桂林:广西师范大学出版社,2004年,第33页。

者前些年调研上海松江家庭农场制度时,发现这一改革专门要求家庭农场户遵循"三三制"规则,即一季水稻过后,在第二个种植期内,1/3种小麦或大麦、1/3种红花草(绿肥)、1/3作为白地(深翻),三个大户组成一组,每年轮换,恰巧做满三年的承包期。这套精致的制度设计,正是把农耕文化中通过休耕以保养地力的传统智慧与现代农业适度规模经营的制度安排巧妙结合,称得上是农业领域的精细化管理和创新。

同舟共济、守望相助的村社伦理

农业不同于工业。工业的逻辑是机械的逻辑,农业的逻辑则是生命的逻辑。英文中,农业是 agriculture,它的后缀 culture 是文化的意思,而 culture 的同根词 cultivate 则是栽培、耕耘的意思。换言之,农业是"自带"文化属性、有温度的,是需要用心去呵护和培植的。工业领域的生产时间与生活时间可以截然分开,8 小时之内打卡进厂,计件取酬;8 小时之外,打卡下班,专注休闲。这种内外之别,可谓一清二楚。农业则是一种生产时间与生活时间的高度模糊或融合。大田劳动是农业生产活动的中心,也是农业生活的中心。但农业所需要的许多辅助性劳动如选种、积肥、浇水、除草、脱粒、晾晒、储藏以及修理农具等,也都融入农民的日常生活之中。农业的劳动节奏较之工业更富于弹性,但农业的劳动绩效却并不能立竿见影,它需要耐心的等待自然和时间来参与其中并发挥作用。"一分耕耘,一分收获",有时只是一种美好的愿望,因为在生产与收获之间的漫长过程中,存在很多风险和不确定性。

这就是农业、农村、农民内在地要求协调与合作的原因,分散经营的个体农户,面对大自然的瞬息万变,实在太过渺小。因而先民们结成生产和生活的共同体,"出入相友、守望相助"。井田制的瓦解和小农经济的出现,并没有改变传统乡村熟人社会的性质,也丝毫没有动摇其互助协作的内在基础。毛泽东同志在井冈山时期所做的农村调

2018年首个农民丰收节期间的元阳县新街镇长街宴

查中,发现了山区人民通过"变工"(也就是劳动力之间的互换与协作)等方式形成的丰富多彩的互助合作,并把这一经验带到陕甘宁边区。实际上,无论是土地改革还是包产到户,直到当下的农业新型经营主体培育,同舟共济、守望相助的村社伦理都是中华优秀传统农耕文化遗留给后人,并始终发挥着重要功能的一条宝贵经验,更是新时代实现乡村振兴和"两个飞跃"必须遵循的重要原则。

孝友耕读、勤俭传家的淳朴家风

父慈子孝、兄友弟恭,这是儒家传统对于古代社会一个理想的家庭内部关系结构的描摹。这一状态的达成,也与农耕文化密不可分。由于古代教育水平普遍较低,对农事活动规律认识的传承和把握,高度依赖于当世经验的口耳相传,离不开长者的智慧和指导。年老意味着丰富的经验,老年人受到社会的重视,晚辈向长辈学习,这种文化形态也叫做前喻文化。孝老爱亲、安土重迁、慎终追远,成为内嵌于传统农耕文化的道德基因。直至今日,城市人游走四方,徜徉于舌尖上的中国之时,心中追寻的却是熟悉的故土亲人,思念的是妈妈亲手包的饺子流溢而出的"家的味道"。农耕文化的影响已远远超越农村范围,深深移植入城市人的生活境遇和文化环境,化为挥之不去的乡愁。

实际上,农耕文化非但不是"土得掉渣",而且还蕴含着人生的大智慧。勤俭度日、耕读传家便是这样一种传承千年的淳朴家风。陶渊明有"既耕亦已种,时还读我书"的诗句,曾国藩之父有"有子孙有田园家风半读半耕,但以箕裘承祖泽"的楹联,二者都是在追求一种物质上自食其力与精神上充实完满、田园与都市、守耕与漫思相得益彰的境界。深陷现代社会各种诱惑之中的人们,不正应当从传统农耕文化中有所启发和借鉴吗?

作为中国的经济中心和最大都市,如今上海的农业产值占GDP比重已经不到0.4%。但是上海松江的家庭农场制度改革、集体产权制度改革,上海金山的农民画,上海奉贤的"以家训带家风,以家风树村风,以村风扬民风,遵奉先贤,见贤思齐"的精神文明建设,都领风气之先,发挥着示范效应。农业、农村、农民是上海的重要组成部分,乡村振兴是上海"五个中心"和卓越全球城市建设的重要基础,农耕文化是江南文化和上海文化的重要源头。

只有回看走过的路、比较别人的路、远眺前行的路,弄清楚我们从哪儿来、往哪儿去,很多问题才能看得深、把得准。回溯过往,我们为祖先创造的辉煌灿烂、如诗如画的农耕文化所震撼,为先民的智慧、睿思、创新、勤劳和伟大而自豪。汲取和传承中华优秀传统农耕文化的厚重遗产和磅礴力量,在全面建成小康社会、实现乡村振兴和农业农村现代化的新征程上建功立业,这是我们庆祝农民丰收节的当下意义。就此而言,它不只是农民的节日,也理应是全体中华儿女共同的节日。

80后扶贫干部为什么白了头?

云南楚雄州大姚县湾碧乡党委书记李忠凯火了,这位80后乡党委书记以一头与其年龄不太匹配的白发,引发了社会对于奋战在脱贫攻坚一线的基层干部生活状态的关注。

2019年春,到攀枝花乡给我挂包的贫困户拜年

云南一线扶贫干部往往要走进大山深处

就我个人来到云南贫困县挂职几个月来的观察和了解,李忠凯书记这样的干部并不少见。县级党政领导的构成比例大概是70后占

70%，80后占15%，还有15%的60后。而下沉到乡镇层面，80后的党委书记和乡镇长是非常普遍的配置。

年终岁末，每年的此时，正是建档立卡户年度动态管理和相关信息精准录入国务院扶贫办数据系统的时间窗口。

云南基层干部此时的基本工作状态大都是在下面的村村寨寨去跑，这种跑绝不是跑给上级部门看的作秀，而是由这里独特的空间地理结构决定的——作为一个基层干部和地方领导，要想了解真实的情况，必须走进大山深处。

上个月我曾带队县里的2018年度优秀中青年干部培训班的50位学员，来到我的派出单位——上海财经大学培训学习。我特意请主办方安排一次到社区街道参观交流的活动。

当我们穿行在狭窄弄堂之中，看到特大都市的"小巷总理"（街道书记）在这样2平方公里的地块上"螺蛳壳里做道场"，面向这个社区常住的11万人口把各项服务工作做得精准到位时，我注意到很多学员是颇为惊讶和羡慕的。

撇开资金不谈，仅就区位而言，城市是平面的，山区则是立体的。2平方公里聚集11万人口，2 200平方公里散布着45万人口，这完全是两种不同的治理模式。

怎么让山里的宝贝为更多的山外之人知晓，并把它们运出大山，让资源变现，让农民脱贫、增收、致富，这是大山深处的基层干部夙兴夜寐、念兹在兹的头等大事。

老百姓走出来还需要产业和就业扶持

要想富，先修路。可是直到今日，那些国家级贫困县之所以贫困，交通不便仍然是一块致命的短板。以至于山下旌旗在望，山头鼓角相闻，美景虽好，道阻且长，总是处在可望而不可即的状态。

到底是外面的商人进去，还是里面的百姓出来？这又是两个不同的判断。若是前者，修路便是。

然而云南有些深度贫困村,零星的百十户人家在深山老林中组成一个聚落,近乎与世隔绝地过着原始部落一样的生活。究竟是让他们继续隔绝在这里不时受到山体滑坡、泥石流等地质灾害威胁,还是请他们搬迁到更适宜人居住的地方?

后者就是易地搬迁扶贫,也是李忠凯书记前些年做的主要工作。

这个过程必定是相当艰辛的,虽说是树挪死、人挪活,但真正要让搬迁出来的贫困户摆脱贫困,绝不是简单的空间位移所能解决,后续还必须有产业的配套和就业的支撑,还需要基层干部有足够的耐心和高超的工作技巧去做群众的思想疏导工作。

脱贫攻坚最后阶段,基层干部熬夜加班是常事

当下困扰着云南扶贫一线基层干部的另一个重点工作是农村危房改造。易地搬迁的走了,留下来的贫困户,很多人住在年久失修的危房之中。

按照脱贫攻坚"两不愁三保障"的基本要求,这里面能够用钱解决的都是相对不难的问题,唯独住房安全这一条,是脱贫验收时最直观可见的一个考量指标,房子究竟安全不安全、有没有加固更新或整体重建,一眼就能够看到。

所以,到了脱贫攻坚的最后阶段,据我的观察,云南基层干部的工作时间表往往是与农村危房改造的进度相同步的。有的贫困户认为,越等到后面,越能够拿捏住干部急于完成任务的心理状态,也就越能够得到更优惠的支持条件。

还有的贫困户纯粹是出于心理上的因素,认为一旦房屋修缮一新,贫困户的帽子被摘掉,就不能再享受到很多优惠政策,因而宁可长期住旧房,也不愿换新房。

凡此种种,都需要基层干部走村入户地去一户一户做思想工作。正如李忠凯所说的,"压力确实来自脱贫攻坚和移民后续问题的处理,

熬夜加班是常事。"

要理解、尊重脚踏泥泞、俯首躬行的一线扶贫干部

云南相对全国其他省份来说，是一个落后省份，这里目前还有73个国家级贫困县，数量全国第一，很多民众依旧处于深度贫困中，以种地为主的收入水平较低，住危房，适龄青少年无法入学，基本医疗保障不完善……所有这些问题，是贫困户的困难，也是摆在基层领导干部的面前的难题。

对这些问题，我也常常夜不能寐，相信李忠凯亦是如此。正如他所说的，"我改变不了头上的白发，但我要改变这里的贫困"。

云南还有很多李忠凯们，他们脚踏泥泞，俯首躬行，心里是使命，衣上有晨光，日复一日地坚守着扶贫一线，只为让更多贫困人口走出贫穷，过上幸福的好日子。

现在在云南，很多贫困地区对有敢于担当、取得脱贫攻坚突出实绩的干部，在保持其现有岗位不变的情况下，通过其他方式提升其职务职级，以表彰和激励先进。

一些优秀的贫困县县委书记兼任州委常委或州政协副主席，包括李忠凯在接受采访时所透露的，在被任命为县政协副主席之后短期内还将继续留任乡党委书记，保持扶贫工作的连续性和稳定性。

其实，云南还有很多有情怀、有责任的基层干部，我也希望，舆论能关注更多奋斗在一线的扶贫干部，理解他们，尊重他们，如此，他们也更有动力扎根扶贫一线，将"脱贫攻坚进行到底"。

克服县域治理中的官僚主义

基层是各级党政工作的最终落脚点,县域是当下的五级政府体系中承上启下、至为关键的一环。县域经济占中国经济总量的一半左右,人口数量超过全国总人口的70%,土地约占全国总面积的90%。它实际上构成了当代中国政治实体、区域经济和综合社区的基本单元,其治理状况关系到党和政府各项政策能否在"最后一公里"完美落地,也直接与一方百姓的生活质量密切相关。理解基层政府的运作,既要执果索因、追根溯源,探究现代官僚体制的生成及其异化;又必须紧扣现实、重返"现场",复原县域治理的特殊性与复杂性。

探本溯源:现代官僚体制的生成及其异化

治理具有平等、互动和博弈的基本内涵,政府治理是联合多方力量对社会公共事务的合作管理以及对政府及公共权力进行约束的规则行为的有机统一体。其中,与之相配套的官僚体制是其核心要件,也是影响政府治理成效的决定性因素。

官僚制是一种依照职能和职位的高低位阶不同对权威资源进行合理配置,以层级制为组织形式,以专门化的职业为管理主体,以理性设置的制度规范为运作规则的管理模式。官僚制意味着理性和效率,上下级之间有绝对的支配与服从关系,按规章制度办事,不掺杂人情等因素。马克斯·韦伯从理性的角度对官僚制进行研究,与其说韦伯的理性官僚制理论是对现实的描述,毋宁说是对一种理想类型的刻画与追求。秉承"资本主义起源情结"的问题意识,韦伯首先认为,现代官僚制的发展与资本主义市场的兴起密不可分。从一般的人对人的封建依附关系中解脱出来,"不看人办事",而是按照固定的、非人格化的契约和规则行事,这是现代市场体制和现代官僚制的共同原则。"官僚制发展得越完备,它就越是'非人化',在成功消除公务职责中那些不可计算的爱、憎和一切纯个人的非理性情感要素方面就越是彻底。"[①]其次,现代官僚制也是与现代国家集权的历史进程相伴而生的。维持一支分工明细的、规模庞大且训练有素的公务员队伍,而不是中世纪的战时动员和荣誉职位,需要一种能够定期支付现金薪酬而非不定期实物报酬的货币形式的支付制度,也需要具有基本文化素养、一定的文书技能和处理专门事务的技术理性。这些历史前提,在西方的资本主义起源时代,都进入了成熟阶段。理性的道德观、劳动的天职观等资本主义精神和伦理,作为一个重要的因素,推动了经济环境的变化,促成了现代官僚制的产生。

可以说,理性官僚制的优点是与政府在现代社会中的重要性捆绑在一起的,无论如何强调市场的作用,我们是不能否认市场失灵的存在的,这种失灵所造成的社会公共品供给不足,当然不一定完全需要政府,但有一部分则必须由政府出面。以理性官僚制原则组织起来的政府,在提供信息、制定规则、管理规制、审批服务等方面的作用是重要的。

随着信息时代的来临,以适应工业社会政府治理为主要目的的理性官僚制自身,却日趋僵化而显得不合时宜,形成了现代官僚制的异化,遭遇了严重的信任危机。

其一,理性官僚制繁多而陈旧的规章制度和工作程序越来越多地带来了工具理性对价值理性的覆盖和侵蚀。官员只愿例行公事地秉持理性的教条而丧失情感的关照,人本的初衷不见踪影。随着价值意识的缺失,官僚个人的责任伦理也越发淡漠,没有担当、不敢决断、压

[①] [德]马克斯·韦伯:《经济与社会》第 2 卷上册,阎克文译,上海:上海人民出版社,2010 年,第 1114 页。

制创新、偏好保守、逃避自由，形成了整个官僚体制的僵化和异化。

其二，理性官僚制过分强调政府的社会职能，过度紧张于并放大了市场失灵的程度，在有意无意的对市场失灵的修补过程中膨胀性地向整个社会扩张着官僚制的控制力。即便以最大的善意去想象官僚制，认为政府为最大多数的最大福利而纠正市场的失灵、提供和生产公共品，也应看到很多公共品也是可以通过企业而非政府直接提供的。由于目的链和价值链过长，需要对一个美好的终极目的逐层分解，但在这些分解了的目的的实现过程中，逐一背离最终的目标，转化为官僚制下不同部门的特定目标。于是，政府对社会生活的广泛介入又为权力异化带来的腐败现象创造了条件。

其三，理性官僚制打开了理性自负与僭越的"潘多拉魔盒"。现代官僚制以统一的文凭或考试认定的技术资历作为录用人才的重要基础，这是对前现代社会亲贵原则的有力打击，自觉不自觉地推动了现代民主进程，消除了传统社会具有狭隘特权的特殊群体的地位优势，并使各种职业向有才能者全面开放，实现了普遍主义的形式平等。然而这种对学识和教育水准的单方面强调，也在制造新的麻烦。通过民主程序选拔上来的具备一定教育水准的官僚，对其自身的能力、专业知识技术和不对称的信息优势容易过度自信，诱发知识人内在的理性自负和造园冲动，刺激着"政治工程师"们改造世界的兴趣。

其四，理性官僚制的机械性、单向度以及形式合理性背后隐藏着的实质不合理性，为权力的过度膨胀大开方便之门。说到底，官僚制是现代化过程的副产品，是现代性的象征。理性化、宏大叙事、工具主义、单向度的机械的现代性特征，无一例外地映射到官僚制的现代运行之中。人陷入丧失判断力、实践力、审美力的困境之中。没有了反思能力和批判精神、安于日常官僚化生活的大小官吏们，成为权力最可信赖和最好利用的群体。官僚制度将人变成官吏，变成庞大行政体制中的一只单纯齿轮。现代政治的摩登时代，就是官僚制规则充分展开自身并向其他领域影响和渗透的时代。这种政治过程的非人格化和去个性化，与早期的工业革命中对工人的"机械化"使用并无本质的区别。

韦伯的官僚制理论是否适用于分析中国问题？见仁见智。有观点就认为中国的干部体制"会采取较为灵活的手段，进而体现出更强的执行力"①。就当代中国而言，一个仍然值得追问的问题是：此地的官僚制发育，究竟是理性不足还是理性僭越、究竟是践行不够还是早已走得太远？而这些问题的提出本身，正说明中国境况的复杂性。当下中国是一个前现代问题、现代困境、后现代状况三色重叠的调色板，不存在一个统御一切的认识和指导原则。反映到官僚制问题上，我们也很容易看到理性官僚制的不足与过剩并存的矛盾局面：现实中的缺乏理性精神和法治意识、拍脑袋决策、经验主义、越权办事、任人唯亲等现象，这分明还停留在前现代社会的非理性官僚统治时代；但行政审批的繁琐冗杂、官僚规模的自发膨胀、形式主义的普遍蔓延，这又显然是现代社会的官僚病的征象。我们该如何理解这一现象？

观照现实：县域治理中的官僚主义形式主义困境

总体上说，县级属于国家治理体系的基层。习近平总书记曾形象地指出，如果把国家比喻成一张网，县就像这张网上的"纽结"。"纽结"松动，国家政局就会发生动荡；"纽结"牢靠，国家政局就稳定。② 县级的这种地位决定了其行为的两个面向，一是要频繁应对来自上级政府的管理和控制，二是要代表国家对乡镇乃至广大乡村进行互动以推动政策的执行与落地。就这一特殊定位来看，县域治理的复杂性、特殊性、重要性不言而喻。

笔者曾作为教育部第六批滇西扶贫干部，在Y县这个典型的集边疆、民族、山区、贫困四位一体的国家级贫困县挂职担任县人民政府副县长，协助分管教育工作。对县域治理特别是贫困山区的县域治理和

---

① 木怀琴：《中国干部体制与韦伯官僚制》，《文化纵横》2015(3)。
② 习近平：《摆脱贫困》，福州：福建人民出版社，1992年，第31页。

县级政府运作,在观察和参与的基础上,形成了一些直观的感性经验,也对当下"不忘初心、牢记使命"主题教育所提出的专项整治基层治理中存在的形式主义、官僚主义问题,有了更深体会。

贫困地区县域发展自主权的逐渐弱化,是在1984年经济改革重心转回城市、1994年分税制改革改变了地方政府行为、随后的乡镇企业大规模转制和消失以及世纪之交三农问题浮出水面这一系列宏大历史变革的"连续统"中呈现出来的。实际上,早在当下以脱贫攻坚为主轴展开的、对中西部贫困地区县域发展方向的项目制管理之前,由于地方财源乏善可陈和中央转移支付制度的逐步完善,相当一部分县域发展的主导权就已经更紧密地控制在上级政府手中。应对上级、争取资源,成为县级政府的一项重要工作。当然,这样的应对天长日久,也就必然累积不少官僚主义、形式主义的弊病。

一是会议。尽管我们经常把"县处级"作为一个合成词来并用,但作为"块块"的县和作为"条条"的处,其所在的方位、承载的功能却迥然不同。同样的县处级干部,在条线部门工作和在县级地方政府工作,需要对接的领域、参加的会议、协调的部门都不可同日而语。一个条线部门的处级干部,可能都未必有机会开如此多的会议,但是同级别的县级领导,各种会议都会找上他们。在信息化条件下的国家治理过程,上级政府会倾向于将工作一竿子插到底,将紧急、重要的工作会议以视频会议的形式一直开到县级,相应的地方领导就必须频繁参与这类会议。只不过美中不足在于,信息化在节省成本、提高效率的同时,也助长了某些"以会议落实会议"的繁冗套路,以至于中央层面的视频会议已经将工作要求讲得很清晰了,而此后的省市两级仍然要一环套一环地连续开会部署,却未必讲得出新意。这类会议毕竟还是有干货的,另一类会议就基本是锦上添花、刷存在感了。比如经常性的把县级领导叫到市里开会,会场也没有业务讨论,只是上级领导讲话布置工作,随即散会。很多边远县市要绕几个小时的山路过来参加这种鸡肋会议,主办方需要的正是这种现场"聆训"体现出的领导重视。

二是文件。文件种类繁多,大体上有宏观层面提出指导意见的,有直接布置任务、限期完成工作的。县委常委会、县政府常务会,是县级层面决策的两个重要平台,其日常运作过程就是各种文件的生产与再生产过程,甚至可以说相当部分文件的出台是带有被动性的。这既是"工作留痕"以备查验的需要,也是整个文件生产体系"轴承"运转带动的结果。中国是一个大国,幅员辽阔,地域发展面貌千差万别。"事在四方,要在中央",在中央、省、市、县、乡五级政府框架下,政策制定固然举足轻重,但后续执行和落地的过程更值得关注。很长一段时间里,人们对于这一套精细运转的复杂结构和制度体系在政策传导上的某些梗阻,往往理解为下级对于上级指示、基层对于顶层设计的有意扭曲,所谓"上有政策,下有对策"。然而近年来,一种更具理解之同情的看法,获得了公众的认同和各级组织的高度重视,那就是某些"一刀切"的规定、运动式的治理乃至形式主义、官僚主义思想和作风下催生的怪象,恰恰是造就基层以政策变通应对政策僵化的主要原因,所谓"上面千条线,下面一根针""上面千把锤,下面一颗钉"。这里的"上面",主要是指来自"条线"的压力。几十年的政府改革中,简政放权、清理文山会海一直是主要内容。在"2020年全面建成小康社会"这一关键节点即将到来之际,做好精准扶贫工作成为补齐短板的重中之重。可是近年来这种工作流程中的处处留痕和文件泛滥,也着实让基层干部颇为吃力,让人们看到文牍主义、形式主义某种程度的死灰复燃。这些重复性、低效率的工作安排,给基层的日常工作造成一些影响,基层才不得不"上有政策,下有对策"、不得不搞变通,很多事情不得不"一石多鸟",同时顶着多个帽子来做,否则绝难应对铺天盖地的各类要求。

三是接待。在贫困地区内生发展动力比较薄弱,亟须外部各方面资源导入,而这种资源主要是自上而下配置的这个大背景下,接待上级各种名义的调研、考察、考核、督导、督查、检查,实际上成为县级党政干部的一项重要工作。接待的目的,一方面是为了更好展示工作的亮点和绩效,有助于获得上级的肯定性评价,同时也给上级对自身决策正确性的正面反馈,激励其进一步加大扶持力度;另一方面也要通过有意识的"出丑""哭穷"和"露怯",引起上级对问题的重视、引导其将各种资源切实精准投放以推动问题的解决。当然,这是从最理想的状态出发,而且需要参与接待的各级干部有相当程度的默契、对相关政策的较好把握和流畅的沟通表达水平。现实场景中这种程度的调研考察往往可遇不可求,流于形式把好事办砸的情况并不鲜见。来自一家中央企业定点扶贫的挂职副县长在与笔者交流时,就讲过一件类似的故事或"事故"。按照有关规定,这些带有定点扶贫任务的央企老总,每年开春后必须到定点县调研考察,慰问挂职干部并指导项目建设。由于他们行程安排十分紧凑,路线经过的各个考察点都精挑细选,山路崎岖,往往会有所耽搁。有一次他和市县主要领导陪着老总在中午时分来到某乡的考察点,乡里领导十分钟内说了三次"时间差不多了,咱们吃饭吧"。最终引得这位挂职干部出面呵斥:"X总今天不是到你这里来吃饭的!"他颇为感叹,长期的接待工作已经让一些基层干部陷入"吃好喝好招待好就万事皆好"的怪圈,麻痹了自己的神经,把难得的汇报工作、陈述困难、请求帮助的宝贵机会拱手浪费。接待如果似这般流于形式,甚至形式上的接待都无法按照"剧本"来"演"好,最终沦为走马观花的例行公事,不能反映问题并对解决问题和配置资源产生实质性推动,那么这样的接待无论对接待者还是被接待者,都是一种时间和精力的徒然损耗。

破局之思:制度刚性与人本柔性的平衡

周雪光曾提出基层政府组织制度的三个悖论:一是政策一统性与执行灵活性的悖论;二是激励强度与目标替代的悖论;三是科层制度非人格化与行政关系人缘化的悖论。他认为,这是决策过程与执行过程分离导致的结果,也是决策过程集权和激励机制强化导致的意外后果[1]。如果我们沿着这一思路反观县域治理和县级政府运作中的官

---

[1] 周雪光:《基层政府间的"共谋现象":一个政府行为的制度逻辑》,《社会学研究》2008(6)。

僚主义、形式主义,也会发现,其得以产生和持续存在的根由也在县域之外,相应的破解之道也必然"功夫在诗外"。

理性官僚制作为政治现代化的产物,依然发挥着至关重要的制度建构作用。类似笔者曾挂职的 Y 县这样的贫困、边疆地区,有着漫长的人情治理传统,在国家治理体系现代化进程中位居边缘和后列。当下的脱贫攻坚是贫困县的中心工作,也是一场经济、产业结构上的调整与再造,更是导入现代政府治理原则和运作框架的过程。比如,以中央单位定点扶贫和东西部扶贫协作制度为代表的外部转移支付,因其公共预算的性质而必须在其实施的全过程受到严格监督和审查,这一压力就转变为贫困地区形塑政府管理能力和提高政策执行水平的有力推手。类似这样的刚性制度规约,并非可有可无的繁文缛节,更谈不上官僚主义形式主义。

然而,我们在贫困地区也会见到另一种现象,即非正式制度的繁盛。笼统地批评基层的应酬,会失之于简单。更值得追问的是这种接待人与被接待人都疲惫不堪的应酬之风为何依然故我?甚至没有上级部门的调研考察时,县内不同层次干部之间也会形成或明或暗的应酬交际圈子?[①] 信息的不对称会导致争夺资源的各方处于不同的起跑线。同样的道理,对于手握资源配置权力的上级政府和部门而言,面对深山老林、荒野乡村、千沟万壑,谁又能在掌握完全信息的情况下审慎比选呢?这种情况下,上级多半也只能将一部分权力让渡出去、一部分任务外包出去,依赖地方干部的推荐报送,而这就近乎一种"运用之妙存乎一心"的两可状态,存在着人情、关系乃至腐败的漏洞空间。类似情况,在发达地区、城市地区是很难想象的。那里主要依赖正式制度,依托网格化的精细治理去按部就班地运作。

进一步来看,县域制度运作与现实执行的偏离引发的后果,就是既有的制度体系被逾越或以其他形式执行,从而只发挥了形式化的作用。首先,实际运作与已有秩序规则的夹角倾斜。这种夹角往往与权

---

① 强舸:《制度环境与治理需要如何塑造中国官场的酒文化》,《社会学研究》2019(4)。

力运行的灰色地带相互重叠。由此引发的后果是，政府权力与资本利益挂钩，继而凭借霸占或垄断等手段，十分自然地形成一种"中心—边缘"结构，并在持续不断的"监督—反馈—考核"机制中进一步锁死，由此形成大量的"踩点式、盆景式、歌德式"的政策景观，最终破坏依靠勤劳与智慧公平获得财富的经济形态。其次，以另起炉灶的方式运作。县域政府处于"创制"的中心地带，"上传下达"的特征决定了其一方面需受上级政府的行政授权，另一方面又需因地制宜，重构基层社会关系。特别是在诸如脱贫攻坚这样的重要阶段，各种临时性的委员会、指挥部等创制性组织对相关事务先行讨论、审查已为常态，并在事实上成为政府常规部门之外的独立机构（尽管名义上未必独立，人员也多为各单位借调），这些创制性组织掌握着资源分配的巨大权力和有利位置，然而相应的监督和制约力量却是常规性的。最后，治理过程中的制度化与人格化并存。固然县域治理尤其是政治运作也有相对成熟的制度化标签，但实际行动方案往往会打上人格化的烙印，其中也会掺杂官员个人能力与情感的元素，甚至出现部分领导干部将个人意志凌驾于既有制度之上、扭曲基层治理体系、造成制度设计与实际运作背向而驰的情况。

以上揭示出贫困地区县域治理的困境所在：治理的制度刚性与执行策略的错位并存，容易成为阻碍制度变革的因素。由此导致三个结果：一是县域政治权力关系化，公私关系在政府和社会场域的界限模糊，把国家资源转变为私相授受的人情；二是人情与理性二分，制度在人格化面纱的掩饰下，削弱了人们的规范意识和敬畏之心，甚至让一部分人忙于人情往来和攀权附贵；三是助长地方本位主义，形成某种庇护关系和"自留地"心态，削弱中央和上级政府权威，妨碍区域间合作发展和大市场大流通格局的形成。

归根到底，既不能以技术考量压倒了人本考量，进而自我设限、自缚手脚、"戴着镣铐起舞"，以霸道的强硬措施漠视实际情况的纷繁复杂，用一地鸡毛遮蔽了为民服务的初心；也不应无条件地搞政策变通，葬送以现代制度建设来规约政府行为，进而形成长期稳定社会预期的可能性,陷入长官意志之下的运动式治理和反复"翻烧饼"的陷阱。摆脱官僚主义形式主义的羁绊,需要在制度刚性与人本柔性之间达成平衡,使之相得益彰,这固然是一种高超的政治智慧,又何尝不是共产党人应有的使命担当?

三个扶贫挂职干部的交流

2019年过年回家前,同在县城的挂职干部们茶余饭后也常会以茶会友,交流交流心得。在这里的外来挂职干部中,我属于新兵,另外还有两位老兵,目前已挂满两年,今年夏天即将结束挂职,返回原单位。他们一位是来自央企总部的审计专家,一位是来自上海地方的经管干部。两年间阅人阅世不少,感触也很深刻。

话说这一日,我们三人不约而同聊到一个贫困地区改变观念和意识的问题。

我先讲了自己最近的一段经历,终于遇到了不少挂职干部早晚会遇到的一种情况。我的七个挂包户之一,他一直在外打工赚钱的儿子回家准备过年了。刚一到家,就按照门口建档立卡户挂包的信息卡上留下的我的手机号码,给我打来电话,开门见山:"曹东勃吗?你好,××乡××村××家你知道吗?"

我脑子里飞速转了一下,这名字太熟悉了,就是我那个挂包户啊。可是上级派来的巡视组不是刚走吗?怎么又来打电话微服私访?我赶快举一反三问一答十,对答如流,把这个挂包户家的情况说了一下。这时他才插上话,说他就是他们家的大儿子。

我这才放下心来。

他开始用生硬的质问口气说:"你过年前不来一次吗?"

我说:"我前不久刚去过啊,前面几次去你都不在家。"

我心想,难道是这家老爷子糊涂了,前面我是又送被子又送米面油的,哪次也没空手去,他都没跟他儿子说吗?怎么一副兴师问罪的口气?

他接着说:"哎呀,我们家人多嘴多,我们这一回来过年啊,家里就住不下了,我想在前面再盖一幢房子。现在缺一些钢筋水泥,领导你帮着解决一些吧。"

哦,搞了半天是这个需求。我说:"你也先不要急,我尽量帮你协调。"

放下电话,我就想,这个事要怎么弄呢?先请乡里的干部去看一下,到底真实需求是什么,有多大,只能量力而行,尽力而为。若数额不大,我个人掏掏腰包就算了,但让我把现货水泥给拉过去,却也没那个本事,更调不动车。最终,房子还得靠他们自己盖,不能完全寄托在别人身上。

当然,从我的角度考虑,一是要尽量帮助解决,二是既不能简单给现金,也不能完全满足还送货上门,尽量留下足够的交割证据,否则将来这事情做了都未必说得清楚,搞不好还要落一身不是。于是,通过熟悉水泥厂的人打听价格,和挂包户约定好时间到水泥厂,一手交钱一手拉货。

我之前也早听别的挂职干部讲过,一些挂职干部挂包的建档立卡户,胃口往往会大一点,知道你是外面来的、发达地区来的,有时候会让你给装修,让你给买家具,让你拉钢筋水泥的事当然也不稀奇。不过,我有7个挂包户,如果家家都如此"会哭的孩子有奶吃","奶水"怕也不够分。

那么,这个常年在外打工、很少回家的人,为什么一回来就敢这么理直气壮呢?因为挂包户会给挂包干部打分,他可以对你不满意。一个不满意,就可能把你一年的工作成果给笼罩住、毁灭掉。

我讲完这个故事后,上海地方挂职干部也讲了一件事。当地的州市代表团来到上海徐汇考察,看到"一站式服务"在提高审批效率、简化办事流程、优化营商环境方面,发挥了关键作用,当地领导提出,希望徐汇在这方面提供支持。

徐汇方面非常爽气,表示这个作业流程背后的支撑性软件恰是本区企业开发，他们可以将软件无偿赠送，但是也请当地的同志考虑清楚另一个更本质性的问题：软件的更换是简单的，但它背后要动摇的是那一套传统的流水作业模式，而这套衙门式的作业模式，体现的是每一个部门的强大存在感和权力欲。你要用一个信息平台集成以往几十家单位和部门的审批权限，意味着强制他们让渡自己的权力，这种自我革命的结果，他们愿意接受吗？

当地领导认为这是一件容易做的事。回去没多久，让当地各部门开始推动，结果各部门主要的工作都是借机报上一堆机器设备采购的预算清单，却都对让渡自己的权力推三阻四。换言之，他们想要的是东西，而不是观念。这个改革就停滞在那里，无疾而终。

央企挂职干部接着谈了他的体会。他认为，一方面"等、靠、要"思想仍然是严重束缚贫困地区发展的观念障碍，沿海发达地区的企业落户投资，部分人首先想到的是如何"关门打狗"、将之吃干榨尽，而不是追求细水长流、培育内生动力和税源增长点。将企业的一些公益性活动视为理所应当，反而认为企业来贫困地区就不该追求正当合理利润。这些都是对营商环境的某种破坏。

另一方面，决策效率也存在改进空间。部门之间推诿扯皮、看人办事而不是就事论事、模块化操作，这样的行为方式有普遍性。在这个意义上说，摆脱贫困，观念至关重要，有时候真不完全是钱的问题。

有人说，去农村扶贫还不如直接把人赶到大城市算了。这种想法太过天真。一来，靠城市化的吸纳，根本解决不了如此庞杂的贫困问题。更何况，城市单向度地抽空农村已经一再为事实证明，是存在巨大隐患的。二来，即便城市愿意吸纳，农村人口就真的愿意去吗？很多贫困人口是没有外出务工意愿的。每天在家里喝着小酒过日子，随性舒适。政府围绕着他们搞产业扶贫，发下来鸡苗鸭苗鱼苗。随便养一养，然后逢年过节，亲戚朋友一来，大家把它吃掉。发给他的很多东西，不会变成资产，会变成一个消费品，吃到肚子里。你说这个鸭子卖出去100多块钱一只，没法变现可惜了，他们却未必认同，吃掉就吃掉。

所以，为什么乡村振兴过程要把乡风文明建设摆在很重要的位置呢？很多贫困地区农村薄养厚葬，礼俗规矩繁多，动辄红白喜事，隔三岔五过节，谁吃得起？没钱了，正好手头有那些鸡苗鸭苗鱼苗，就干脆就吃掉，抵人情债。然后，明年很可能政府还要继续给你发鸡苗鸭苗鱼苗，但这些初始投资并未结出硕果，反而始终在商品化、市场化的流通体系之外处于游离状态。

这就形成了扶贫领域的一个怪相：扶贫，扶到致贫；不扶贫，稳定何来？

所以我常说只有教育扶贫是有用的，年轻一代人通过读书真的可以改变命运。比如说，他到外面读书了，不回来了，在城市就业、当老师、考公务员等。按照规定，这家就不可能算贫困户了。自己子女有长期稳定的收入来源，难道会不按照赡养老人的法律规定解决家里贫困问题？所以这就直接脱贫了。

老一代人不愿意走，但政府不可能不管他们，任其自生自灭，因为我们的指导思想是以人民为中心。对政府而言，目前的一些帮扶措施，几乎可以理解为常规性地以工代赈，把很难改变观念、也不可能"树挪死、人挪活"的老一代人养起来，毕竟他们的内生发展能力是极其脆弱的。

反观那种硬性的有组织劳动力输出，对于未来两年的数据指标来说，确实是有效果的。可那都是短期的。全县人口中的三分之一、14万多人外出务工，很多小学学历甚至文盲，有的甚至连自己的名字都不会写。他们最终不可能留在城市，还是会回到故土，届时就仍将面临返贫的风险。

现在就只能寄希望于年轻人通过教育提高自己的技能，甚至离开当地。完全靠时间的洗刷，实现一种代际的继替。这样说也许消极了些，有些群体已经错过了最佳的时间窗口，难于改变。

扶贫先扶志，扶贫先扶智。根子还是出在思想上，区域闭塞，认识滞后，这是最大的前置性问题。幸福不会从天降，美好生活等不来，前路漫漫，任重道远，唯有点滴改进，累积改善。

经济理性驱动的乡村礼俗嬗变

四十年的改革开放历史进程是由农村起步的。我们往往倾向于认为,这是一个先易后难、先边缘后中心、逐渐"农村包围城市"的简单故事。其实,农村生产经营制度的变革从来就不是那么容易,不仅要对抗和扭转一种巨大的历史惯性,也往往要直面乡土中国的复杂社会结构,那着实是混杂着复杂人性的高难度治理。

前不久,我在一次出差途中遇到挂职所在地一家糖厂的负责人老彭,听他讲了很多在当地收购、加工甘蔗的趣事。

糖厂的原材料是甘蔗。11月,是南方的甘蔗集中上市的时节。糖厂要在3个月的时间内,完成对甘蔗的加工。因为工厂的加工处理能力是有限的,不可能把几十万吨甘蔗一次性收上来,那样也无处贮存保管,而是有一个先后顺序,分批次、有节奏地从农民手里收购甘蔗。于是,农民砍甘蔗的过程也就存在一个争"先"恐"后"的问题。

糖厂是要一家一家去收购的。山区的地理特点,决定了农业机械化程度低,只能依靠人力。蔗农只能抱团取暖、组织起来,进行劳动上的互助与合作。否则,收割高峰期到来,谁也不可能凭一己之力快速完成任务。

怎么合作呢?与发达地区不同的是,这里仍然保留了换工的方式。实际上,熟悉中国农村经济发展历史的人们会比较熟悉这个名词。所谓换工,也叫"变工",毛泽东在井冈山做农民调查的时候就已经注意到这个现象。

我比较惊讶的是,在市场化、货币化的大背景下,相当一部分地区的农民在农忙季节的这种劳动互助,已经采用货币化方式一日一结甚至半日一结,变工、换工的方式即便在亲戚之间也已比较少见。

据老彭介绍,这里的换工是"换天",而旁边几个州市蔗农的换工是"换量"。所谓"换天",就是你替我干一天,我也替你干一天。所谓"换量",则是你替我砍一吨,我也替你砍一吨。

我们其实可以从"换天""换量"到货币化结算这道清晰的光谱,看出农业生产经营方式与制度变革背后的决定力量。"换天"当然是最简单、最淳朴的方式,那也是需要最高度信任,近乎熟人社会、礼俗治理之下的原始的劳动互助组合。但是当人的市场意识、经济头脑被唤醒之后,就会逐渐注意到"换天"背后的粗放式管理和农业劳动质量的监管难题。与工厂劳动的打卡上班、计件取酬不同,农业劳动绩效的衡量相当困难。

一些急于抓住市场商机、时间意识超前的农民,不再能容忍"换天"可能产生的"出工不出力""磨洋工"式的不对等交换,他们更注重结果导向,更在意单位时间内的劳动效率问题,因此就要"换量"。

"换量",也就扯掉了熟人社会最后那层温情脉脉的面纱,谁也别藏着掖着,有把子力气都使出来,最后"等量"交换。由此再往前走一步,其实人与人之间的熟络程度已不重要,花钱办事,拿钱干活,倒也省去不少乡村伦理之下的隐性"烦恼"和人情"负债"。

比如,今天轮到糖厂去张三家的地里收甘蔗,张三发出邀约,请大家一起来帮忙。但他绝不可能像下面这样精确却也冷冰冰地宣布:"帮忙欢迎,但是只需 10 个足矣,先到先得,后来者恕不接待。"

而村民们也一定会按照正常的人情伦常,做如下盘算:张三家砍甘蔗,我们能不去帮忙吗? 即便明知道他只需要 10 个"人工",我们也得去"凑"这个热闹。不然的话,等下次轮到我们砍甘蔗的时候,他就不来帮忙了,谁的人情都不能欠。这不简单是一个伦理问题,也是一个利益问题。东北话把这叫"不落(读 la,四声)过",意思就是走过路过,不能错过婚丧嫁娶红白喜事之类的人情往来,哪怕人在外地,心意也要让别人"随"过去。

不过，本地农民大概也感到这种"换量"的传统方式负累太过沉重，以至于来了那么多不必要却也驱赶不得的人帮忙，无形中增加好大一笔伙食、烟酒的供应支出，实在是有苦难言。

最近，他们想了一种变通的方式，仍然是换工，但不再是其他人到被收购的张三家来帮忙，而是各家在自家的甘蔗地里，砍一吨给张三。不过，甘蔗款仍然全部归张三所有。下次轮到其他农户的时候，如是往复。这种变通也不是朝着货币化的方向去走的，其唯一的好处可能就是把各家各户的收割进度拉平。

农民经济理性、市场意识、货币观念的觉醒，也不仅作用于农业的生产经营层面，更对农村社会传统做出深刻的重塑。仍以挂职地为例。此地农村传统丧葬习俗中更加注重"生死合一""祭死祝生"，仪轨繁杂，劳民伤财。老人去世后，其所有独立门户的子女需各牵一头牛回来杀掉，请全村老少享用，丧仪过后还不算结束，必须把牛肉宴吃完才算圆满。以至于那些人丁兴旺的大村，几乎一年到头每个月总有几天在吃牛。人们承受着经济和精神上的双重负担，不胜其烦，传统礼俗的压迫性力量又使人只能噤声接受、暗自叫苦，不敢公开出头、当面反对。

最近几年，农民外出务工和收入增加打破了这种尴尬的困境，一部分人率先倡议将老人去世后搁置家中的天数从原来的长达月余缩短到七天以内，上祭时不杀牛改送礼金、严格控制杀牛宰猪数量、减少亲戚上祭人数、取消舞蹈队和吹号、取消花样繁多而时常低俗不堪的丧事歌舞、取消"叫魂"……撤去人情面子的虚荣和薄养厚葬的虚伪，转入注重现世的理性化轨道。

蔗农对经营方式的自主探索、农民对丧葬礼仪的移风易俗，都是我们正经历的这个大时代宏大叙事"在人间"的细微呈现与"活化石"。当然，它们仍是"滞留在现代化中途"的一种过渡状态。不过，经由这道嬗变的光谱，我们能够清晰观察到一种发展的趋势，它与中国农村改革40年的内在逻辑和基本动力完全一致。

偏远山区一场无声的殡葬礼俗改革

俄扎乡的大名,自我到元阳挂职以来,早已听得如雷贯耳。最近得便,驱车110公里山路,在检查义务教育均衡发展和控辍保学情况之余,也专门一探此地移风易俗的传奇究竟何以发生。

时移世易,风移俗易

很多人有一个先入为主的印象,一讲到移风易俗,就一定是在一个强大外部性力量的压迫之下、疾风暴雨般推开的运动式治理,进而

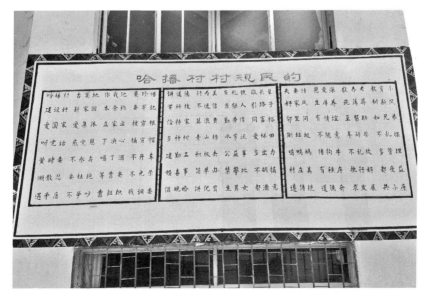

元阳县俄扎乡哈播村村规民约

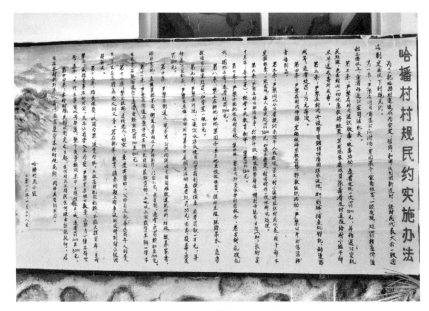

元阳县俄扎乡哈播村村规民约实施办法

联想到前些年中部地区的某些激进做法和引起的底层反弹。事实上,"移"与"易"固然是一种外力,却未必没有内在的需求,只不过出于某种隐秘的因素有口难言、不便声张。在时"移"世"易"、形势比人强的状态下,移风易俗就是顺理成章、水到渠成。

俄扎乡人口中,95%是哈尼族。当地资源禀赋较差,山高坡陡,交通不便,靠山吃山永远挣不到钱,于是绝大多数人常年到珠三角一带外出务工。山里人走出大山,见到了外面的世界,市场原则下的货币观念与乡土中国下的村社伦理终于正面交锋,故事就揭开了序幕。我在前文"经济理性驱动的乡村礼俗嬗变"的末尾,简单勾勒了这个故事的概貌,这里再详细还原它的由来。

哈尼族是一个勤劳质朴、能歌善舞的民族,历史上的哈尼族先民受战乱所迫,经过漫长的迁徙,定居于西南一带,并逐渐由游牧生活转入农耕文明。民族独特历史与传统农耕文化的结合,也形成了一套围绕农业生产各个环节衍生开来的社会交往方式和繁杂仪轨。

以葬礼为例。葬礼既是一个人盖棺定论的最后场合,也是一个人全部社会关系的集成展现。俄扎乡哈尼族的传统葬礼耗资巨大,甚至于一些人因丧致贫、因丧返贫。这绝非危言耸听。按照传统,自家父母去世,子女们每人至少要牵过来一头牛献祭,其他村民也要前来捧场为逝者送行,也会牵牛过来。无辜的牛们就这样躺枪了。牛蹄遍地、血流成河,这场因葬礼而来的牛肉盛宴可能吃上十天半个月也未必能完,吃不完也只能扔掉。

列位看官说了,杀牛就杀牛呗,人家自愿献祭,对主事家又有什么损失和压力?要知道,在传统农耕社会中,这就是一个典型的守望互助、"礼物"互换、延迟满足的保险机制。今天你帮我,明天我帮你。吃了肉,早晚要还的。所以每家每户牵来几头牛,从来不是一笔糊涂账,各家各户都有清清楚楚的一个人情账本。而且,这是一笔祖祖辈辈无穷匮、也要父债子还的跨期交易行为。自家办丧事收了人家的牛,等将来人家出殡,你也得乖乖牵牛。

它何以成为一种沉重的负担呢?假设一个老人去世,他有四个儿子,那么就四个儿子分摊所有的牛数,来日分头偿还。一头牛当下的市场价值,牛犊大约在 2 000 至 3 000 元,成牛在 6 500 至 7 000 元左右。每逢丧事,全村送牛,就是以这种特别方式,把每一个逝者家庭继续与整个村社共同体的利益捆绑或绑架在一起。进而间接宣告,主事家作为村社之一份子,这种归属关系不因逝者已矣而断绝,而是永生永世不得开。因为你永远不可能预期到村社其他成员的死亡日期,因此这笔债务也永远不可能一笔勾销,你必须在自己有限的生命中持续不断地归还旧债、再欠新债。

在与村民闲谈中,我问道,如果一户人家有一个儿子、三个女儿,那么他们是否共同"偿债"?一位村民用实例帮我分析了这个情形。在村民的传统中,嫁出去的女儿,泼出去的水,是别人家的女人,独立门户了。但父母离去,女儿回来上祭是天理伦常,天经地义。可是作为与父母一起生活的儿子来说,就面临一个尴尬境地。是否同意姐姐妹妹牵牛过来?若不同意,姐姐妹妹会有一种受辱感,因为她们是代表另一重身份归来的,她们是携夫君来祭拜后者的岳父母的,岂能空手而来？可也正因如此，加重了这家独子的负担，那意味着姐姐妹妹家的牛，也是外人的牛，是要还的人情债。将来姐姐妹妹的公婆去世，他都要逐一还回去，与其如此，莫如"劝返"她们。还真有这种苦口婆心劝说自己的姐姐妹妹只来一家代表，或者如果来了也千万不要牵牛、徒增内耗的。

2014年以来，随着外出务工人口逐年增多，对上述大操大办的葬礼陋习不胜其烦且见过"大世面"的中青年人口，开始了对传统的挑战。这种自下而上的需求，与自上而下的移风易俗殡葬改革需要一拍即合。村民小组、村委会开始层层动员开会，基本上接受了风俗不变、程序简化、成本降低、村民接受的原则，乡里还决定对各村委会因丧事不杀牛的前3户（也就是前三位带头"吃螃蟹"的人），每户奖励600元作为激励。

大招一放，摩拳擦掌跃跃欲试者甚众，但不满的声音也随之浮出水面。支持者多是从没有什么牛债负担和白事经历的年轻一代，反对者则是已经陷入错综复杂人情债缠身的年老者。半截子入土，突然说要清账，以前的就一笔勾销了？这还了得？双方各执一端，唇枪舌剑。最后的妥协方案是采取某种货币化补偿，一风吹。此后的葬礼，就得按照新的村规民约来操办。

突破口打开后，村民们接下来又商定了一些更明确的约定，如：把老人去世后搁置在家中的天数缩短到3到7天；把杀牛上祭改成现金上祭，并出台"指导价"区间为500到3 000元；上祭人数从原来的20到40人压缩到10人以内；整个上祭活动杀牛不得超过2头，宰猪不得超过2头……几个村民掰着手指头给我算账，这一套移风易俗搞下来，平均每户能节省3到5万元。

受益的不只是经济层面，精神上也解脱不少。有村民说，以往的有些葬礼，敲锣打鼓、吹号放烟花，感觉对逝者毫无尊重。他曾亲历一场奇葩葬礼，不知从哪请来了草台班子，主持人前脚刚低沉地说逝者已矣，后脚就画风陡转，马上嗓音洪亮地煽动"可是我们活着的人要更加健康快乐"，紧接着便是几个穿着超短裙的姑娘出场，不堪入目地搔首弄姿,大家也就跟着没心没肺地乐不思蜀。更有发丧事财者,大白天抱着不知哪买来的烟花"通通通"一顿乱放,转身就过来问主事者狮子大开口要求报销。此类乱象,已经远远背离传统丧葬习俗中祭死祝生、厚养薄葬的初衷,给人带来了沉重的经济和精神双重负担。

性相近,习相远

当我们回望发生在偏远山区的这场无声的殡葬礼俗改革时,会清晰听到韦伯"理性为世界祛魅"的声音在回响。理解了这一点,也就理解了何以乡村振兴这一典型的"现代性工程",要把"乡风文明"摆在一个重要的位置。但是且慢,在我们为这场现代化的运动轻易背书之前,还需要再多一点追问。

这两天陪同来访的社会学家曹锦清先生到农村调查走访,我把几个月来观察到的上述现象求教于先生时,目睹边远山区的现代浪潮,老先生颇有几分感慨。他谈到了 2 000 多年前,洞明世事、人情练达的孔夫子用 6 个字概括人类社会聚类分群的奥秘——性相近,习相远。

后来的马克思则在生产时间与劳动时间的不同组合及其缝隙中,发现了不同产业的本质差别:畜牧业的劳动过程最短,比如放牛放羊的人类劳动就在于把牛羊赶到山上,随后便可悠然自得晒太阳,任牛羊自寻牧草、野蛮生长;农业的劳动过程较畜牧业要更繁琐些,即令在今日农业机械化的大背景下,仍有诸多环节需要人工劳动,以便不误农时,除此之外,人的力量不可能过度介入,因为"拔苗助长"是一种无效劳动;只有到了手工业,劳动过程即生产过程,劳动停止了,生产也停止了;而现代工业和整个现代化的基础,正是从手工业发育而来。

清楚了这个逻辑链条,我们就容易理解,何以游牧较之农耕更为闲适、农耕较之工业更为自由,那都不是一种简单的"懒惰"抑或"勤奋"的二元站队,由此形成的种种乡风民俗也就难以做道德评判。唯一可以确认的是,这绝非地域或民族的差异,而更可能是生产方式引致的生活方式差异,是所谓"性相近,习相远"。

司马迁写史记时说过,"百里不同风,千里不同俗",黑格尔在《历史哲学》里也下过"海洋不是文明的阻隔,只有高山才是,而陆地是文明的缔造地"的断语。但他们都无缘得见当下这场足以用《共产党宣言》里那句"一切坚固的东西都烟消云散"来概括的现代化历史进程。接受了现代化洗礼、深受市场影响的人们,会改写此前为人所熟知的一些规律认识吗?那种"终结"于现代化过程的社会,会夷平"习相远"的物质和经济基础,造就一批"单向度的人"吗?

这是一个比移风易俗更宏大的命题了。

"文明上山"的观察与反思

上山:并非"逃避统治的艺术"

云南是一块宝地,一块福地,一块让人心驰神往、流连忘返的美丽家园。山好,水好,人好。上个月,著名社会学者曹锦清先生一行来我挂职所在地红河州元阳县调研。老先生每到一处,除了重点关注脱贫攻坚、乡村振兴一类经济社会发展问题外,总会连带问及民族关系、少数民族由传统到现代的嬗变等问题。

云南不愧为民族团结进步示范省,包括汉族在内,共有 26 个民族世居于此。岂止生物多样性堪称全国之最,民族的多元一体、和谐共荣之程度,全国也是无出其右。在这个意义上,这个西南边陲省份,的确为西北地区和其他少数民族聚居区域树立了一个具有示范意义的标杆。

美国人类学者詹姆士·斯科特一直以一种孤冷的视角审视人类的现代化进程,其可取之处在于,以那种后现代的视野对现代性工程的过度干预进行解构,通过反其道而行之、赋予边缘部分以主体性,来实现去中心化。然而,这种理解方式也有不少牵强之处。他前些年的著作《逃避统治的艺术:东南亚高地的无政府主义历史》,中译本已然绝版。我是去年到云南挂职之前,专门花数倍于定价的高价,从旧书网购得。一年来得空便读,边读边与下乡调研的实际对照,有些地方还是不能完全认同。

文明缘何难上山?这是斯科特此书试图回答的一个关键问题。

但我们能否就此脑洞大开地认为,东南亚高地的这些民族,是有意以一种主动拒斥文明、拒斥现代化的方式,逃入深山老林,去过一种后现代田园诗般的清修生活?是他们为了躲避发端于平原的国家政权的税收、管制及其日益精细化(所谓数目字管理),而从低地逃到高地,从文明返归"野蛮"?这就是所谓"逃避统治的艺术"?

按照斯科特的理解,很多高山民族之所以没有文字而仅有语言,依靠口耳相传来承袭某些智慧和经验,是因为第一代逃避统治的聪明人,以一种绝学无忧、绝圣弃智的大智慧,主动放弃传承文明的文化载体——文字。这种想法很有新意,很有脑洞,但恐怕过于"被迫害妄想狂"、过于偏执了一些。这可以是科幻大片的节奏,却不大像人类社会的历史。中国历史上最接近斯科特描述的这种类型的,可能是自西晋"八王之乱"后"永嘉南渡"的客家人。这样的从平原地带整体性、永久性地移居到东南沿海山地的故事,在此后的安史之乱、靖康之难直至清兵入关也都时有发生。不过,也许会有逃亡隐遁首阳山的伯夷叔齐式政治避难,有不知有汉无论魏晋的陶渊明式桃花源幻想,但诸如此类的安贫乐道、"主动退化",不是历史的主流。

人们确有歌颂传统、尚古非今的偏好,越是现代,越是有这样一股复古的潮流。当然,先民确实有许多值得敬畏赞叹的智慧,甚至有些至今让人百思不得其解。不过,若是就此以一种顶礼膜拜的姿态,认为这是一种后人无可望其项背的神启,是黄金时代对黑铁时代的无声鄙夷,就未免太妄自菲薄了。

民族性并不是一个科学的概念。倒不如说,理解一个民族的历史,有助于理解其生活方式和文化习俗。以哈尼族为例,哈尼族是一个典型的高山民族,但他们的迁徙历史是沿着古羌族从青藏高原往南一路过来,中间经历了不少战乱纷争,最终逃到云南红河的南岸。有的逃得更远,到了越南、缅甸、老挝、柬埔寨、泰国,他们叫阿卡人。

哈尼族的这一迁徙历史,既是一部充满艰辛的民族逃难史,也是一部不断习得农耕文化并最终受到包括汉族在内的其他各民族巨大影响的民族融合史、农耕史。我在县里挂职一年,听到不少人唱哈尼古歌、哈尼四季生产调,不同人有不同唱法。有人侧重于表现民族祖先长距离迁徙的艰难困苦,那就非常悲苦、凄凉;有人侧重于表现习得了农耕技术的哈尼人一年四季顺应农时、起早贪黑,"认真生活、快乐工作"的状态,洋溢着"农作使我快乐"——这其中当然饱含着高山民族的勤劳与质朴、奋斗与智慧,他们甚至靠着自己的双手在自唐以来的1 300多年时间里开辟出堪称人间奇迹的世界文化遗产哈尼梯田,但我们仍然不能认为这是斯科特意义上的"逃避统治的艺术"和某种有意的"理性狡计"。它完全是偶然的。

位于山之中部的元阳县攀枝花乡村寨远景

土司:一场温和渐进的赎买

斯科特关于"文明上山"或"逃避统治"的命题,还有一个先入为主的判断,即文明或现代国家政权的这种无限扩张性。事实上,"普天之下,莫非王土"在不少古代帝王那里,更多不过是一种观念上的野望。而以中国古代的国家治理经验观之,相比扩张,内卷更像是一种常态。

我用红河州为例。红河州现在有13个县市,以红河为界,北部7个县,南部6个县。北部坝子相对大一些,南部多山区。文明不上山,现下脱贫攻坚最困难的区域集中在南部。交通基础设施最落后、民众生产生活条件比较低、教育观念和文化程度较差的地方,也都是南部。在教育和文化上,北部对南部基本呈现一种碾压倒灌的态势。

历史上看,文明分野也是以红河为界。红河以北的平原地区,随着几轮中央政权的辐射,早已改土归流,行郡县制管理。红河以南则长期处于"江外十八土司"管辖范围内。所谓"江外"的"外",其视角是相对中央王朝而言的,鞭长莫及、山高皇帝远的那个方向,其实就是一江之隔的南岸,即为外。那么,这个江外十八土司,是否管辖了红河州南部的全部范围呢? 不是,其管辖范围实际只是点状、带状的存在,也没有连成一片。这就是1950年前长期存在的一种状态。因为对"江外"这种地方,中央政府财政汲取的潜在收益微乎其微,财政汲取的潜在成本却高得惊人,毋宁采取"土人治土、高度自治"的羁縻方针。

1950年,红河州的土司制度几乎是一刀切地终止,它实际上终结于土地改革。但云南土司制度的废除又是一个温和的过程,类似民族资本主义的和平赎买。毛泽东同志在20世纪50年代中期同民族资本家座谈时曾说:"人们考虑的,不外是一个饭碗,一张选票,有饭吃不会死人,有选票可以当家作主,说文明点就是一个工作岗位,一个政治地位。"①

今天回头看,边疆土司制度的废除,也是这样一个渐进的过程。不少末代土司转变为当地首任乡长、县长、州长。至今百姓中间还流传着一些善意的段子,我反复听到且留下深刻印象的就有如下两则。

一是说某"县处级"土司(即原来统辖范围为一个县左右)转制后

---

① 毛泽东:《毛泽东文集》(第六卷),北京:人民出版社,1999年,第491页。

担任首任县长,以往骑着高头大马从山坡上跑来跑去,现在第一次坐上了公家吉普车。当他从一段 U 型山路的一端坐到另一端后,兴奋地指挥司机:倒回去,再来一遍!

另一个是说某担任地州级领导的原土司,面对老百姓在日益增长的权利意识驱动下,因机场的征地安置问题迟迟不能统一意见,工程进展缓慢的情况时,飙出一句:"什么你的地,这原来都是我的地!现在共产党要给咱们修机场、修公路,老子都同意,你们凭什么不同意?"据说,问题就这么摆平了。

不由得想起,蜀汉诸葛亮何等手腕,"五月渡泸,深入不毛",征战南中,也只能采取攻心为上、攻城为下的方针,尽量借力和激活当地资源要素,以羁縻手段实现有效治理。中国之大,国情之复杂,只有到现场的山山水水走一遭,才能有直观而深刻的感受。

俄扎乡哈播村会议室里哈尼族和彝族文字表示的"中国共产党"

扶贫:具有道义合法性的现代性工程

按照人类社会发展的五形态论,即原始社会、奴隶制社会、封建制社会、资本主义社会、社会主义社会,在云南这块研究人类社会发展的活化石上,拿着放大镜来找细节,会发现一些有趣的典型。除了刚刚实现整族脱贫、收到总书记回信的独龙族外,还有很多值得研究的案例。2018 年 10 月下旬,我们挂职干部在昆明集体培训的时候,云南大学的民族学教授王文光先生讲过两个例子。

一个例子是纳西族摩梭人。怎么又是纳西族又是摩梭人呢?原因在于,20 世纪 50 年代的民族识别工作,最开始让老百姓自己报,居然上报了 400 多个民族。后来中央定了，变成 55 个少数民族。但是摩梭人不断提出，希望自己也被独立认定为一个民族，后来云南省说，你们还是纳西族，但特殊场合可以提你们是纳西族里的特殊一支——摩梭人。为什么摩梭人一直咬定青山不放松，希望成为一个独立民族呢？因为他们在一个彝族自治县，彝族是老大，所以他们在资源上没有竞争优势。

摩梭人的政治、经济和家庭发展是极度不匹配的，是在不同的平行空间遵循各自的发展秩序。他们到现在还是母系大家庭，老祖母管着家，所有儿子不娶媳妇，实行走婚制。你问他们为什么不结婚，答案是结婚不好，不自由。他们大致的伦理是，一个时间之内，只能有一个性伙伴，但一生之中，可以有很多个。

摩梭人管长自己一辈的男性都叫阿乌，管长自己一辈的女性都叫妈妈。男性的长辈即阿乌，四十几岁的时候就没有事情干了，也没有权力。在母系社会中，他们的土地也给另一个民族去种了，甚至要倒贴钱让别人去种。因为他们认为土地荒废是一件不道德的事。

所以摩梭人男的不娶，女的不嫁。当然，历史上的一些特殊阶段，比如 20 世纪六七十年代，他们就被人举报，说乱搞男女关系。那个年代，这个罪名影响很严重（今天当然也严重）。组织上有办法，如果不结婚，公共食堂不给发饭票。他们也上有政策下有对策，两个人牵着手一起去领证，一起去拿饭票，拿到饭票再分开，该走婚照样走婚。

这种现代社会很难接受的"传统"，会不会有一些改变，会在什么情况下做出改变呢？一个摩梭女人找到前男人，说这个孩子是我们俩生的，你记得吧？记得。现在他要上大学了，你出学费吧。男人说，笑话！我们摩梭人的规矩向来都是，我姐姐家的孩子，我作为舅舅要参与供养，但你要养的孩子别找我啊，你要找你的哥哥弟弟一起抚养。母系社会嘛。但软磨硬泡说到最后，男人也同意出钱。不过，也因如此，两人约定，要开始一起好好过日子了。这是什么力量？是货币的力量，经济的力量，现代性的力量。是货币化形式的学费，搅动了这一池春水，促成了这种原始部落或"直过民族"中核心家庭的诞生和现代化的转变。

另一个例子是佤族。佤族向来有个传统,要砍人头祭诸神,而且胡子越长的人头越好。他们认为,砍了这样的一颗好头颅,庄稼就会长得像胡子那样稠密。有人会较真说,这太荒唐了,就算粮食也不是越稠密产量越高。这是原始信仰,我们不宜过细追究。总之一到相应时节,整个佤族地区就人心惶惶,不知要砍谁的头了。这个"习惯",同样是在20世纪50年代社会主义制度巩固之后,才彻底绝迹。

脱贫攻坚当然是一种典型的现代性干预和生活改造工程,但其目的从来不是什么财政汲取,而当地的困难群众也根本不存在什么"逃避统治"。恰恰相反,他们在很多方面受限颇多,没有外力的支持,只能陷于一种低水平的停滞状态。想不明白这个道理,就讲不清楚脱贫攻坚的合法性。

爱在红河元阳

2019年5月1日,是我到元阳挂职的第300天。

这个五一,本想就在县城宿舍"葛优躺"几天算了,不过头一天晚上到一中看望高三教师并座谈到接近七点,又听闻五一当天会有哈尼梯田"开秧门"实景农耕文化节习俗展示活动。于是就留宿山上,这才有了今天上午看"开秧门"的体验。

2019年5月1日元阳县菁口村"开秧门"现场

其实,元阳一年两季,只有春夏,无问秋冬。九个月穿短袖,三个月穿长袖。山上会稍冷一些,但梯田里的插秧工作,基本在三月下旬就陆续开始了。开秧节放到今天,象征意义更大一些,也是为了搭五一小长假的顺风车,把世界文化遗产、农耕文化和乡村旅游几个要素糅合在一起。

效果的确也比较明显,在这个接近于哈尼梯田淡季的时刻,吸引了众多中外游客乐此不疲地来到田埂上驻足观看。常有人问我,什么时候来看梯田最美?我一般会回答,每个时节都有它的美,各美其美。梯田里种的是红米稻谷,一年一季。

哈尼族的历法是从十月年开始的,在他们看来,十月是收获的时节,也是新的劳作的开始。从十月到第二年三四月开秧之前的这段时间,是公认的最美时光。梯田里放满水,日出山坳,空中霞光万道,梯田金波荡漾,那是如镜面一样的水面对阳光的映射。角度、水的波动、云海翻腾之间的排列组合都不一样。所以每一分每一秒的景致,也都是独一无二的。

三四月开始插秧之后,水面就有些浑浊了,而青苗又刚刚冒头,那些看惯了最美梯田风光的看客,对这种景观着实兴味索然。

慢慢到了六七月份,梯田的每一级"台阶"都被覆盖上绿油油的一片,壮观是壮观,不过,因为远山的森林也是绿的,放眼望去,从山头的森林,到山脚的梯田,竟是绿色的海洋,没有层次感。若勉强说有的话,那只能是深绿与浅绿的区别。

八月到十月是我很喜欢的另一个时段,成熟的稻子"压弯了腰",阵风吹过,掀起阵阵稻浪,仿佛是在绿色的背景板上涂抹了一层鲜亮的金黄色图案,在梯田自带的错落有致加强效果映衬下,更显暖人。这大概就是歌曲里唱的"茶园绿油油,梯田泛金波"吧。

我这么掰着手指头如数家珍地逐月介绍,想必你们也看明白了,如果要来梯田,我推荐除了五、六、七这三个月的任何一个季节,因为这三个月气温较高、色调也比较单一,其他九个月无论是气候还是光景,都美不胜收。

当然,如果你赶在上半年五一前后的开秧节、下半年秋分前后的农民丰收节过来,还会有"加餐"——有机会见证当地传统的长街宴。

今天的哈尼小镇就笑迎八方来客,摆起一眼望不到头的长街宴。这是我挂职以来第二次吃这种规模的长街宴。无论来了多尊贵的领导、嘉宾、客人,长街宴的首席位置端坐的是代表哈尼族村寨中的"神职人员"——"摩批"。

"摩批""咪咕"这类人员的选择既不是公推公选,也不是世袭罔替,具体的流程非常复杂。我们可以简单地理解为是村里德高望重、各方面起表率作用的模范长者。他们是可以"通神"的,也是能够将哈尼族祖祖辈辈口耳相传、口传心授的历史、文化传承下去的专职人员。

所以人们对"摩批""咪咕"的道德人品、学识修养、身体素质都要求较高,必须无可挑剔,甚至要查三代,看看祖上有没有横死的——因为"模范长者"就应该受到各种眷顾,不可能有飞来横祸的。

长街宴上,"摩批"首先举杯,口中念念有词,唱出祈祷平安、祝福丰收的歌谣,并提议大家干杯。下垂手的各个领导群起呼应,站起举杯。每一次举杯,这股声浪就如排山倒海一般,接力向长桌的"下游"传导。

长街宴开席后不久,会有当地姑娘(其实也不准确,有很多是老婆婆)排成两排,顺着长桌往下走,没过多久站定,开始唱歌。其基本流程是:吃着长桌唱着歌,唱完你要仰脖喝,你问不喝能咋地,站你身后不动窝,接着给你唱首歌。

去年农民丰收节,农业部在全国设了 100 个活动点,云南四家,元阳县位列其中。我讲个有趣的小插曲。当天的长街宴,农业部来了司级领导,州县不少领导也在。正晌午时开饭,日头在脑瓜顶晒得邪乎。本来按照礼仪规则,来者是客,坐北朝南。结果那个方向正是太阳正对着脸晒,于是我们县领导就变通并解释了一下,请外来的几位贵客坐到对面,于是宾主双方就换了个位置。结果,几位来宾大为感动,原本戴着的草帽,也纷纷摘下,以示"与民同乐"。这下轮到我们这些作为东道主的地方官员暗自叫苦了,他们摘帽致敬,我们也不好意思再戴着帽子吃饭,于是乎顶着炎炎烈日和高海拔紫外线足足吃了一个多小时。下得山来,从脸到脖子到胳膊,全部晒秃噜皮。

哈尼族也好,彝族也好,都能歌善舞,小孩子们也从小极富文体方面的天分。我来红河州、元阳县,很短的时间内就学会了不少咏唱红河元阳、讲述哈尼梯田的动听歌曲。

2018 年 10 月,我们教育部挂职干部在云南大学培训,培训间隙,我们自发组织聚餐，席间要求每人唱一首当地具有代表性的歌曲。好多同事一开口，唱的还是我小时候就会唱的一些歌，比如《阿佤人民唱新歌》之类，其实算不得代表性的少数民族歌曲。那时我挂职才三个多月，已经学了几首了，于是现学现卖。只是忘了几句歌词，赶紧给当地人称"情歌王子"的我们县旅发委主任发微信求助，他给我发来了歌词，我现场一唱，还是拿得出手、站得住脚的。后来我也逐渐练出了自己元阳民歌"三板斧"：《哈尼祝酒歌》《元阳梯田》《长街宴》。

今天在开秧门现场，听到一首歌，每次出差蒙自，早上起来吃早饭的时候，总会听到这个歌，但总是查不到名字。今天又被我捕捉到这个旋律，继续请教，终于找到了，名字就叫《爱上你，红河》。

不知道为什么，一听这个旋律，再看着不远处秧田里脚踩泥土、辛劳插秧的青年男女，眺望更远处哈尼族同胞祖祖辈辈耕种 1 300 年历史、纵深 2 000 多级"阶梯"的壮美梯田，300 天来的不少人、不少事浮现眼前，有一种抑制不住的激动，眼睛都有些湿润。

冯友兰讲的人生四境界，比弗洛伊德的本我—自我—超我的三段论，稍胜一筹的地方，就在那最后一个"天地境界"。万物并非刍狗，万物有灵，但万物包括人在内，也都应当在自然和历史的行程中，在浩渺宇宙、高山大川面前，摆正自己的位置。

这真是一块福地，我真是爱上了这里，也一定会长久地惦记着这里，我的红河元阳，我的第三故乡。

我的第三个本命年

翻过这个年关,按照老辈的规矩,又该从头到脚、从里到外至少得有件红色的布料傍身了。2019年,农历猪年,我的本命年。不知不觉,36个春秋度过,我也从少年、青年过渡到中年。过年是中国人最神圣的时刻,是老百姓的盛大节日,而每一阶段的体验又有所不同。

少年的年:生活何其美好

时间,对于不同年龄阶段的人,具有不同的寓意。少年不识愁滋味。唯一能让一个少年发愁的事情,好像是期末考试考砸了。那感觉,大概和今天大学生回家被七大姑八大姨追问"找对象了没""谈朋友了吗"差不多。对于那些未成年人,他们是专门从考试成绩这个缺口去"进攻"的。

不过现在想来,哪里有那么严重?谁会真在乎别人家的孩子考得怎么样吗?有时自己家的都未必那么在乎。何况那可是20世纪90年代!由此联想到,那些年因为区区一两分之差,就觉得是天大的事,实在庸人自扰得很。

小时候,过年也意味着家族的团聚。前几年有部片子叫《舌尖上的中国》,第一部中有一集讲过年的,天南海北的几个故事,最后收尾到年夜饭。画外的配乐配着饺子下锅的节奏,让人心潮澎湃,眼眶湿润。不管怎么煽情,争议多大,它确实道出了中国人家本位的基本逻辑。

"一家人，最重要的就是要整整齐齐。"TVB说得不错。我们这一代，差不多是第一批"成建制"的独生子女。"小皇帝"的说法，往往盛名之下，其实难副。独自成长，何尝不是一种孤独？也只有到了过年，同属一个大家族之中开枝散叶的各家各户，才有机会聚拢在一起。平日不得相见的堂亲、表亲的同龄人和小伙伴们，也才得以共度一段愉快玩耍的时光。

　　我所处的位置和结构比较独特。从父系这边看，我还有一个大伯、一个姑姑、一个二伯，分别比我父亲大15岁、8岁、3岁。爷爷在1959年的困厄时期，因胃穿孔不幸去世时，父亲只有4岁。那之后的艰难时世，是奶奶一个人，把整个家庭扛了起来，把4个孩子抚养成人。奶奶平时跟我们家一起生活。从小年（腊月二十三）到元宵，就到大伯家。我们家和二伯家在除夕那一天，也都会到大伯家去过年。

　　父亲在他这一辈里就年龄最小，我在堂亲这边的年龄也最小。跟着这边的哥哥姐姐们，总是玩得很"超前"。小学一年级那年过年，曾跟着大伯家的大哥、二哥和二伯家的三哥（三哥和我都是独生子女，但排行就是整体顺下来了）一起，钻进大伯家附近的一个军用飞机场，一顿鞭炮把这个荒废机场中的一片草地给点着了。好在消防队员大年三十及时出动，没有造成更大损失。

　　父亲在生活中也是个极理性的人，不吸烟不饮酒，也从来不会把春节晚会之类当做什么非看不可的神圣之物。上高中之前，从来在8点半前赶我睡觉。过年是个例外，但我连续很多年被他忽悠得从6点半直接睡到第二天天亮。常见的说辞都是："困了吧？你看这一天玩得也精疲力尽了。先睡一会儿。等一会儿8点春节晚会开始我就叫醒你。"事实是，他从没有一次叫过我。

　　大年初一，就可以回到自己的三口之家。等到初二，就跑到姥姥家那边去做老大了。从母系这边论，母亲排行第二，我还有一个大姨，后面还有两个舅舅。在5个表兄弟之中（其中有一对双胞胎），我是大哥。过年时，就会带着4个表弟，拿着棒子跑到姥姥家附近的养猪人家,追着猪满地跑,以至于一到过年,那几户人家见到我就避之唯恐不及。后来,有了红白机,过年的消遣就变成轮流打游戏通关。当大哥有当大哥的威风,也有不得已的难处,比如挑玩具的时候,就总要主动被动地"高风亮节",以至于连续几年我得到的都是变形金刚里面的杂牌部队。

青年的年:未来何其飘渺

我的第一个本命年,家里头一次没有在冬天囤积大白菜。

对于东北的孩子来说,最开心的一件事,莫过于冬天各家各户成吨成吨地从开进街区的卡车上采购大白菜,再把它们搬运到自家仓房的屋顶露天存放,那天寒地冻的室外条件,就是天然的大冰箱。在这个过程中,孩子们可以合理合法地学"小兵张嘎"上房揭瓦、飞檐走壁,丝毫不必担心被家长训斥。

生产恢复了,市场发育了,物流畅通了。1993年开始,买米不需要粮票了。1995年开始,冬天也没人囤积大白菜了。也因此,腌酸菜这种原本属于家庭内部分工的事务逐渐外包出去。农贸市场里出现了专门经营酸菜的摊位,过年的时候最抢手。

日子一天天好起来,大人们一天天繁忙起来,孩子们也一天天成长起来。过年还是那样一个过法,年三十要去大伯家。但流程比原来复杂许多,母亲要提前半天去理发店排队,正月不剪头,于是全县的妇女都赶在这天去理发店烫头。那些年做头发的应该赚得不少。

家族团聚时,逐渐有了缺席者。堂亲这边的哥哥姐姐们,陆续考上大学、离开家乡、成家立业、天各一方,未必都赶得回来。表亲那边几个弟弟也面临更大的升学压力,我们都不复当年的天真烂漫、无忧无虑。

有段时间,街边的音像商店换了一批批卡带,卡拉OK、跳交谊舞的新风尚逐渐兴起。各个单位下班之后,大多会组织类似的娱乐活动。那段时间每天放学被接到父亲的办公室中,看他在图纸上勾勾画画,自得其乐。他从没参加过那些娱乐活动。五音不全或原因之一,但更主要的是他在楼上"嘭嚓嚓"跳舞的时候,基本闷在自己的办公室,埋首于研究。后来我知道,那是他在为自己第一个专利的申请做最后冲刺。

有一年年关将至的时候,电视台突然来家里拍新闻。把母亲和我一通摆拍,一会儿操持家务,一会儿读书学习。还把父亲的一堆红皮证书摊开来拍,我瞄到几张省、市科技进步奖证书的内页,记住了邓小平的八字箴言:尊重知识,尊重人才。那时我逐渐意识到,这个整天勾勾画画、脾气挺倔的人,还是个对社会有所贡献的人;也逐渐理解了前几年过年前后,他看到《新闻联播》里一个老者在南方的谈话时,何以那般开心。

2001年,我上了大学。南方高校的寒假是短暂的。回家后,也没了少时那种渴盼过年的新鲜劲儿。除了同学会面、吃吃喝喝,百无聊赖。到后来读了硕士、博士,回到家总带一行李箱的书。其实根本看不完,就是图个心安,怕临时想起来看哪本又找不到。那时的奶奶已经80多岁了,最疼我这个老孙子。可是祖孙见面的时间,实际上每年就只有寒暑假的两个多月。奶奶心灵手巧,活到老劳动到老。虽然她没读过一天书,但是她尊重知识,敬重读书人。爷爷在世时写的诗,她都背得下来。我教她认了不少字,她也都记得。我就捧着本书靠在她床上看书,她一边做各种绣着花鸟鱼虫的针线活儿,一边唠叨着许多陈年往事。我很后悔,那几年没有把奶奶最后岁月里的一些影、音、像记录下来,虽然那时还没有智能手机,但是拍照、录音的功能已经有了。

2008年初,我的第2个本命年的年尾,奶奶以90高龄离世。人总要经历这样一个过程。我们经常看到大人物去世,然后人们群起表态"一个时代过去了"。其实,真正能给自己那种"一个时代翻篇儿了"的感觉的,只能是与自己的生命体验密切相连的人。奶奶的离去,让我感到整个大家族金字塔结构的顶端,出现了一个缺口。不再有一个"老祖宗"给你遮风挡雨,让你 stay young, stay simple,让你安然装嫩。

每个人都被迫"晋"了一级。那之后,直至我结婚前,过年的人口规模都收缩到一个最小状态——核心家庭。大伯、二伯和姑姑家过年期间还是会专门去拜年,但那种整个家族团聚的感觉就没有了。过年的地点也不再局限于老家,而是在上海和老家之间不断变换。个体化的时代到来了。

中年的年:时间何其稀少

按照某种把35岁作为中青年分野的说法,36岁的确是人到中年。20世纪80年代《邓小平文选》中有一篇《视察江苏等地回北京后的谈话》,他语重心长地提道:"落实知识分子政策,包括改善他们的生活待遇问题,要下决心解决。《人到中年》这部电影值得一看,主要是教育我们这些老同志的。看看,对我们这些人有好处。"《人到中年》这部电影是20世纪80年代初的佳作。潘虹饰演的那位兢兢业业、无私奉献,却在工作与生活的双重压力下累倒,直至油尽灯枯的中年医生,是那个年代中青年知识分子生存境遇的真实写照。

今天的人到中年,与彼时还略有不同。中年人的时间观念在当下有一种被加速的感觉。被这个拼命奔跑的社会推向前方,稍不留神,倏忽间一年又过去了。

我老家那边有个老规矩,正月初一(春节)不能劳累,就是要放松。如果一个人在这样一个狂欢时刻还是很忙,无论他是忙于工作,还是忙于学习,抑或其他什么事,都预示着接下来的一年他将是劳碌命。我不知道同年龄段的其他各位中年人感觉如何,只觉得这些年越来越没时间停下脚步,慢慢欣赏生活的光景,享受与家人团聚的惬意,年味儿越来越淡,"从前慢"的美好时光一去不复返。

2018年7月,我来到云南元阳挂职扶贫。有时候,也会不自觉地比较起上海和云南的工作节奏与生活质量。我们做的是时不我待、只争朝夕的脱贫攻坚工作,不过,我着实羡慕这里简单淳朴的乡村民风和家人之间朝夕可见、圆满祥和的生活状态。

离开的这半年里,我的爱人独自扛起家庭的重担,4个老人在本应过着闲适生活的年纪,继续扶上马送一程。对此,我心里总是怀有一份歉疚。对于中年人来说,确保自己的父母有一个幸福的晚年,确保自己的子女有一个快乐的童年,是承上启下、不可卸载的重任。一路疲于奔跑的中年人,在这个特定的时点,需要停歇片刻,看看周遭的风景、陪陪心爱的家人,欢欢喜喜过个年。

在脱贫攻坚一线感受真实的中国

近日,教育部高教司、国际合作与交流司等多个部门先后来到云南临沧、红河等地开展扶贫调研,并为当地贫困县教育基础条件的改善带来真实可见的外部资源。笔者挂职的红河州元阳县,短短4个月之内就先后两次得到国际司的"给力"支援,在乡村中小学学生短期国际学习交流、乡村中小学校长国际培训、中小学图书捐赠以及跨国企业资助建设篮球场、电脑室、电子白板等方面获得了宝贵支持。

上述种种,只是2012年起教育部定点联系滇西边境片区开展教育扶贫的一个片段。作为教育部直属高校教师和第6批滇西挂职干部,近一年来的挂职扶贫过程,也让我自己深受教育,感悟颇多。

一是直观感受到国家的幅员辽阔和国情的深刻复杂。我在学校从事思政课教学工作多年,深知要在当下对学生进行德育的熏陶浸染,远不是简单地照搬书本上的文字和道理所能做到。要让学生对国家发展的艰辛历程和巨大成就有切身体会、对国家民族有深挚的热爱,首先要求教师自身必须具有丰富的实践阅历,用一手材料带给学生直击内心、震撼心灵的感觉和体验。来到元阳挂职后,晚上经常与2 000公里外的3岁儿子视频,他总会问我:"爸爸,为什么我这里天是黑的,你那里天还是亮的?"我恍然大悟,西部山区与东部发达地区实际上存在着体感上的"时差"。所以,作文中"天蒙蒙亮,我就背起书包上学了"这类语句,对于东部城市孩子可能是一种"套路句式",对于边疆山区孩子而言,却是基于日常生活体验的真实写照。类似的经验,我们不身处其间,往往会视之为理所当然。中国不只是北京上海,只有引导学生认识一个真实的中国,才能更好激励他们为改变贫困地区面貌、建设现代化强国贡献力量。

二是由衷感佩于山河的宏大壮美与人民的智慧勤劳。我们悠久灿烂的文明是包括各少数民族在内的全体中华民族共同创造的。来到滇西边境山区挂职,固然能看到当地在基础设施、教育、卫生、产业等诸多方面的存在的短板,但同时也能看到当地人民和基层干部为摆脱贫困所做的不懈努力和取得的显著成效。我所挂职的元阳县,是我国第一个以民族命名的世界文化遗产——哈尼梯田所在地。一般外来游客初到此地,首先会震撼于层峦叠嶂的高山峻岭之间,那一片片阶梯一样拾级而上、开垦而出的梯田景观。这宏大壮美的图景背后,是 1 300 多年来以哈尼族同胞为代表的各民族共同的耕耘奋斗。在自然环境并不十分有利的情况下,通过探索和顺应规律,将农耕文明传播到西南边陲。只有在"自我"与"他者"视角的不断切换中,才能够在融入其中的同时生成强烈的家国情怀。

三是深切体认到教育的重要意义和扶贫的光荣使命。扶贫先扶志,扶贫必扶智。相对于产业扶贫、劳动力输出等"立竿见影"的方式来说,教育扶贫尽管见效较慢,却是水滴石穿、开启希望之窗、斩断贫困之源最根本的渠道。边疆贫困地区往往也是少数民族聚居地,为摆脱贫困、改善生活,孩子的父母大规模外出务工是一种常态,这就形成了教育扶贫必须面对的基本学情——留守儿童比例高。在此情况下,学前教育囿于收入条件往往成为一种奢侈,而祖辈的隔代监护则使得孩子直到小学入学时还没有一个普通话的语言环境,往往需要一两年的时间过语言关。这种"输在起跑线上"的状况一旦持续下去,就会形成厌学情绪和控辍保学的巨大压力。对于教育部滇西挂职干部来说,尽管我们来自不同的部属高校和单位,每个派出单位特色优势也不尽相同,但针对滇西这一基本学情特点,充分动员本单位人力物力等各方面资源,帮助所在地区改善办学条件和培训师资,是工作的重点和共同的使命。前不久,我校学生思想政治工作团队就聚焦留守儿童的心理疏导问题,专门为全县中小学班主任和骨干教师开展育德意识育德能力提升专题培训,通过大学专家型辅导员与中小学班主任的对话交流,实现大中小学德育一体化。

"一年滇西行,一生云南情",这是每一批挂职同志离开的时候,必定提到的一句话。如果没有组织上的信任和安排,没有挂职交流的制度设计,我们可能一辈子都没有如此幸运的机会,跋山涉水,横跨数千公里,见识这样壮美的名山大川、拥有这样丰富而难忘的人生阅历,亲身融入中央单位定点扶贫和东西部扶贫协作这"一纵一横"经纬交错编织而成的政策体系,近距离感受社会主义制度集中力量办大事的伟力和共同富裕、一个也不能少的历史担当。能有机会在脱贫攻坚的最后时刻身临其境、躬逢其盛、参与其中,贡献自己的绵薄之力,留下一点个人的印迹,是个人的莫大荣幸,是一笔永远值得珍视的宝贵财富,也是一场永生不能忘怀的道德修行。

二

传统结构的现代转化

- 农村危房改造面对的三对基本矛盾
- 贫困户为什么不愿住新房?
- 产业扶贫如何发挥更大效力?
- 贫困地区怎样发展乡村旅游?
- 保护世界遗产要处理好传统与现代的关系
- 如何应对农业文化遗产开发挑战?
- 农村人居环境整治应注意什么?

农村危房改造面对的三对基本矛盾

眼下,一些地方的脱贫攻坚工作进入最后冲刺阶段,贫困户脱贫、贫困村"出列"、贫困县"摘帽"正在有条不紊地进行之中。根据国家制定的贫困户脱贫标准,除了收入之外,必须达到"不愁吃、不愁穿"和"保障义务教育、基本医疗和住房安全"的要求,这就是基层干部耳熟能详的"两不愁三保障"。在绝大部分地区,住房安全往往是其中最短的一块短板,因而,农村危房改造也就成了部分地区脱贫攻坚冲刺期要突击完成的重点任务。

事不关心,关心则乱。越是到了一项工作的收尾时刻,越要防止由于"赶工期""踩节点"可能遗留下来的各种问题。对于脱贫攻坚战中的农村危旧房改造工作,尤其需要处理好三对基本矛盾。

一是处理好"需要"与"被需要"的关系,注重贫困农民的主观感受。扶贫工作千头万绪,农村危房改造工程更是一项复杂的系统工程,需要按照规划,统一实施。但是,这一工程是为了保障农民住房安全、满足"居者有其屋"的基本生活需要,而不能异化为"政绩工程"和"数字脱贫"的游戏,满足政府的"被需要"。在具体施工过程中,必须深入调研,针对贫困农户的人口结构、生活习惯和宅基地所在环境的具体特点,一户一策地开展工作。

农村的生产空间与生活空间是浑然一体的。因此,农民的房屋除了具备居住性能之外,还要适当兼顾生产、储物等功能(如晒稻子、堆放柴草等)。随着时代进步和生活条件的改善,农民对住房的舒适性提出了更高要求。笔者挂职所在地是少数民族聚居区域,此地危房改

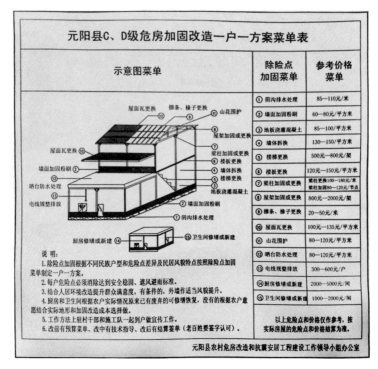

元阳县C、D级危房加固改造一户一方案菜单表

造一个颇受当地农户欢迎的举措是,在政策规定的面积标准内,合理规划出独立的厨房。

二是处理好改善生活境遇与厚植发展潜能的关系,激活贫困农民的内生动力。改善生活和发展生产,是密不可分的两个方面。既要建得起新房,也要过得起生活。对农民而言,建房从来是天大的事。在"新房要大"这个传统习惯上,富裕农民还是贫困农民没有本质的区别。农民盖房子的过程,往往是一个非常漫长的过程。我们很多人都有这样的感受,当坐高铁从东部一路向西穿越而去,透过车窗,往往能在中西部省份看到这样的景观:一幢房子盖了一层、两层,还没封顶,"晾"在那里,抑或已经封顶,但也不急于装修,保持毛坯状态。这些房子并不是"烂尾"工程,而是花费数年慢慢建房的现象非常普遍,绝少一次性完成。但是,危房改造就容不得慢条斯理了,按照住建部的标准,需要改造的危房分为 C 级、D 级两类,C 级是局部加固,D 级则必须整体拆除重建,两者获得的国家补贴也有较大差别。这里就存在一定的道德风险。很多明明只是需要维修加固的 C 级危房,硬是希望按照 D 级对待以便借机整体重建。很多被鉴定为 D 级危房的农户,也不会停留在安全角度,而是会互相攀比跟风,竞相超出政策规定的改造重建面积,甚至为此东拼西凑、不惜血本。这不仅使得贫困农户承受着超出政策预期的还款压力,还给政府贴息贷款政策的执行造成重大困难。

这一现象提示我们:如果盲目追求政绩、对危改政策宣传不到位,就会导致一些农户片面理解相关政策利好,误以为该政策变相鼓励、引导和支持他们盖高标准、多楼层的大房子。说到底,危房改造的指向只是改善生活境遇的短期目标,而永久摆脱贫困是通过产业扶贫、就业扶贫、科教扶贫等更具基础性的工作才能实现的。我们可以为危房改造设定一个时间节点,但厚植长远发展潜能、激活农民内生动力的工作,却需要跨越 2020 年、融入乡村振兴和建设现代化强国的全过程。

三是处理好增强国家认证能力与加强农村基层政权自主性的关系,形成有效运作的社会治理架构。农村危房改造工程的工作基础是贫困户的精准识别和动态管理工作。近些年来,我国精准扶贫工作取得了举世瞩目的成效,这与国家对贫困户认定与识别精准到村、到户、到人的重心下沉密不可分。我们一方面要看到,随着信息技术的进步和组织效率的提高,这种通过指标化、数字化的方式对政策执行过程进行自上而下常态化的"数目字管理"的可能性、可行性大大提高。但另一方面也要清醒认识到,这种趋向精准的国家认证能力是建立在地方和基层政权自主性同步增强的基础上的,两者并不矛盾,而是相辅相成、相得益彰的。

我们绝不能脱离地方、基层、社区、环境来孤立地谈精准扶贫。就农村危房改造而言,农民、基层、国家具有不同的利益出发点,农民期待最大限度地改善自身生活条件,基层则要考虑在政策执行过程中福利分配的均衡性和社区稳定性,国家希望如期兑现"全面小康,一个都不能少"的承诺。这就要求在国家治理能力和治理体系现代化的进程中,不光要进一步加强国家对基层的影响和指导,还必须注意到因势利导地发挥基层的自主性和灵活性,相向而行,产生合力。

贫困户为什么不愿住新房?

参加为期一周的挂职干部对口支援能力提升培训班,一位专家讲述了他下乡调研遇到的鲜活案例,一个老汉临终前嘱咐他的子女,我们家有两个"传家宝"不能丢,一个是"低保户"这项帽子绝对不能丢,另一个是"建档立卡户"这项帽子绝对不能丢。

我当时就联想到自己在中秋前夕下乡看望自己对口帮扶的一个建档立卡户,按照精准脱贫的"两不愁三保障"要求,其居住房屋由于年久失修,被评定为C级危房,急需加固改造。这项工作,基本上是政府承担了绝大部分的维修费用,缺口的资金,也早就替他作了谋划,不用其本人出钱。然而,他坚持不肯修缮,还要住在这个没有窗户、漏雨漏风的陋室之中。我和乡村干部百思不得其解。

后来经过多次访问攀谈,才了解到他内心的真实想法是,反正已

元阳县攀枝花乡我的一户挂包贫困户改造前的住房(现已完成改造)

经在这样恶劣的居住条件下生活了60多年了,再继续下去也不是一件接受不了的事情。但是,一旦房屋加固、粉刷一新后,那么居住在这样漂亮房屋中的人,还像是一个建档立卡的贫困户吗?会不会就此被剥夺相应的各种待遇和特殊照顾了呢?

上述现象,在当前许多贫困地区脱贫攻坚的最后阶段,都在一定程度上存在着。它的背后折射出的深层问题,就是总书记多次强调的"扶贫先扶志"。中国传统文化中的志,也就是"理想"。人贵有志。"三军可夺帅也,匹夫不可夺志也"。在扶贫帮困的过程中,确保帮扶对象形成内生动力,是实现脱贫目标的重要前提。因此,越是在脱贫的紧要关头,越不能忘却初心、急于求成、忙中出错、乱了阵脚,被数字指标牵着鼻子走,陷入自身营造的脱贫假象之中。

一是必须做好帮扶对象的思想疏导。详细阐释摆脱贫困、追求富裕和美好生活的必要性与正当性,切实消除其得过且过的被动心态和畏难情绪,充分激发其脱贫致富的主体性、创造活力和奋进之心。

二是必须避免政策实施的厚此薄彼。应当承认,对帮扶对象直接的物资和资金帮助,有时是必要的。但也应当注意把握一个度,不能引发村庄社会结构中已脱贫户与未脱贫户之间的矛盾和失衡。以至于一部分村民认为建档立卡户获得了超出正常水平之外的支持,因此在一些通常约定俗成为全体成员的义务方面推诿卸责,甚而指名点姓要求建档立卡户出工。这其实都是政策把握不准引起村庄内部不公平感和矛盾的反映。

习近平总书记2018年10月在广东考察时,特别重申了脱贫攻坚战中,必须一个都不能少,必须积小胜为大胜。因而在"扶贫先扶志"这个问题上,更需要一线干部尽职而不越位,授之以渔而非授之以鱼。通过思想疏导和技能培训,在就业和产业方面破除建档立卡户的进入壁垒,使其掌握一技之长,这要远比一时一地看似慷慨实则盲目地撒钱,更有助于其自生能力的长久塑造和精准脱贫的长期巩固。

产业扶贫如何发挥更大效力？

产业扶贫是我国长期扶贫开发实践中逐步形成的专项扶贫开发模式之一。贫困地区依托其资源禀赋，由政府注入一定的扶贫资金并引导和培育龙头企业发挥带动作用，进而通过产业发展推动贫困人口脱贫。同易地搬迁、转移就业、社会保障兜底等扶贫方式相比较，产业扶贫也更受到地方政府的倚重，成为打赢脱贫攻坚战的一项利器。然而，总结各地产业扶贫实践，也存在一些共性问题。我们要基于问题导向，更好处理三种关系，以发挥产业扶贫的更大效力。

一是更好促进短期绩效与长期发展之间的综合平衡。农业产业扶贫资金多是在财政体制常规分配渠道之外，按照专项资金和项目制方式进行资源配置。农业生产周期性特征决定了农业产业发展的特殊性，往往需要三五年甚至更长时间的持续投入经营，才能形成比较成熟的产业链。当前，个别贫困地区在产业扶贫项目资金的投入使用上，更偏向于追求财政绩效考核意义上的短、平、快，希望收到立竿见影的效果，这容易导致产业扶贫在不同程度上存在重短期效应、轻长效机制、组织化程度低、同质化严重等情况。在项目短期目标的牵引下，倾向于就当年抓当年，把资金安排给当年拟脱贫的贫困户，因此资金覆盖率低，投入时间短，对脱贫支撑作用弱。如果操作过程再比较粗糙，配套的服务体系和技能培训跟不上，就很容易使部分贫困户对乡镇、帮扶单位发给的仔猪、鸡鸭鱼苗等饲养管理不精心，病死的不管，养大的自己吃，造成增收不明显。而对于当年没有脱贫任务的地方和人口，则多是不予安排产业帮扶项目资金，导致对产业持续发展的人为打断,也使刚脱贫的人口因没有后续巩固帮扶措施面临返贫威胁。解决这一问题,必须有"功成不必在我"的精神境界和"功成必定有我"的责任担当,真正以长远眼光,厚植产业发展的长久根基。

二是更好实现资源优势与产业优势之间的顺畅转换。贫困地区多为边远内陆山区,这种特殊的山区经济产业形态,特别容易陷入"资源诅咒"和"贫困陷阱"。一方面,山区有丰富的特产和资源,适宜"靠山吃山"。大宗农产品一般在平原,特色农产品往往在山上。另一方面,山区农民坐拥相当规模的承包山地、承包林地,却无力开发。在农村改革不断推进的过程中,包产到户也从"平面"走向"立体"。很多贫困山区都有"七山二水一分田"的说法,农民承包到户的山地、林地面积,户均十几亩甚至几十亩都不鲜见。如何开发利用这些数倍于耕地的山地、林地,成了最大的问题。大山就在眼前,抬头就可望见,可是山区开发基本不能指望农业机械化,纯粹依靠自家劳动力同样是杯水车薪。因此,山区农业要搞好,必须敢于大胆引入外部资本,合法流转山地、林地,进行系统性规划和长期开发,才能把资源盘活,让资源变现,企业获得利润的同时,农民也获得稳定的收益,让"绿水青山就是金山银山"。

三是更好发挥个体项目与整体设计之间的协同效应。贫困山区的产业发展需要量力而行,因地制宜;需要统筹规划县域范围内各扶贫开发项目和产业类型之间的关系,实现协同互补,而不是互相拆台、此消彼长。很多地处山区的贫困地区,海拔落差大,温差也较明显,这其实很适合针对不同的区位优势、互不干扰地进行立体式的梯度开发。这就需要产业规划部门和各级分管领导跳出各自为战的本位视角,算大账、顾大局、形成合力。个别贫困地区仍存在拍脑袋决策,依凭个人经验和特定产业偏好,而不是基于当地实情和市场规模进行产业选择的状况,这往往会带来巨大的风险和不确定性。而且,不同项目之间也会因此出现恶性竞争和相互挤占。比如,不到适合种植高附加值经济作物的河谷地带引导困难群众种植热带瓜果,反而到海拔1 000到1 500米这样的次优空间甚至不适宜空间去发展枇杷、芒果、非但代价高昂而产量受限,而且会挤占原本主要在这一区域经营的甘蔗等收益适中、价格稳定的产业形态。对种植结构调整带有畏难情绪,在缺乏整体规划情况下避重就轻,"扣错第一颗扣子",就会导致层层错配、浪费一手好牌的现象。再如,个别特产品种尽管产能很大,但收获期极短,这就对收获之后环节的销售或加工能力提出了很高要求,意味着必须在很短时间内完成全年产量的就地加工或销售外运,否则储藏保管就会出大问题。这也要求产业扶贫项目的选择和确定,必须充分考虑相关配套设施、社会化服务和前期基础设施建设是否到位。总之,需要打破各自为战的孤立格局,呵护传统优势,审慎甄别和引入新产业项目,尽量"做加法",让整个区域内的产业形态相得益彰、协同并进。

当前,以政府为主导的产业扶贫,必须妥善化解政府行为与市场逻辑之间存在的巨大张力。一是通过培育新型农业经营主体和职业农民,避免政府"包办"企业、企业"包办"农民的异化现象。二是政府要在产业扶贫过程中对龙头企业加以引导,而非简单做"甩手掌柜"——出于管理便利的考虑,直接由龙头企业进行资本化运作。要让龙头企业真正"带动"农户,合作经济组织真正激活内生发展动力而避免"空壳化"。在这个意义上说,只有做足"绣花"功夫,才能更为精准地发挥产业扶贫的功效,也才能更有效率地打赢这场脱贫攻坚战。

贫困地区怎样发展乡村旅游？

我国不少贫困地区，同时也是旅游资源禀赋具有较大优势的地区。如何在脱贫攻坚及乡村振兴过程中，用好用活这笔宝贵资源，既有效满足观光游客对美好风光的体验性需求，又带动当地群众脱贫、增收、致富，这是现阶段摆在贫困地区文旅部门面前的一道考题。

笔者挂职所在地，是我国第一个以民族命名的世界文化遗产地，同时也是面临着繁重脱贫攻坚任务的国家贫困县。如何在精准扶贫过程中充分发挥乡村旅游的撬动功能，也是我们着力思考和探索的重要课题，在理念和思路上形成了一些共识。

一是文旅融合，讲好中国故事。只有深深地根植于悠久与厚重的历史文化传统，旅游产业才能获得健康和长远的发展。乡村旅游作为近年来旅游业发展中异军突起的一支新生力量，同样要依托和借助于文化的力量，这就是中华优秀传统农耕文化。实际上，从我国现有的四处乡村世界遗产地来看，都明显承载着传统农耕文化的历史意蕴，是自然形态与人类活动交相辉映、相得益彰的杰作。乡村世界遗产的历史事件、思想信仰、文化艺术是特定历史时期文化遗存依附于乡村地域的产物，而乡村文化景观的代代传承演变也代表着一个区域内人类文明的进步历程，是该地域民族文化发展的"活化石"。这些乡村景观的背后，体现的是开拓进取、自强不息的奋斗精神，道法自然、和谐共生的传统智慧，同舟共济、守望相助的村社伦理，孝友耕读、勤俭传家的淳朴家风。上述文化韵味，应当融入乡村旅游发展的整体规划设计和具体政策执行的全过程。

二是精细管理，瞄准个性需求。精细化管理，绝不只限于超大城市和工业生产流水线。乡村旅游发展，也要在其初始阶段就确立高起点、高目标。近年来乡村旅游服务对象的主体，已经发生了微妙的变化。一方面，由于老龄化进程的加快加深，大量具有较高文化程度的退休老年群体乐于远离城市、来到乡村感受绿水青山，而高素质老年游客的增长，也对乡村旅游提出了高质量服务和高水平对接的新要求。另一方面，随着80后、90后乃至00后逐渐成为旅游的生力军，乡村景观设计、建筑风格、服务设计等方面也面临着革命性挑战，这一批新生代游客更加注重主观感受和多元体验，因此那种千村一面、千房一面的传统开发思路必须改变。只有从消费者而非管理者的视角出发，才可能发现在以往习以为常、习焉不察的惯性思维中潜藏的各种细节漏洞，进而实现基于消费者个性化需求的精细化管理。

三是制度优化，壮大集体经济。贫困地区发展乡村旅游的根本宗旨，是要通过这种特殊的产业扶贫，带动困难群众脱贫致富，这也是以人民为中心思想的体现。要真正拔出穷根，必须提高农民集体的组织化程度，壮大农村集体经济力量。旅游资源的开发，势必需要引入和借助外部资本，这就存在一个分散化的弱势小农直接面对强大的企业资本的问题。一旦处置不好，就容易为乡村旅游模式的长期稳定发展埋下隐患。特别是在涉及承租农民住房进行民宿开发等领域，由于集体缺位、个体农户议价能力弱而造成后期纠纷的现象并不少见。实际上，这就更需要管理部门协同发力，以发展乡村旅游作为产业扶贫和深化集体产权制度改革的有力抓手，通过建章立制为农村集体资产的保值增值以及困难群众参与性、主体性和创造活力的激发，奠定坚实基础。

四是适度开发，守护绿水青山。乡村居民由于从事农耕活动而形成了乡村土地利用景观，这种土地利用方式及其衍生景观都具有不可逆转的使用价值，并与乡村聚落建筑一并被视为乡村世界遗产的核心景观。以元阳哈尼梯田为例，作为世界文化遗产中"森林、水系、村寨、梯田"四素同构、共同驱动构造出的人与自然高度融合的生态系统，这四个要素缺一不可,任何一方发生改变,都将造成牵一发而动全身的系统性影响。比如,一旦客流量超过系统自身所能承载的限度,诸如生活污水排放等人类活动造成的溢出性影响,就会对遗产景观造成不可逆损害。因此,这种基于农业属性的乡村世界遗产地,必定要遵循保护优先的基本原则,旅游开发必须适度和宜轻不宜重,进而实现遗产保护与旅游开发利用之间的协调平衡。

保护世界遗产要处理好传统与现代的关系

2019年3月23日上午,在中国国家主席习近平与意大利总理朱塞佩·孔特共同见证下,中意两国签署了《云南红河哈尼梯田世界文化遗产管理委员会与朗格罗埃洛和蒙菲拉托葡萄园景观协会旨在对中意两国联合国教科文组织世界遗产地进行推广、开发和共享缔结友好关系的协议》,两地缔结为友好遗产地。这是蜚声中外的世界文化遗产——哈尼梯田进一步走向世界新的里程碑。

2018年7月初,我来到哈尼梯田世界文化遗产核心区所在的云南省红河州元阳县挂职扶贫。在近一年来的工作和生活中,深切感受到当地人民淳朴好客、勤劳勇敢的高贵品质。

梯田本是一种农业模式或农业景观,何以成为一种世界级的文化

元阳县爱春"蓝梯田"风光

遗产？这也是我挂职之初内心的一个疑问。回答这个问题，有必要简单回顾下哈尼梯田申遗的基本过程。

在跨越中国和越南的哀牢山区，哈尼族的主要生计模式是山地水稻梯田种植，其水稻梯田主要分布在海拔约500到2 900米的中山地区，最多时可上下绵延3 700多级。"红河哈尼梯田"2013年被列入"世界文化景观遗产"。遗产地位于红河哈尼族彝族自治州的元阳、绿春、红河、金平四个县，其核心区主要位于元阳县。

哈尼梯田是怎么被世人所熟知，进而传播得举世闻名的呢？不识庐山真面目，只缘身在此山中。1992年，一个法国摄影师拍摄了数千张哈尼梯田照片，撰写了30多万字的文字作品，一举让红河哈尼梯田在1993年被评为新发现的世界七大人文景观之一。法国人浪漫，法国人也对滇南这一带投射过特殊的情感，大家都知道法国历史上曾经把老挝、越南、柬埔寨都侵略为殖民地，对东南亚这个区域有历史影响。所以这个传播的影响力就开始逐渐增加。到2000年，红河州下定决心准备把哈尼梯田申报为世界文化遗产，2013年6月22日，在柬埔寨金边举行的第37届世界遗产大会上，哈尼梯田被成功列入世界文化遗产名录，成为我国第一个以民族命名的世界文化遗产，结束了这场长达十三年的申遗之路。漫长的申遗过程和申遗成功后的管理过程，让红河州、元阳县地方政府更加深刻地认识到祖祖辈辈劳作耕耘的这片热土具有的文化价值，也在反复对接国际评估专家的过程中深化了对"绿水青山就是金山银山"的理解。在申报"世界文化景观遗产"过程中，哈尼梯田还获得了若干遗产头衔，包括联合国粮农组织的全球重要农业文化遗产保护试点、国家湿地公园、中国重要农业文化遗产、国家级非物质文化遗产、全国重点文物保护单位、"绿水青山就是金山银山"实践创新基地。

哈尼梯田有着至少1 300年的开垦和耕作历史，哈尼族同胞自唐代起即定居于此，年复一年地开垦耕耘，形成极大高差、庞大规模和一种精密的稻作体系。唐代的樊绰在其所著《蛮书·云南省内特产》中写道："蛮治山田，殊为精好"。元阳境内有19万亩哈尼梯田，据统计最低到最高处相隔3 000级阶梯,被中外游客赞为"中华风度,世界奇观"。每当仰望高达数千级的"阶梯",我都会对哲学家康德所阐释的那种将要"融化"于壮阔山河之中的"崇高感"有更深的体会。这不是大自然的鬼斧神工,而是一代代哈尼族同胞用自己的双手雕刻而成的人间奇景。正是在这个意义上说,"自强不息"是全体中华民族最为鲜明的文化印记。

值得强调的是,哈尼族同胞的这种自强不息,绝非战天斗地的一味蛮干,而是始终渗透着对大自然的敬畏、对生态环境的保护和对自然规律的顺应。"森林—村寨—梯田—水系",构成了一个"四素同构"农业生态系统的完整闭环。

初来此地的游客,站在梯田之间遥望不同"阶梯"之间由势差自然驱动的流水源源不断,往往会在惊讶之间问出一个"傻问题":水从哪里来?不需要打井吗?

哈尼族先民在其传唱千年的《四季生产调》中早就给出了答案:山有多高,水有多高。在哈尼族的日常生活之中,始终像爱护自己的眼睛一样守护大山、守护森林,村寨聚落的选址都显现出一种人类对山林的敬畏和谦卑,永远不会涸泽而渔。这种人与自然和谐相处的图景,正如当地民歌《元阳梯田》中所唱的:"田种高山巅,家住云端里,千座峰峦悬梯,万仞峭壑叠翠,阡陌纵横哀牢,大地诗雕乾坤……留下祖宗田,福泽惠子孙,哈尼传万代,滇南好壮丽。"

哈尼梯田承载的千年历史、发展模式及其背后丰富的农耕文化,不仅是中国的宝贵财富,也为世界人民所看重。2018年11月,笔者曾在此接待过一个欧洲学者考察团,一位来自葡萄牙的女士站在梯田边上大为感叹,她顺便给我展示了手机相册里的欧洲葡萄梯田和当地农民生活变迁的展览,她认为,中欧的两种小农经济是相似的,在农业现代化的发展道路上也具有相互借鉴的价值。她还说,几十年前,自己的家乡也是同样的情况。她指着远处袅袅炊烟升起之处一个正在读书的乡村女孩,告诉我说,传统与现代之间就是这样不断平衡的过程,绿水青山依旧,但一辈辈新人能够通过教育改变大地的面貌,也改变自己的命运。

处理好传统与现代、农耕文化与农业现代化、农业遗产保护与农民脱贫致富之间辩证统一的关系,是哈尼梯田作为中国第一个以民族命名的世界文化遗产必须坚守的生命线,也是哈尼族同胞的郑重承诺。

如何应对农业文化遗产开发挑战？

哈尼梯田是我国第一个以民族命名的世界文化遗产。如何保护好这一具有重要人文内涵的农业景观类文化遗产，始终是地处该文化遗产核心区的元阳县政府部门念兹在兹的重大关切。

近年来，元阳县按照"保护优先、统一规划、科学管理、合理开发、永续利用"的基本原则，认真执行《世界文化遗产公约》和《中华人民共和国文物法》，一手抓文化遗产保护和传统文化传承，一手抓发展地方特色经济和农村脱贫致富，在传统村落保护、环境综合整治、水系治理、文旅融合发展、旅游品牌建设等方面取得了一定成效。

森林涵养水源，村寨升腾人气，梯田提供食粮，水系润泽大地，彼此相互依存，缺一不可。但伴随着边远山区融入现代化进程、产业转型升级和哈尼梯田旅游业的快速发展，也相应产生了遗产区游客承载量、环境承载能力等严峻的现实挑战。这给上述"四素同构"带来了巨大冲击，也对政府管理部门提出了更高要求。

一是要更好保护传统民居。农业景观类文化遗产绝非单纯的第一产业的自然风光，而是与人类的生产劳动和生活空间紧密结合在一起，是一种"活态"的遗产。因此必须重视遗产区人民美好生活需要的满足。但这种满足又必须遵循一定之规。收入增加的群众建房修房需求增大，加之新型材料和建筑风格现代化取代传统民居建筑风貌，传统民居建筑工艺和技术成本高，并无厨房、卫生间，不适应群众生活需求，传统民居建筑工艺面临失传……凡此种种，都使得传统民居风貌产生异化，甚至与整体农业景观格格不入。这就需要以整体视角编制乡村发展规划,按照"修旧如旧、建新如旧、文化为魂"的思路,做好村庄污水治理和村庄房屋风貌改造提升,谨慎稳妥地对传统村落民居进行现代化开发利用,把生态宜居的要求融入特色小镇建设全过程。

二是要更好传承农耕文化。农业景观类文化遗产的背后是积淀深厚的农耕文化,是千百年来在前喻文化时代人们口耳相传的对于生产生活规律的默会知识。现代化历史进程中,当地的沟长制、木刻分水制、箐长制等传统管理制度出现消失迹象,农村青年对民族节日、传统习俗等民俗文化认同感淡化,非物质文化遗产难以传承,遗产地的原真性和完整性受到威胁。哈尼梯田文化景观是我国世界文化遗产中第一个以农耕、稻作为主题的遗产项目,也是第一个以民族名称命名的遗产地,在推动我国农耕文化优秀遗产和现代文明要素有机融合中具有很强的代表性,凝结着开拓进取、自强不息的奋斗精神,道法自然、和谐共生的传统智慧,同舟共济、守望相助的村社伦理,孝友耕读、勤俭传家的淳朴家风。这既需要重视当地具有代表性的农耕文化形式的个体传承,如《哈尼古歌》传承人的培训;更需要在新时代背景下的创造性转化、创新性改造,形成一种传统与现代相得益彰的新农耕文化氛围。

三是要更好促进共建共享。哈尼梯田是包括哈尼族在内的各民族同胞千百年来持续耕耘的人间奇迹。没有人民年复一年的辛勤劳作,遗产就将真正成为死去的"遗产"。然而当下的利益分配机制还不够健全,景区带村、企业扶村、互促互进的利益共享机制尚未形成,农民参与梯田保护利用的积极性不高,融入乡村旅游发展程度不深。在这种主要依靠劳动力投入、很难开展机械化耕作和规模化经营的高海拔山区,必须有充分的激励机制将民众自身利益与文化遗产保护紧密勾连,才能真正落实"绿水青山就是金山银山",也真正实现共保共建共享的良性循环。这就需要集聚政府、企业、农户、社会各方力量,建立完善适应遗产区"四素同构"特殊需要的生态保护补贴机制,使村民变成"扛着犁耙种田地,唱着山歌搞旅游"的"两栖农民"。健全资源要素共享机制,推动哈尼梯田品牌共创共享,提升产业链价值,促进龙头企业、农民合作社和家庭农场互助服务，探索成员相互入股、组建新主体等联结方式，实现深度融合发展。探索资产收益扶贫模式，落实贫困户在产业链、利益链中的环节和份额，建立扶贫资金投入、贫困户入股分红的资产收益分配机制，鼓励和支持贫困户依托景区发展种植养殖、餐饮住宿、特色旅游商品生产，帮助贫困户稳定获得订单生产、劳动劳务、反租倒包、政策红利、入股分红等收益，让贫困户更多地享受乡村旅游发展成果。

四是要更好发展乡村旅游。世界文化遗产既是一块"金字招牌"，也是一道"紧箍咒"，它意味着决不能走重度开发、破坏式开发的路子。目前文化遗产核心区的文旅产品类型还较为单一、数量相对较少，导致游客对民族风情、民族文化的感知较为薄弱，体验上以梯田风光为主，民族特色的呈现还不充分，游客来看梯田风光、拍照摄影的居多，来研究哈尼文化、稻作文化的较少，乡村旅游的供需不平衡还比较突出。这就需要深入挖掘民族文化潜力，提升全域旅游品质。充分研究整理哈尼民族文化内涵，结合各村寨不同的发展条件，科学定位发展方向，差异化经营，满足不同层次的消费需求。随着交通基础设施的持续改善和高速路网最后一公里的打通，"过路客"转变为"远方的客人请你留下来"指日可待。

保护好哈尼梯田这一世界文化遗产，"留下祖宗田，福泽惠子孙"，既是我们神圣的职责使命，也是我们圆满完成脱贫攻坚任务、实现乡村振兴的前提保障。

农村人居环境整治应注意什么？

改善农村人居环境，是建设美好家园、满足美好生活需要的题中应有之义。农村人居环境整治工作是实施乡村振兴战略的第一场硬仗，在推进过程中应注意以下几点：

尽力而为，量力而行。浙江"千万工程"给人们的一条重要启示就是，地方主要领导始终能够把改善农村人居环境这件事摆在优先发展的位置，作为推动农业农村现代化建设的重要抓手，一张蓝图绘到底，一任接着一任干，持续抓了15年。我们应当学习这种思想理念、方式方法、精神风貌和工作状态。发达地区可以制定相对较高的标准，以相对较快的速度推进；欠发达地区则应当实事求是地在自身财力范围内量力而行；贫困地区则应使农村人居环境整治工作服从服务于脱贫攻坚这项中心工作。

因地制宜，分类指导。我国地域广阔，人口规模、地形地貌、地方传统、文化民俗千差万别，这就决定了对于人居环境的理解和判断，必然也会由于上述发展阶段和地方复杂情况的差异而大不相同。因此各地开展农村人居环境整治行动的具体措施，必须与各地农村发展的实际相结合、相适应，避免一刀切。当前农村的村庄形态基本可分为四类：中心村、空心村、生态条件恶劣而不适宜居住的村落、尚处于发展之中很难定位的村落。对于第一种类型，应当明确地在人居环境整治行动中加以优先建设。对于第二种类型，需要明确认识到其自然消亡的长期趋势，一方面要尊重当地农民自身意愿，不搞强制搬迁，另一方面也要确保其基本生产生活条件，满足其基本需求，但不宜做无谓的过度投资和建设。对于第三种类型,需要下大气力做群众的思想工作,完成易地搬迁和生态移民,转移到适宜人居住的地方重新规划生产和生活。对于第四种类型,则有必要保持一定的战略定力和历史耐性,不要急于一刀切地给出结论和采取行动。应当认识到,改善人居环境,是乡村振兴和农业农村现代化过程中必然打响的一场持久战,毕其功于一役的运动式治理和消极不作为的观望游移,都是不可取的姿态。

以人为本,共建共享。农村改革最主要的一条经验就是尊重广大农民的主体地位和首创精神。在推进农村人居环境改善的过程中,政府也要避免对农村居民通过民主讨论、协商互助就能够解决的村庄内部事务大包大揽。诸如生活垃圾分类、房前屋后打扫、发展庭院经济、河道沟渠清淤等事项,在千百年的农村传统习惯中,本就属于农村基层自治的范围。为改善自身生产生活而出工出劳,是再自然不过的事了。所以地方政府应充分借助和发挥农村熟人社会的结构特点,在改善人居环境的过程中,把农民引导和组织起来,促进村庄的社会治理和社会建设,实现农村发展的共建共享。云南省元阳县在人居环境整治的工作实践中,形成和推广"村委会＋保洁员＋群众＋卫生小标兵"的管理机制,由村委会组织召开村民代表会议,将环境整治工作纳入村规民约范畴,并实施"三分钱工程"(即每人每年收取约10元的卫生费),聘请保洁员负责村庄主干街道的环境卫生。同时加强乡风文明建设、提升村民自治水平,形成有效合力。

协同创新,绿色发展。经过新农村建设、美丽乡村建设的多年积累,相当一部分农村地区的人居环境确实有了很大改观,农业生产和农民生活状况也有很大提高。与此同时,生活污水、生活垃圾逐渐成为影响农村人居环境质量的两大主要因素,也是新时代农村人居环境整治的重点内容。一些欠发达农村地区,往往同时也是资源禀赋丰沛的旅游胜地。如何合理开发,确保人与环境的和谐、永续发展,成为改进农村人居环境必须破解的一道难题。前不久,元阳哈尼梯田遗产区入选"绿水青山就是金山银山"实践创新基地。我们的基本经验就在于,尊重这一世界文化遗产所特有的森林、村寨、梯田、水系"四素同构"的循环生态系统,充分认识到四者之间紧密关联、牵一发而动全身的本质特征,传承高原农耕技术及生产、生活、文化相融共生的活态文化系统,以"生态兴农、农兴文旅、以旅带商、以商促农"的发展思路,全力实施梯田森林保护恢复、传统村寨保护管理、稻作梯田红线守护、哈尼梯田水系维护、人居环境综合整治等保护工程,在协同创新和绿色发展中守护和共享"绿水青山"。

三

乡村教育的逆势突围

- 尽快补上农村学龄前教育短板
- 大班额:"撤点并校"的意外后果
- 留住老师,帮帮孩子
- "不要怕小孩子淘气把书弄坏"
- 站着把钱挣了,底气何来?
- 贫困地区怎样改进中学课堂教学
- 中学语文的微言大义
- 三十年前,我们怎样识字?
- 农村校劳育须破除三大误区
- 备战高考最后一个月,老师能做些什么?
- 新高考、减负与贫困县教育突围

尽快补上农村学龄前教育短板

2018年9月,我去看望慰问自己"挂包"帮扶的几个贫困户家庭。其中的一个普遍情况是,家中子女外出务工,两个老人隔代照护孙子女、外孙子女。而在进一步攀谈过程中得知,这类留守儿童基本会一直在这种自然"放养"的状态下成长到7岁左右再直接去上小学。个中原因,既有经济条件的限制,也有家长观念的问题。

当前,贫困县脱贫攻坚在教育领域的一个重要任务,是实现义务教育均衡发展。然而"罗马不是一天建成的",基础教育阶段的短板和欠账,也需要向前追溯进行源头治理。我们通常比较关注的是城镇学龄前教育。在孩子刚刚咿呀学语的时候,家长就开始对其进行各种听力与阅读的训练。当孩子到三四岁的时候,很多城镇家长已经让孩子参加各种乐器或者棋类班来开发孩子的智力,开发和培养孩子在音乐、绘画等多方面的特长。然而在同一时期,农村的孩子则几乎没有接受什么学龄前教育,大多数农村孩子还是在田野里奔跑,在和同龄孩子的玩耍中度过。

学龄前儿童主要指3—6岁未达到上学年龄的儿童。他们应该在什么时候进行学龄前教育、接受什么内容的学龄前教育以及学龄前教育应具体如何开展和考核,并没有如九年义务教育一样严格的过程管理和制度规范。对于生活条件相比城镇更为艰苦、各类信息又相对闭塞的农村而言,家长们往往对学龄前教育也缺乏完整认识和正确观念,大多认为其可有可无,甚至认为那是有钱人家的孩子才会接受的教育。

我们曾在西部的一个村庄调研，其经济状况在当地属中上水平。全村 800 多户人家，总人口为 2 700 左右人，其中 3 到 6 岁学龄前儿童 200 人左右。长期以来，该村儿童的学龄前教育几乎是空白的，村里没有托儿所或幼儿班。直到最近几年，一些高中毕业后没有升入大学的青年返乡后，开始在村里创办幼儿班，正规的学前教育才终于发端。但即便如此，在幼儿班里，甚至连普通的塑料玩具都没有，幼儿园教师也多由未经过正规幼儿教师培训的人担任，故而也就没有城镇幼儿园那样的知识启蒙和兴趣培养的过程，主要任务就简化为照看儿童。家长们普遍认为学前教育只要能让孩子正确数数，识几个字就可以了。

人是一种具有社会性的文化动物。文化的传承和人的社会化需要有一个学习的过程。如果这一过程过短，会影响既有文化累积的效果。人从出生到发育为这一群体的平均成熟水平的成长期在哺乳动物中最为漫长，达十七八年之久。生物学家为我们提供了一个非常好的概念，叫做"幼态持续"，即漫长的幼年成长期。正是这种特征，使人类得天独厚地拥有一段漫长的学习时间和社会化过程，幼儿园、小学、中学这样一个长期正规教育的链条才得以轻松自如地展开，人类文化的潜移默化和道德习俗的熏陶濡染也才获得了足够长久的作用时间。

学龄前教育是儿童社会化的初始阶段，对他们未来认知能力的形成有着重要影响。在人口大规模流动的今天，随着农村剩余劳动力向城市的转移，那些外出务工的青壮年农民，将子女留在农村与自己的父辈生活，很多孩子甚至多年没有见到父母。在缺少父母对自身成长绩效的及时反馈和激励的情况下，留守儿童的学习动力容易出现偏差和弱化。他们经常在一种自由放任的环境下，学得好得不到父母的鼓励和表扬，学得差也不会受到父母的引导和纠正。

当下农村，传统的双亲教养模式也在悄然发生变化。学龄前儿童不仅没有从父母那里习得传统意义上的社会规范、生活技能以及人生观、价值观，也没有像城镇儿童那样经历过有意识的兴趣发现或培养过程，更谈不上受到相应的训练。这种祖辈监护的模式，不仅使这些孩子在初始知识技能的培养方面落后于城镇儿童，也容易为他们今后的性格养成、人生发展埋下隐患。现阶段我国农村边远贫困地区中，55到70岁人口的受教育程度仍然不能算高。偏低的知识文化水平和有限的精力体力，也使得这种隔代监管模式不堪重负。高龄老人"隔辈亲"的传统，也容易骄纵孩子，失于必要的管束，导致孩子在成长过程中养成不良的生活习惯或偏狭的性格偏好。

在快速城市化进程和剧烈的人口流动、社会变迁的过程中，呵护民族的未来和希望，呵护孩子们对未知世界进行探索的兴趣与好奇，把义务教育均衡发展和基本公共服务均等化目标向前延伸到学龄前教育阶段，已成为逻辑上的必然，这也是脱贫攻坚过渡到乡村振兴阶段做好农村教育的重要环节。

大班额:"撤点并校"的意外后果

适度规模是一个各行各业普遍面对的问题。

比如搞农业的要适度规模经营,夫妻两口子,如果是种大田作物,借助农业社会化服务体系提供的机械化服务,搞个 200 亩也是正常的,规模再扩大,就得考虑雇人了;如果是种经济作物,蔬菜瓜果之类的,生长周期短,一年好几茬,同样是两个人,可能搞个三十多亩就能累得够呛。

再比如教育,它不是种粮食、种菜、养猪,面对的是活生生的充满个性的孩子,一个老师究竟应该对应多少个学生(师生比),一个班级

2019 年 3 月在元阳县俄扎中学听一堂化学课

究竟应该有多大的规模（班额），就不仅仅要考虑教育者、管理者单方面的感受，还要服务于人才培养和课堂教学的效果。

班级的适度规模，对于大学来说，不是一个很严重的问题。因为在大学，班级已经越来越虚化甚至被架空了，因为招生时就宽口径按学科而不是专业招进来的，上课时从第二个学期开始又自由选课了，日常生活中还有各种学生组织、兴趣社团，所以大学的班级是松散的，没有共同的课程、共同的生活，这个共同的组织也就逐渐失去了原有的意义。

于是，教育部门基于对大学教学质量监管的考虑，主要盯紧的是教学班的规模。所谓的中班化、小班化教学，其实人数也都在50到100人之间，而大班教学实际上是没底的，一个阶梯教室装个200人都是可能的。

大学生较之中小学生有更强的自学能力，因而课堂教学所承载的功能和责任也就没有中小学那样多。当然课堂上也会有一些讨论、互动，但对于大学教师来说，大班教学与中班教学、小班教学的差异未必很大。

中小学就特殊得多。九年义务教育作为基础性教育，有高密集度和高强度的课程教学安排。一个班主任管理30人、50人还是70人，一个教室坐下30人、50人还是70人，效果是完全不同的。

义务教育阶段的大班额问题始终是一个老大难问题。为了防止记忆错乱，我还特意翻出小学和初中的毕业照看了一下，都是将近70人的规模。教室里的课桌摆的密密麻麻，甚至讲台两边还各有一个座位，一般人认为那是吃粉笔灰的"差座位"，实际上那是多少人求之不得的雅座，只有学习成绩好且近视的同学才有资格被安排到那个位置。而坐在最后一排的，基本都是被老师认为是成绩不好的、厌学的同学。偌大的教室，任你视力再好，坐在后排也很难看清黑板上写了什么，久而久之，那里就成了上课睡觉的乐园。

我的小学和初中都是在20世纪90年代度过的。或许是那时的50后父母们教育平权意识没有这么强烈，或许是那时的学校之间资源禀赋的差异性没有这么明显,抑或是那时的中小学升学压力没有这么巨大,总之在那种大班额甚至超大班额的状态下,日子也便这么过。

进入21世纪以来,这种表面的平静就被迅速打破了。大约有这么几个原因:

第一,学龄人口大幅度减少。小学生减少了25%,初中生减少了百分之十几。按道理讲,人少了是相应减少班额的大好时机嘛。别急,后面又有问题。

第二,快速的城镇化引起人口的大规模流动。这些介于城乡之间无法立足的数以两三亿之巨的流动人口,他们往往挈妇将雏,将孩子带入打工所在地,经过一段时间的政策调整,进城务工人员随迁子女就地接受九年义务教育逐渐成为共识。那么对于人口流入地而言,其义务教育基本公共服务的对象就增加了,但是教育基础设施的增加和经费的投入却未必能立即跟上,也不会立竿见影。毕竟,新建学校不只涉及硬件的问题,师资的建设、品牌的形成,都不是三年五载可以完成的。这种情况下,每个班级的学生数量就年复一年膨胀起来了。

第三,农村的大规模"撤点并校"。"点"指的是教学点,甚至可能不到十个孩子。分属不同年级,却在同一个课堂上学习。教师往往也只有一位,那就必须是"全能型"的了。数学、语文是必须要会的,偶尔还要客串一下体育课老师。一个年级上课时,其他年级的背过身去上自习、做作业。这类教学点条件一般都非常艰苦,勉力维持确实对教师、对学生而言都是一种折磨。"校"指的是乡镇中心学校下属的小学,又分为"完全小学"和"不完全小学"。"完小"是一年级到六年级齐全的学校,"不完全小学"就是年级上存在断层的小学。

统计显示,从1995年到2010年,农村教学点从19.4万所减少至6.5万所,减幅高达66.5%,部分地区甚至达到80%—90%,远远超过适龄学生自然减少的幅度。以至于2012年国务院办公厅发出《关于规范农村义务教育学校布局调整的意见》,要求"坚决制止盲目撤并农村义务教育学校。已经撤并的学校或教学点,确有必要的应予以恢复。对保留和恢复的农村小学和教学点,要采取多种措施改善办学条件,着力提高教学质量"。可是这一纠偏的举动虽是亡羊补牢犹未迟也,可既成的严重后果却需要漫长的时间去消化。

这个严重后果就是大班额的问题不但随着人口流动和进城务工人员随迁子女入学而在作为人口流入地的发达地区出现,而且由于农村超高强度"撤点并校"这一有意识的"逆向供给侧改革",使得这一问题大面积蔓延到作为人口流出地的欠发达地区。因为行政村小学、乡镇中小学和县城中小学是一个"连通器",堵住了一端,只能流向另一端。

在这个背景下,2016 年,国务院《关于统筹推进县域内城乡义务教育一体化改革发展的若干意见》就提出了实施消除大班额计划:"到 2018 年基本消除 66 人以上超大班额,到 2020 年基本消除 56 人以上大班额"。2018 年的两会期间,教育部负责人专门重申了这一目标,并分析了"大班额"的三个危害:"一是影响学生身心健康,人一多,乌泱乌泱的,心情肯定不好。二是影响教学质量,坐在后排的看不到板书,听不到老师授课内容。三是有可能带来安全问题。"

问题在于,一个乡镇,也只能是举全乡镇之力办一所中心小学和中学,陡然增加的这些必须接收的生源如何安置才能满足尽量控制和消除大班额的要求呢?一个简单的方式是拆东墙补西墙,把图书室、阅览室、电脑室等功能性教室腾退,作为班级教室。但是这马上就面临连锁的问题,如何面对教育部门的农村义务教育基本均衡的评估呢?这个评估是悬在地方教育部门和学校头上的一柄利剑,是必须要达标的,而评估的指标就包括生均占地面积、生均宿舍面积、生均图书册数等指标。

我们当然也可以不当家不知柴米贵、何不食肉糜地说一句:可以扩建学校、新建教学综合楼嘛。谈何容易!前不久我看了挂职所在地的一所有着 60 多年历史的县城中学,这里 90% 都是山地,以往还发生过严重滑坡,能够建设校舍、教学楼的区域十分有限。60 多年来,一直是螺蛳壳里做道场,只能在一块狭长地带一字排开,把教学楼、宿舍楼密集地排布在那里。从建筑的功能和效率来看,十分不合理,但只能如此。

在这一点上，民办学校的自由度、灵活性就大得多。他们有充分的选择权和自主权。前年，发达地区一位民办高校的董事长曾对我说，他们正准备申请"专升本"——从大专升格为"三本"高校，面临着教育部门的考核评估。评估有一系列的硬指标，大抵也是以各种"生均"指标为主。他说，这个城市寸土寸金，我现在这个办学场地都已经是郊区的郊区了，再让我扩张面积、新建教学楼、图书馆之类教学设施来满足"生均"指标，我根本做不到。但是我可以从另一个方向来做减法，我大幅减少招生数量，这样分子虽然没变但分母就变小了呀。我问那你学费就损失了吧？他微微一笑，我可以涨学费。我这才恍然大悟，民办高校的自由度确实是比公办高校要大得多。

公办中小学的难言之隐是一样的。他们承担着无条件兜底接收学生的责任和义务，却面临多个维度的严格考核与评估，的确是"又要马儿跑，又要马儿不吃草"。

特别是在一些贫困县，"控辍保学"是完成脱贫必须达到的硬指标。每次下乡调研，我都要特别留意失学问题。虽然规模不大，只是零星出现，但仍未做到清零。原因是多方面的：父母外出打工，老人看护不力，孩子自身厌学等，但一个不可忽视的原因就是前些年"撤点并校"的连锁反应。

在这样的偏远山区，中小学教师结构已经高度依赖外来师资（基本达到60％左右），因为教师是公开招考的，本地教育水平决定了本地培养的师范生考不过外地师范生，但是外来师资能否稳定地在这里扎根投身教育却充满变数。乡镇中学的流动性也因此极大，教师们往往奋斗三年五载评上一定职称职级之后，就转身跳槽到更好的去处。所以，在乡中心校师资都如此紧张的情况下，村里就更难留得下人。这就带来了适龄儿童就近就地入学的不便，倘使家中父母外出务工，老人看管留守儿童，那辍学发生率就大大增加了。

事不关心，关心则乱。当下中西部欠发达地区义务教育工作形势十分复杂，必须做好持久战的准备。"百鸟在林，不如一鸟在手"，必须理清不同目标之间相互关联、此消彼长的利害关系，谋定而后动。

大班额的问题确实危害很多,也应该消除,但当相当一部分地区多年历史遗留问题积重难返的情况下,不顾及其他社会影响,突击冒进,就极易重蹈前两年个别地区为赶工期进度强推"煤改气"而使得群众无法过冬的覆辙。在这个意义上说,"领导干部要学会弹钢琴"的忠告,所言不虚。

留住老师，帮帮孩子

来深度贫困县政府挂职两月有余了。作为一个教师，总想着要去学校里看看老师和孩子们，一直不得空闲。上周末，跟办公室的同事说，马上要教师节了，下周一定要去"挂包"的攀枝花乡走访几个中小学。一个深刻的体会是：乡村小学需要改善办学的硬件条件，乡村中学需要更新教学的方法理念，乡村教师应该受到更多的理解关爱。

阴暗的宿舍，拥挤的食堂

早上八点半出来，经过一个半小时的山路，先来到一个行政村小学。我在之前的《大班额："撤点并校"的意外后果》中曾分析过，21世纪最初的十年，是乡村学校和教学点撤并的一个高潮，其余波一直延续到当下。攀枝花乡共有6个行政村，每个行政村保留一个小学。同时，在它的31个自然村中，保留了极少数的教学点。教学点与小学的主要区别在于规模。由于师资、生源等方面的因素，达不到一年级到六年级的"整建制"，所以不是完全意义上的学校，只能称为教学点。

教学点的老师是最辛苦的。一般仍然保留教学点的地方，距离村小学、乡中心小学都比较偏远。适龄儿童上学路途就需要十几二十公里，极为不便。而小学一到三年级的低龄儿童，也不方便独立生活，故而很难用寄宿制的方式。就近就地读书，是不得已的选择。攀枝花乡最偏僻的两个自然村，分布着两个"一师一校"的教学点，连续几十年在那里坚守，相当于军队里面的"一个人的哨所"。学生规模不够，甚至会隔年招生,六岁半的和八岁的同时上一年级,这种耽搁受教育时间、延迟一年上学的现象并非个案,并没有什么"不要输在起跑线上"的紧迫感和只争朝夕的意识。

走近只有两层的村小学教学楼,一楼传出"一一得一,一二得二"的乘法口诀表,与二楼的语文开学第一课课文的琅琅读书声混合在一起,响彻校园。校长介绍说,这里的孩子绝大部分需要住校,并带我走进学生宿舍。看上去,里面光线昏暗,地面潮湿,很难想象十岁左右的小孩子就离开父母,这样开始了集体生活。

离开村小后,转到乡中心小学。这里的硬件设施就明显比村小好很多。乡中心小学与各行政村小学之间的关系是,后者是前者的分校,前者在资源、师资的配置和使用上在全乡范围内进行统筹。家庭条件稍好一些的家长,当然都乐于将孩子送到乡中心小学来读书。可是这里的住宿条件其实并不比村小学好多少。因为是山区,并没有那么多可供建设宿舍的土地,只能邻近农户家的房子而建,最窄处甚至不到一米。

中午11时20分,上午四节课全部结束,700多个小学生从教室鱼贯而出。小学的作息与这边的工作和生活节奏是吻合的,下午两点半上课(上班),我猜这主要是体感上事实存在着时差,尽管全国使用的都是统一的北京时间,却不能不因地方性惯习与人们的生理规律而有所变通。不过,孩子们看上去将近三个小时的午休时间,却由于吃饭问题耽搁不少。学校食堂空间非常拥挤。学生们排队打饭的队伍,要一直到十二点才完全消失。打好了饭,也没有足够的座位。只能在狭小的校园里到处找地方,几个人围在一起站着吃,或者蹲着吃。虽然这里地处北回归线以南,一般来讲气候是只有春夏,无问秋冬的,但不要忘了这已经上到海拔2 000米左右的山上,不要说冬季,就是深秋的风也足够刺骨。

我想起自己高中时的食堂,一开始吃饭也是站着吃的。下课后要比谁跑得快,座位从来是手快有手慢无的,没座的就找地方站着吃。后来学校盖了一座五六层的楼,每层都是食堂,问题就转化为谁跑得

元阳县攀枝花乡中心小学

慢,谁就爬到顶层去吃,但基本都有座位了。这里却很难这样做,不只是资金的问题,而是山体滑坡频发,基础不牢,楼层不能设计得太高。

英语教学的痛点:不会查词典

下午的行程全部在乡中学。一个乡镇一般只有一所中学,所以也就没有什么"中心中学"。这所中学建于 1995 年,目前有 11 个班,在校生规模是 590 多人。

我对校长提出想听一堂课,校长问听什么课。我说在语文、数学、英语三门主科里选就行,校长说,语文通常都是优先排在早上,适合晨读,数学也要求学生头脑清醒,所以也多放在上午,只有一部分英语课是排在下午的。于是就来到初中二年级的一个班,听杨老师的英语课。

从语法上看,这节课讲的是一般过去时的一些基本句式和日常应用。课程结束后,校长让我稍微点评一下,并给孩子们讲点鼓励的话。点评不敢当,我就分享了一点体会。五年前,我曾带队到皖南农村支教和调研。我们20个师生分散在20户农民家中。我所居住的那一户农家的小孩子，也是刚上初二。我看他背英语单词相当吃力，在课本后面的词汇表里生硬地直接用汉语标注读音。于是我就问他，平时背单词是怎么背的呢？回答就是这样死记硬背。我当场就跟他打赌，我说你随便考我，只要我会读，我就会写，不用硬背。他试验了几次，表示很惊奇，他说学校里的老师根本没教过这种学音标就能背单词的方法。

我这才发现这个普遍存在的问题之症结所在，就通知全体队员，临时改变支教的计划，十几天的时间里，在英语这门课程上只要把音标教会就算是大功一件。最后临走前，给每家的小孩子买了一本英汉词典。我想这个方法同样适用于这里的孩子，因为从刚才课堂上的集体朗读中，能够听出来他们的发音也存在生硬和不标准的问题。

课后，杨老师跟我交流，同意我的判断。她告诉我，现在全班会使用英语词典的是极少数，甚至大部分学生也不会使用汉语词典。非但音标没有学过，汉语拼音也不掌握。而且乡里也没有像样的书店，不少孩子甚至都没有去过县城，没进过新华书店。在这个近乎100%少数民族的中学里，英语实际上是这些孩子的第三语言，从本民族语言到汉语再到英语，这中间的两次变换，让不少人产生畏难情绪。现在语文的教学中已经不像我们上学时还要讲一点"主谓宾定状补"之类的语法结构，但是英语涉及这些时态、句式结构时，仍然要讲语法。少数民族语言是天然语言，根本无所谓语法；第二语言汉语则不讲语法了；到了第三语言英语又开始讲语法，造成相当大的混乱。由此的一个衍生结果就是，无论是语文的作文，还是英语的作文，都是丢分重灾区。

我又问杨老师，平时上课也都像今天这样用电子白板吗？还是因为我今天听课，才秀了一把信息化教学？她不好意思地承认，平时是不大用PPT教学的，觉得并不很实用。我马上认可，实际上我也是这么认为的。有些课程，特别是中小学阶段的课程，在黑板上板书本身就留给学生一个缓冲和接受的过渡阶段，PPT式的一闪而过反而会适得其反。我们当然需要信息化手段,中学教室也都配置了电子白板,但越来越远离纸墨书香的课本和板书,搞信息化"大跃进",除了催生一堆短期行为,搞出一堆看得见摸得着的"政绩",恐怕更可能是"盛名之下、其实难副"。教育不是培训,对于技能和机械化的死知识的传递,信息化手段毫无疑问是有效的,但对于义务教育这种种处处渗透着启发、关爱、育人等要素的基础教育阶段,其有效性要大打折扣。

苦与乐:教师们的心声

第一节课下课,是三点十分。我请校长将后面几节没有课的青年老师请到他的办公室,开一个座谈会,我想听听老师们在教学工作和日常生活中都有哪些想法、困惑、意见和建议。

一共来了十几位老师,畅所欲言地聊了两个小时。事后有老师惊讶于看到我拿着本子记了十来页,以为我只是来校园里转一圈就走。我解释了一下:第一,我跟你们是同行,但我在大学,对中学不了解,我在上海城区,对贫困县农村不了解,没有调查就没有发言权,所以就是来听你们真实想法的。第二,这种调查习惯,是在刚工作的时候到农村调研时养成的职业习惯,没什么特别的。第三,马上教师节了,难得上山来看看你们,当然是聊多长时间都不算多。而且我一定尽量把你们反映的问题让更多的人看到,引起更多人的重视,我们一起想办法解决问题。

我大致整理了一下,发现老师们谈得比较集中的有两个方面:

一是家长在孩子成长过程中的角色缺失问题。590多个学生中,有80%以上是父母至少有一人外出务工的,双方都不在家的也至少在50%以上,留守儿童比例极高。有的父母甚至连自己的孩子上到了几年级都不知道,留给学校的联系方式也都是爷爷奶奶甚至在村里的其他亲戚的电话。他们似乎很不乐于接到学校的电话,把赚钱看得更重要。新学期的初二家长会,整个年级四个班就来了四五个家长,还都是上了年纪的爷爷奶奶。他们只能讲本民族语言,完全听不懂汉话。

请注意,这里的汉话指的还不是普通话,只不过是方言形式的汉语。

一位老师动情地讲了一个故事,一次有一个孩子突发重病,他自己背着孩子到乡卫生所,给孩子的爸爸打电话,对方竟然十分漠然地让学校看护,自己忙着拉沙赚钱,不能赶回来。钱可以慢慢挣,孩子的成长就是这么短暂的几年。这些父母知不知道,很多孩子因为没有父母的陪伴,性格孤僻、封闭,始终有一种害怕被遗弃的想法甚至自闭症的倾向。不愿意开口说话,不愿跟老师交流,因为在他们成长的过程中就始终没有同父母和老师这样年龄段的人交流的经验,而爷爷奶奶往往觉得只要供给吃穿就算完成任务,更多的要求早就心有余力不足了。

父母不在身边的另一个严重后果就是辍学。为了完成九年义务教育"控辍保学"的任务,学校绞尽脑汁想办法,让学生对学习感兴趣,让学生乐于留在校园里。每个老师都要在下午课程结束到晚自习开始前的两个小时左右时间里,自己设计富有创意的课外活动。即便如此,一些学生的厌学情绪仍然会悄然生长。这些平时住校的孩子,周末有回家的机会。特别偏远的地方,单程车费就要 20 元。到了周日的晚上,就会有孩子编理由说路上滑坡,今天没有车出来,于是就不回来了。为避免谎言穿帮,同一个地方的孩子会私下串通好说辞,要不回来就都不回来。

一些孩子小学时就有抽烟喝酒的习惯,一位老师说到他们初一班上的一个学生,烟龄已经六年。这类学生到了一定阶段,外面的诱惑多起来之后,因父母不在身边,家庭中对教育的坚持也就逐渐松动,很容易就跑到邻县去挖矿或打工。往往是上个学期的期末考试还参加过,下个学期开学人就不来了。我们一般只是认为男生受到打工挣钱的诱惑大因而辍学率高,其实在十多年前,女生的辍学率也不低。她们倒未必因打工而辍学,而是早早被"嫁"出去。学校家访劝其返校,没多久男方家就会找上门来,给学校扣上一顶拐卖"已婚妇女"的帽子。这导致那时的女生辍学,学校基本上不敢干涉太多。当然,这类极端现象现在已十分罕见,当下的零星辍学现象主要集中在初二男生。原因也不难理解：初一，对初中学习还保持着一定的新鲜度，学习成绩的分化也尚未出现；初三，无论接下来是直接找工作、还是少部分人能够读到高中抑或中专，至少忍过这一年，就可以拿到初中毕业文凭了，犯不着这时冒险退出、前功尽弃。

二是乡村青年教师的职业成长与生活适应问题。当前的政策体系中，中小学教师专业技术职务职称评聘已经打通。跟一般事业单位的对应关系是，刚刚毕业工作在小学的教师，第一年为"未定级"，第二年具备各方面条件后可定"三级教师"，再过三年可晋"二级教师"，之后是"一级教师"，从一级教师再经过一定条件和年限可晋升"高级教师"，也就是我们一般说的副高级职称了。中学比小学的优势在于起点高一些，工作的第二年可直接定为"二级"，三年后"一级"，五年后"高级教师"。

这样的一个成长路径，首先是要求你必须扎根足够的时间，耐得住寂寞和劳苦。但仅仅熬年头还是不够的，老师们还必须做到一专多能，能者多劳。除了三大主科老师是专任教师之外，科任老师都要一身兼二任、跨年级甚至跨学科地从事教学活动。跨年级这一点还容易，跨学科就真的需要很多的备课准备了。比如物理老师普遍兼任生物老师、体育老师，或兼任地理老师、或兼任历史老师。所以，当我们再听到"你的××课是体育老师教的吧"，不要笑，这在很多乡村中学其实是一个不得已的、令人心酸的真相。

这些乡村教师真是很不容易。590多名学生对应着全校38位老师。这些老师平均年龄不到30岁，其中有20位老师来自外县甚至外省，而他们之中竟然产生了6对年轻夫妇。这意味着什么呢？意味着他们平时交往的圈子就是这么大，他们甚至都没有和乡政府的工作人员、乡上其他企业的员工深入交往的机会，只是过着教师宿舍、教室、食堂三点一线的单调生活，这些远道而来的宅男宅女们互相理解和欣赏，逐渐内部"消化"产生了这样淳朴的爱情。

全校教职工子女在3岁以下的有13位。他们的父母平时忙于繁重的教学工作，只能请双方父母远道而来照顾，或者忍别离之苦，将孩子送到老家。一对夫妇带着孩子,与帮助照看的丈母娘一家四口人挤在实际套内面积不到 40 平方米的宿舍中,连多添置一张床的想法都要因挤占空间而作罢。现在忧虑的是孩子的成长,将来就要担心父母的身体和养老了。

一位女老师说,她是 2012 年从建水县考过来的。那时学校的教学楼相当破旧。7 个女教师住一间宿舍,衣服只能叠起来放在行李箱里。她的老家每天早上都能赶集,这边当时要买一些日常用品都很不方便。最初食堂伙食也比较寡淡,几乎是清水煮米线,上面偶尔飘着几根韭菜。没有浴室的时候,即便是女教师,也只能冲冷水澡。她轻易不敢给家里打电话,因为怕忍不住想回家,忍不住哭,有几次她哭着对父母说"你们再打电话就把我接回家吧,你们不来接,我自己也拖不动行李下山"。她的父母劝她安心教学,毕竟一个教师的岗位来之不易,给了她很大鼓励和支持。朋友提醒她,前三年千万不要在当地找对象,否则结婚生子,小心一辈子就没机会出来了。那几年,她也心思活络地参加了老家的好些公务员事业单位招考。再后来,她找到了与她一起考到攀枝花乡的另一位乡村教师,他们一个在中学、一个在最偏远村寨的小学。连续打了三年报告,终获批准,一同来到了乡中学,扎根在这里。

另一位女教师是 2009 年从外州某县考过来的。她去了攀枝花乡最远的一个村,进村的道路还没有修通,行李是用马驮过去的。当时心里想的是,自己年龄已经不小了,万一在这里遇不到合适的人,年龄拖大了,可能一辈子就嫁不出去了。幸运的是,她也同样找到了志同道合的伴侣。类似这样让人落泪的故事还有很多。

校长的忧虑:留住老师,帮帮孩子

校长很年轻,31 岁。北方某大学毕业,通过教师特岗计划回到家乡进入了这个中学。教课之外,做了五年班主任,之后由于前些年师资流动特别快,所以从教务主任、副校长、校长一路干过来,至今在 38

个老师中,年龄还算是偏大的。

座谈会的最后,我请校长也讲几句他最担忧的是什么。他说一是留住老师,一是帮帮孩子。他回忆前些年,曾在同一年度调走了9个老师:"你让学校还怎么维持?"英语老师频繁调动的影响是最大的,全校就五个英语老师,动任何一个都要留下很大的缺口,一时半会儿还填补不上。

"人往高处走,适当的流动我们也完全理解,但是总要有个节奏和限度,不然孩子们怎么办?"校长回忆,以前每年都有10人左右调动,太伤元气。很多老师精力并不花在教学和备课上,而是花时间准备公务员考试,一来是嫌我们基础条件差,二来也想回到父母身边、回到家乡。这种状态下,学生的学习成绩就很难有起色。

他认为,全县整体的教师队伍编制都还有很大缺口,45万人口只有3000多名老师,邻县10多万人口竟有近2000个老师。校长判断,从这几年乡中心小学四五年级的学生人数来看,是逐年增长的,这可能是放开生育政策使然。因此三年之内,中学的在校生规模很可能会从现在的590人攀升至接近1000人。到那时,在坚决杜绝大班额的情况下,将近20个班级的规模,教室勉强还是能凑够的。可是老师呢?难道还是这38个人?如果每年再有不少超出预期的人员流动,后果不堪设想。

对于学生,校长觉得,开拓他们的眼界,是第一位的事情。他举了颇具当地文化特色的一个事例。

"我每隔一段时间,就会催促食堂给学生们加个牛肉的菜。"

"为什么?"

"我问过他们,你们爱吃什么?他们回答说是牛肉。我又问他们,你们最开心的事是什么?回答是村里死人。因为按照当地传统习俗,红白喜事都是倾向于大操大办的。办白事时,老人所有成家的子女都要回来,而且每家要牵一头牛回来,杀掉,全村放开了吃,有时要吃个把礼拜还吃不完。其实这也是生产力的极大浪费。因为山地没法机械化,牛就是生产力,牛说杀就杀,他们自己也心疼,也想统一有个约束。可是谁也不敢随便反传统。所以孩子们说喜欢死人,死人了就可以吃好多好多牛肉,吃好多好多天。"

校长这番话说得人很是心酸。孩子们的回答,几乎等价于很久之前那个"放牛—生娃—再放牛—再生娃"的粗糙梦想。他们没有见过更广阔的世界和更值得追求的东西,目力所及只有牛肉,再过一两年的诱惑,也许就是挖矿、打工。

我来元阳之前,在省城参加了两天的培训。扶贫办、教育厅的领导都提到一个民族学概念——直过民族,也就是从没有阶级观念、市场观念、货币观念的原始部落状态直接过渡进入到现代社会状态。我一开始体会还不深。后来下到农村去了几趟,确实发现在直过民族地区的一些偏远农村,有的至今还保持着物物交换的习惯,耻于言利、不屑竞争、拒斥市场和货币,基本的计量单位可能是"一堆",用此"一堆"兑换彼"一堆"。有时我也会怀疑,我们费这么大力气要帮助他们摆脱的贫困、帮助他们能够看到更大的世界,究竟是不是一种强迫和打扰呢?

后来我想通了,当你知道有更多的选择之后,宁愿归于恬淡、安贫乐道,那是值得尊重的个人意志,无可厚非。但如果他们根本就没有更多的选择空间与更强的可行能力,那么社会有责任提供一种帮助和托举。扶贫先扶智,扶贫先扶志,要跳出"贫穷限制想象力"的坐井观天怪圈,只有借助于教育。只有教育,能给他们打开一个新的天地。

晚上八点半,下得山去,折返县城宿舍。本文整理完成之际,看到丰潭中学一位 80 后班主任因重病突然离世的新闻,不胜唏嘘。今年的教师节,让我们关注这些扎根边疆的乡村教师、敬业奉献的青年教师,向他们致敬。

"不要怕小孩子淘气把书弄坏"

我到元阳挂职扶贫以来,协管教育工作。2 200多平方公里的山区,14个乡镇,130所中小学,目前也只跑过6个乡镇的十几所学校。每到一处的基本流程,都是先听一到两节课,再尽量跟校长、骨干教师交流或座谈。

留守儿童:"劳动力输出"式就业扶贫的意外后果

几个月下来,对于乡村教育也多少有了一些直观的体验,最大的感受和焦虑就在于:如何在少数民族占比、留守儿童占比"双高"情况下,激发孩子们学习的内生动力。

这之所以能够成为一个问题,是有着内在的逻辑链条的。一方面,作为贫困县要脱贫,鼓励贫困人口通过劳务输出的方式外出务工,就是一条直接和便捷的脱贫渠道,以至于全县人口45万中,外出务工劳动力达到14万之多。但另一方面,外出务工带来的必然问题,就是大范围的留守儿童。由这个基本县情再出发,又会遭遇两个巨大挑战:一是当地少数民族占比接近90%;二是当地教师的主体多为外县、外市甚至外省通过公开招考而来的老师。少数民族留守儿童由基本不懂汉话(这还不是指普通话)的祖辈隔代监护,学校里的老师并不懂当地民族语言。语言环境不稳定、亲子关系缺失的情况下,如何激发,至少是维持住孩子们的学习兴趣,这是令老师们相当头疼的问题。

让图书室成为孩子们最喜欢的地方

前不久,民进中央关于教育扶贫的一个调研考察团来县里调研。我全程陪同调研团一行,看了五所乡村中小学。带队的朱永新副主席是资深的教育家,之前就经常读到他犀利独到的教育评论。他牢牢盯住学校图书室问题,每到一个学校,必看的就是图书室。

有的学校地处山地,正在逐步改善教学硬件条件,尚有一处楼宇在建,图书打包另行放置在食堂二楼暂存。临离开时,朱老师叮嘱校长:"我给你一个建议,你让每个班班长来,从这些书里挑选他们感兴趣的领到班级里去,藏书于班级,藏书于学生。不要怕小孩子淘气把书弄坏,弄坏了就再买嘛,书是用来读的,不是用来摆的。你这个楼恐怕还要一年多才能好,可是孩子耽误不起,他们不可一日无书。你相信我的话,让他们自己去读大量课外书,比你干巴巴地在课堂上灌输教材,效果要好得多。有条件时,可以在每个班级都设立书架、书柜,除了学校的图书可以分散下去,还可以让学生们把自己家里的书拿到班级上来,跟大家分享、交流,在这种流转中让全班的阅读水平都上一个台阶。你坚持下去,几年下来,你培养的学生跟别的学校相比,一定大不同!"

我知道,朱老师多年来在各个场合倡导全民阅读,包括在政协提出推广地铁阅读、高铁阅读的提案。正如曾国藩所说,唯读书可变其气质。

在另一所学校,我们看到了几所之中唯一一个使用中图分类法来管理图书的。虽然图书室只有一个兼任管理员的老师,却很用心,花了三个月时间编码、录入、上架。朱老师称赞他肯研究,懂行,而且真下了功夫。美中不足就是,开放时间太短。他说:"人手不够,可以发展高年级的孩子来做志愿者,协助管理。时间可以延长,中午有的孩子不休息或者休息时间短,他们也可以来借阅和阅览。"

他建议,要尽量放宽孩子们在借阅数量和频次上的限制,特别是

元阳县胜村小学图书室

小孩子看的书,并不是什么高深的理论书,他们的阅读速度可以很快,你如果限制他每周就读一本书,实际上是不解渴的,这个阶段就是要多多益善,要给他的兴趣火上浇油,而不是釜底抽薪甚至泼盆冷水。

朱老师也注意到图书室普遍对低年级孩子有只能在室阅读而不能借阅的限制。他说:"不要歧视一二年级,美国的小孩子爬着也要进图书馆的,不要怕他们不懂规矩,弄乱了图书。图书不要怕翻,翻得越褶皱,越说明受人们的欢迎,这是好事情。小孩子来上学,就要学会使用图书室,就像大学新生入学的入学教育中,学会利用图书馆是必备内容一样。所以小学图书室的使用,也要从一年级就开始教育和养成的习惯。应该让这里成为学生最喜欢来的地方。"

在教育扶贫中厚植长远发展的内生动力

在后来的调研座谈会上,县委书记汇报了全县脱贫攻坚特别是教育扶贫的基本情况,我结合几个月来的调研作了补充发言,重点谈了留守儿童的心理健康、中小学班主任和骨干教师的职业成长等问题。朱老师在与我们的互动交流中,也对三个问题作了回应。

一是中小学的书香校园建设。这看似一件小事,却不能不引起重视。在农村学校,当下的生均经费在小学生 600 元左右、中学生 800 元左右,可是东部发达地区投入到每个学生的经费要数倍于此。靠什么能够让这些偏远农村地区的孩子能够与城市里的孩子站在同一起跑线上?唯有阅读,跟城市的青少年读同样的书,花同样的时间甚至更多的时间。这是投入最小却见效最快、收益最大的一个投资。让那么多世界名著沉睡在图书室,甚至还保持着捐赠的原始状态,连拆封都没有拆,实在是一种浪费。我们的老师、家长都还远远没有认识到阅读之于孩子们的意义,没有意识到,上课其实远没有阅读对孩子的影响更大。

二是教师队伍的可持续成长。尽管是在贫困地区,但总的看下来,乡村教师普遍有一种满足感——小日子过得不错,毕竟在各种政策落实到位的情况下,其收入水平比公务员并不差,甚至偏远地区的乡村教师月收入还可能比县城教师高出 1 000 元左右。但是作为平均年龄仅仅 30 来岁的乡村教师群体,在这个阶段就过于满足以至于有一种混日子的心态,那是很可怕的事情,就会放松对自己修为和能力的提升。在几所学校的图书借阅记录中,老师的借阅频次都很低。事实上,他们更需要养成终身学习的习惯,教育者先受教育,只有不断充电,才能持续做好教学。因此,需要在全县的乡村教师中选拔发现榜样,培养他们,并依靠他们来带动其他教师比学赶帮。要让蕴藏在这些青年教师胸中的无限潜能和热情激发出来,燃烧起来。

三是留守儿童的关爱呵护。在成长的最关键时期,缺少了亲子交流的关系,要么是隔代监护,要么是同伴交流,唯独缺失了与父辈人交往交流的经验。对这类孩子,需要给以特别的关注。比如,可以建立乡村学校的心理教育体系和心理教室。再如,可以让人力资源部门在组织大规模外出务工的过程中,与接受劳动力的企业协商建立"亲子直线"的机制。每天一个电话或视频,不能让他们与家庭断线、失联。人虽然不在,但亲子关系不能切断,亲情不能缺位。又如,可以通过社会公益机构或基金会的帮助,定期组织一些留守儿童利用寒暑假到其父母打工所在地去探望和团聚。

气温渐凉,在注意到乡村学校普遍存在食堂空间有限,学生需要排长队轮流打饭,打好饭后也没有足够空间,只能在露天场地或蹲或站吃饭的情形后,朱老师建议,从现实角度考虑,也不能完全把吃饭寄希望在食堂的空间扩张上面,毕竟学校可建设的用地相当有限。从长远来看,可以参考日本的经验,他们的学生都是在教室吃饭的,这本身也是一种行为教育,不要担心弄脏教室。要相信孩子们能够自我教育,能够维护集体环境的整洁。

两天的调研,非常充实,学到了很多。不只在教育方法和调研方法上,更在思维和理念上深深受益,这也是在我挂职初期,一次及时和生动的现场学习和理论充电。

站着把钱挣了,底气何来?

临近2018年底,去了元阳县比较偏远的几个乡,看了十几所乡村中小学,重点是了解"控辍保学"的情况。城市里的朋友看到这四个字,想必会有种"不知今夕何夕"的感觉。

送教上门,控辍保学:
一个意义不大的权宜之计

九年义务教育都普及这么多年了,难道还会有辍学?没有深入调研之前,我也是将信将疑的。辍学原因非常复杂,但关键的一点在于青壮年劳动力输出形成的大规模留守儿童。

全县三分之一的人口外出务工,对子女受教育的影响一定是不会小的。他们由祖辈隔代抚养,一方面缺乏共同语言,另一方面也得到了更多溺爱,在"世界是平的"这个大背景下,贫困地区的儿童也会受到网络游戏的影响,也要攒钱升级装备。这个钱,父母不在身边,祖辈不会给。于是他们就生发了"自力更生"讨生活的念头,也许是某一个寒假或者暑假,就跑到镇上打工去了。哪怕带回来三五百块,就足以在同学之间产生足够的诱惑力和传染性。打工赚钱的这种诱惑和传染,绝不止限于男生。我在一所中学的学生作文集中,读到了一个女生写的《辍学之感》:

"假如不上学,那是一件多么美好的事情啊!假如不上学,孩子们该多么快乐啊!男孩子整天上网吧、抽烟、喝酒……女孩子把高高的马尾放下来,从直发变成卷发,从素颜变成浓妆艳抹……没有功课,没有批评,只有自由,想着想着,不想读书的念头萌生了。"

一位校长告诉我,直到今天,一些少数民族仍然有抢婚、早婚的习俗。我说,这对于你小学应该不会有什么影响吧?他苦笑说,小学的辍学中,这种案例不是少数,双方家长把聘礼谈妥,说不上也就不上了。但是作为学校来讲,不可能注销其学籍,否则是违法,却也很难从家里把她再拉到学校来,只能采取"送教上门"的方式。

所谓"送教上门",实际上是没有多大意义的,因为学校的设立就是集中教学资源供孩子们集体学习的场所,教师不可能为几个辍学的孩子而频繁地单独家访和补课,不过是以这种方式保持九年义务教育阶段实质性辍学儿童与学校之间一种极其微弱的联系。学校有自己的忌惮,家长也有精明的算盘。他们清楚国家对义务教育儿童的补助政策,建档立卡贫困户子女住校每月补100元、每天补营养餐4元。这笔钱,学校要转给家长。每个学期期末考试的时候,要通知这些在籍不在校的"辍学学生"返校考试,成绩往往惨不忍睹。

这种"迁就"和"苟延残喘"式控辍保学的结果,是引发后续的义务教育巩固率受到牵连,"送教上门"学生的考试成绩必定要拖整体的后腿,这又影响对学校绩效的考核评价。此外,教育主管部门尽管很难对每所学校进行过程监测,但会采取一种"区间测速"的方式,整体判断一届学生接受义务教育的完学率。比如第一年当地小学入学人数为600人,到第九年初中毕业时只剩400个,这个比例就有些离谱,需要算总账了。

洗脚上岸,打工赚钱:
一种难以抗拒的绝对律令

人们常常在自己脑海中给贫困地区的困难人群"画像",不知不觉间会把很多美好的意象和神圣的光环加载在他们身上。比如,一定要这些贫困人群乐山乐水、坐看云淡风轻,君子固穷、丈夫耻于言利。一旦在现实当中发现反例,总不免哀叹斯文之不复,教化之不存,原来所谓"礼失求诸野,善在黎民"的童话都是骗人的,转而去叨咕"仓廪实而知礼节,衣食足而知荣辱"那难念的经。

11月中旬,我接待一个文旅产业的专家服务团。在完成了两天的实地考察后,临走之前,与县政府各部门分管领导开了个调研座谈会。一开始大家还比较拘谨,两三个人讲过,聊开了之后,便敞开吐槽起来。

一位领导谈到,要提高村民的意识。实话说,提高意识这个话,我这几个月里经常听到。起初有点不知所云的感觉,似乎是病句,缺个修饰的定语,提高什么意识?后来逐渐搞懂,所谓提高意识,大体指摘的就是老百姓观念落后。那么,结论自然就是"严重的问题是教育农民"。

具体到这位领导,他所讲的意识到底是啥?他讲了一个具体例子,说我们好多村寨在梯田景区,游客刚落地,小孩子就跟在后面碎碎念,给我钱给我钱,给我一块钱。他把球踢给教育局领导,老人又不能教育,不会汉话,教育部门应该对小孩子加强教育。教育局领导不背这口锅,说很多这种小孩子,根本就不是我们的学生,其实是学龄前的儿童,他们这样说,究竟是谁教的?

这类事情,我也遇到过。8月陪一个教育扶贫的代表团考察阿者科村。虽是贫困村,但坐拥梯田美景,来来往往的游客日渐增多。考察团的一位女老师,看身边的一个小男孩特别可爱,掏出手机对着他就是咔嚓咔嚓几张照片。小孩倒也配合,不料随后一句话大煞风景,给我钱,给我钱。我是第一次遇到这种事,说也不是,不说也不是,只好装聋作哑。那位女老师大概也做如是想,跟着队伍继续往前走,留下小男孩进退两难站在那里。

这个场景会不时闪现,也引起我更多的思索,小孩子对金钱的意识是怎么形成的?这个问题其实可以放大为,地处落后闭塞的边疆贫困地区,一种现代性的货币观念是如何发育的?

我到这个国家级贫困县的第一天,就请办公室的同事要了县志,没事就翻一翻。这是以前驻村调研时养成的习惯,每到一个新的地方,就搜罗地方志,这是了解风土民情、生产生活状况最方便的入口。

不过，往往是经济发达的地方，方志编撰工作也更受重视，也容易在千百年的历史演变中积累起足够厚重的材料。我在长三角调研的时候，知道有些行政村都有村志（当然大多不是出版物），乡镇则基本都修志，那可真是蔚为壮观。

县志是新中国成立后修的。明清时则没有。于是远程登录学校的网络，找到各地古方志集的数据库，不过我所在州的13个县中，仅有三处有县志（主要是云贵总督鄂尔泰改土归流之后的结果）。好在离这里都很近，也算具有一定的参考价值和代表性了。我们看下面这段话，就很生动地概括了当地风俗人情：

"民愿而愨，重农怀土。贸易不出其境，不与富商巨贾开智争，遂虽有铜锡之厂，开采者多他省人，邑人在厂地者鲜。性不喜外事，以兴讼为不祥，以无故谒见官长为耻。婚姻重门第，丧葬向质实，器用辄相通。不靡费。妇人不游观，不对客；非至戚不相见。纺织针黹是勤。"

蒙自县志书页影印

这些两百多年前的描述，对今天也大体适用。一些极端贫困山区的民众，1949年之后是相当于直接从原始部落状态直接进入现代社会。他们勤劳淳朴，没有货币观念、更没有市场观念，甚至部分人至今还习惯于简单的物物交换状态。贸易仍然不出其境，自给自足，内部循环流通，本地人不愿经商创业，多是给外来者打工。

扶贫的过程，同时也是这样一个带有浓厚传统色彩的社会加速市场化的过程。坐拥绿水青山的山民，突然发现绿水青山真的可能变成金山银山，宁静的山村吸引着外来者找寻乡愁、体验旅游的"真谛"：从自己活腻的地方离开，跑到人家活腻的地方去看。

这个过程也会让一部分农民"洗脚上岸"，从此可能不再需要面朝黄土背朝天的种田、劳作，这却让他们油然而生一种基于本能的生计恐慌。原来是手中有粮心中不慌，现在呢？农民不种田，干什么？一部分人会始终纠结这个问题，想不通，甚至也可能会从淳朴的耻于言利直接切换到"钻钱眼里去"——多乎哉？不多也。

腹有诗书，站着挣钱：
两个小孩子给我们的启示

前段时间，我到攀枝花乡查看农村危房改造情况。出来的时候，在村口遇到一个大一点的小姑娘给三个小孩子讲故事。从她身边经过时，猛然发觉她的普通话太好了，好得不像是本地的学生。于是便停下来闲谈几句：

"几年级了？"

"四年级。"

"在乡中心小学？"

"就在村小。"

"你普通话说得真好！"

"我之前在上海读过书的。"

"是吗？我就是上海来的。你在上海哪里读书啊？"

"青浦。我爸爸妈妈在上海盖了好多房子,我舅舅也在上海。"

"你爸爸妈妈很了不起!你要好好读书,也教弟弟妹妹们好好读书,将来考到上海来好不好?"

"好!"

这番对话其实是让人不胜唏嘘的,它很容易让人联想起宋代诗人张俞所作的那首《蚕妇》:"昨日入城市,归来泪满巾。遍身罗绮者,不是养蚕人。"孩子并不懂得城乡二元结构带来的苦楚,也不会去究问为什么在这种结构之下,适龄儿童会在城乡之间"游学"。她对自己的父母倍感自豪,也很感恩自己多个城市的生活学习经历。在这个淳朴孩子的眼中,这仍是一个值得我们去付出、去爱的公平世界。

不禁想起 2018 年 11 月中旬,那个被网民称为"语言天才"的柬埔寨小男孩。为了讨生活,小男孩上午读书,下午就到吴哥窟兜售纪念品。因为他用多种语言兜售纪念品,结果被槟城女游客维纳斯(Venus)发现其才华,拍下聊天视频,引起人们的关注。在接受媒体采访时,小男孩说,他的梦想是到中国的北京大学深造,最爱的语言是华文。

柬埔寨男孩开朗、达观、自信的形象和表现,非但征服了视频拍摄者,也征服了千里之外的围观群众。这个事例最具正面意义的效果和让人欣慰之处在于,赚钱只是他的手段,他还有更宏大的梦想——继续读书。那一瞬间能让人们觉得,这仍然是一个种瓜得瓜、种豆得豆的公平世界,他付出了,他努力了,他也得到了他应得的回报。他让人们非常释然和极具平等感地表达出自己的关爱,人们心甘情愿地为他的这一表现掏钱买单,而柬埔寨男孩也底气十足地"站着把钱给挣了"。

从安贫乐道、不屑言利到一门心思琢磨发财、陷入焦虑,这虽然抵不上所谓的城市中产焦虑,却也是贫困地区农民脱贫必须面对的一道关卡。而这种思想的疏导、心态的调整和观念的转变,都需要耐心。脱贫,只是一道最低的门槛。摆脱贫困到实现富裕,还要走很长一段路。这不仅是一个物的现代化过程,更是人的现代化过程。

只有通过接受教育和自我教育,贫困地区的孩子才有机会跳出深井,见识更广阔的天空,也才能更中正平和地看待和对待货币、资本与财富,分清立身之本与身外之物。假以时日,也会有身经百战、见得多了的勇气和自信,那是一种基于自身能力和素质的勇气和自信,也是那个小姑娘和柬埔寨男孩达观大气的源泉。

贫困地区怎样改进中学课堂教学

2018年11月30日,我在元阳县小新街乡中学,观摩了全县《道德与法治》课教学竞赛。我起初听说比赛时间持续两天半的时候是惊讶的,后来才得知,我们是不分组的,所有评委从始至终听完16位老师每人40分钟的讲课。这样的安排确实不容易,没有图省事,没有打任何折扣。

我也是一个教师。2018年7月初以来,五个月里,跑了全县14个乡镇中的11个,去了27所学校,其中乡村小学占大多数。从小学、初中到高中,听了5堂课,小、初、高各一堂语文课,高中的一堂数学课,初中的一堂英语课。但是这次比赛的这门《道德与法治》课,我是第一次听。借着这个机会,也跟老师们分享了自己的几点想法、感受、期待和建议。

课堂教学:鼓励"独唱",减少"大合唱"

不止一位我的大学同行说过,中学的教学是有章法的、规范的,我自己听课下来的感觉也是如此,确实有很多值得大学教师学习的地方。大家也都有过大学的读书体验,大学的授课相对自由,90分钟的课程,兴之所至,有时旁逸斜出几十分钟也完全可能,最后在第90分钟收尾到何处,并不重要,大可以放到下次课接着讲。中学就不同了,中学老师对每节课的教学目标、教学任务、教学节奏是必须要有清晰的设计和完整的把控的。

但是从另一方面讲，我也希望我们能更加注重学生的获得感和体验度。从教学比赛的现场，以及我之前听过的很多课堂现场而言，我注意到中学教学过程中，师生之间的互动是简单的、甚至有时是单调的。我们千万不要把互动，理解为设问，以至于有的老师养成的一些比较生硬的口头禅："对不对""是不是""听清楚了吗""明白没有"。我的理解，这算不上是一种互动，因为这是一种非此即彼的一般疑问句问话方式，而且问的过程中实际上带着强烈的诱导性，而学生实际回答的也只能是肯定的答案。我也听了高中的课，高中课堂上这种"千人一面"的大合唱就几乎没有了，是老师有意这样去做的？还是学生成长自然而然的结果？不得而知。但是我想我们应当有意识地从初中就培养孩子们独立思考能力、自主表达的意识，鼓励他们"独唱"，尽量减少"大合唱"。

我昨天特意要来了这门课的教材，翻阅了一遍之后，感觉比我们初中时上的教材要好很多。那时的名字叫《思想政治》，我看了在座参赛教师以 90 后居多，你们可能想象不到，我们 80 后在 1990 年代中后期上初中时，拿着一本 32 开完全没有插图、内容极其枯燥的小册子死记硬背是怎样一种折磨。现在《道德与法治》替代了《思想政治》，我看了教材的内容，很务实、很接地气、也很契合中学生的思维特点和生活环境。但是我有一种忧虑，就是教材在艰难而曲折地变得贴近学生了，而我们老师却不改变那种灌输的讲授方式，两相抵消，教材改革的效果也就没了。

我一直有一个观点，讲大课的老师（不论小学中学大学），实际上相当于电脑游戏里在固定地点反复"打怪升级"的那一类玩家。长远来看，这是低水平重复劳动，其实并不算好事，但是如果你能够扬长避短、趋利避害的话，那么短期来看，这是一种快速提高教学水平和能力的途径。同样一个内容，你讲整个一个年级，一周讲 3 遍、讲 6 遍，只要你注意提醒自己、避免惰性，想不提高教学水平都不可能，因为你在反复试错的过程中不断修正、不断完善的进度一定比其他人快。所以我们要从更加积极的角度来看待大面积课程的教学。更何况这门课在中学的教育体系中是担负着特殊的德育功能的,教导孩子们认识自我、认识社会、认识人生、认识世界,在这之前不会有人把这些严肃的话题对一个十三四岁的孩子讲的,你们,也许就是他们人生中接触这类严肃话题的第一交谈对象,责任大、担子重啊!

教学竞赛：过程重于结果

和平年代,没有硝烟,士兵要训练、部队要比武。教学竞赛也是同样的功能,"比"不是目的,比学赶帮超,这是一个完整的链条。我问过教育局教研室的同志,全县每年都会组织一次教学比赛,但是摊子不能铺得太开、铺得太大,只能分学科进行,所以往往是几年下来才轮到一次教学比赛的机会。把全县这么多同行聚集在一起,听听他人的教学设计、看看别人的授课方法,对自己一定是有启发和鞭策的。

我是中学老师的同行。而且我也多次参加过教学竞赛。我2010年从教以来,参加了校内外的教学竞赛不下10次,最初拿的只是类似"精彩多媒体课件"之类的单项奖,慢慢地也拿到三等奖、二等奖、一等奖。一等奖拿了3个,来元阳挂职之前,刚刚拿了市教学竞赛的一等奖,被授予"上海市教学能手"的称号。从我自己来说,重视教学工作这是一种本分,并不是被逼迫的无奈之举。因为对于大学教师来说,特别是在早些年,事实上你也可以不重视教学,你也可以完全无视学生的评价,而不会有什么实质性的约束和惩罚。我先后工作过的两个学校两所学院的领导,也都很重视教学,所以最初的教学比赛推荐我参加,一发而不可收,以后凡是此类活动,大多都跑不掉。一开始是有点抵触的,我们花一个多月甚至几个月的时间来设计教案、做课件,就为这么一场"秀"?

错了!你只有把这个想法变过来,才会公私兼顾、一举两得。为什么要把比赛就作为一个"秀"呢?你追问自己的内心,难道不想找个机会把教学流程重塑和再造一下吗?一直都想啊,不过是心中的惰性使然,从来不动真格的。那么,你索性就把准备比赛的过程,真刀真枪地变成让你的教学脱胎换骨的过程好了。我看了我们的比赛规则,其实对大家的要求还不是很高的。上海乃至全国的教学比赛,要求参赛者自己从你讲授的课程中选择 20 个教学节段(一个节段是 20 分钟),而且这 20 个节段必须覆盖全书三分之二以上的内容,实际上接近全覆盖了。无论你再怎么选择自己熟悉的教学片段和知识点,要覆盖三分之二以上,也要求你必须对整个课程体系无死角地掌握。然后你要把这 20 个 20 分钟的教案、课件、课堂设计、参考文献等统统准备好,最终比赛时只有二十分之一会被抽到。惊喜不惊喜?意外不意外?可是一旦你完成了这个准备过程,你也就把课程重新改造了一遍。它会让你的学生直接受益,也将让你未来的授课过程势如破竹。

所以我一直强调,教学竞赛在这个意义上也形成了一种教学成果,理应得到学校的理解和尊重。今天不论是获奖的教师还是没有获奖的参与者,你们都是这个课程建设的骨干教师,也一定会得到教育部门、各学校在教师队伍建设和骨干教师培养上的持续关注。

教学研究与改革:教师成长的不竭动力

我之前在元阳一中、元阳高中、攀枝花中学、马街中学、大坪中学调研和与老师们座谈时,都谈到这个问题。我们绝不要小看自己,教育是一门学问,课堂教学是一门学问,学生的人格养成和素质培养也是一门学问。值得我们研究的课题俯拾即是。几个月走下来也发现一种现象,我们看问题看的是尖锐的,但是有些老师却没有接下来面对问题和解决问题的勇气。当然,现在的家校矛盾是比较突出的,尤其是在我们县三分之一的人口外出务工的情况下,更加加剧了留守儿童的各种遗留问题。家长把孩子甩给学校了。但是,家长是流动的,学校却是"跑得了和尚跑不了庙""铁打的营盘流水的兵";家长可以"甩包袱",学校却不能"踢皮球"。我们不能总是一味嗟叹,一味抱怨,我们至少要拿出气力来研究这个现象,来琢磨这种背景下学生的心理、思想、情绪如何疏导,这既是一种德育的实践,也是一种德育的研究。这也是这个课程重要的现实针对性。如果说它是一碗鸡汤,那你就要文火慢炖,把这碗鸡汤炖好,给这些留守儿童补气,让他们看到阳光和希望。

关于中学教学改革的问题,我是个局外人,说得未必准确。不过我认为,尽管有中考的指挥棒在,有统一考试在,有那"10分"的分数在,但是这不应成为束缚住大家手脚的绳索,教学改革的空间仍然是存在的。这次全县比赛结束后,我也一时技痒,下场讲了40分钟。必须声明,这不是什么示范,也不是什么讲座,只是一种教学交流。我是头一天晚上从一位老师手里借来七年级上册教材,研究了一下第八课"探问生命"这一节的内容,扣着书上的教学要点,做了一点改造和拓展。我觉得最关键的是要把握教材的神髓,这其实是要让孩子们认识生命的价值和意义。我把它拓展到认识人的生物性、超越性和社会性层面,用一些具体事例来展开。

我为什么说这本教材编的还是相当不错的呢?你们看这一节里的"探究与分享"一栏中,讲了陶行知之惑:"中国要什么时候才能翻身?要等到人命贵于财富,人命贵于机器,人命贵于安乐,人命贵于名誉,人命贵于权位,人命贵于一切,只有等到那时,中国才站得起来!"

这是多么精彩深刻和闪耀着人性光辉的一段话。所以我们讲类似这样的内容时,一定要避免一种漂浮的状态,要沉到下面去,要把这种严肃题材的厚重感讲出来,而不是带学生热闹一下。这就需要我们作为教师,要超越8小时内外,时刻带着问题去观察世界、热爱生活,随时发现新的素材、形成新的观点,融入和充实到你的课堂教学之中。既要紧扣教材的主题,领会教学目的,又要大胆地去补充、完善乃至改造教材,大胆地打通不同学科之间的壁垒,跨学科地组织你的课堂教学。语文、历史、地理、生物,没有什么不可以"拿来主义"的。类似生命教育这种主题,实际上就很适合这种多学科的视角。

最后我想强调的是,我们教育孩子们要好好读书,我们当老师的自己,更要活到老学到老,我看了学校的图书室,也有大量可供教师借阅的书籍,真的应该好好利用起来,无论是借助网络,还是自己买书,抑或是借书,不能放松学习,不能蹉跎了岁月、荒废了"武功"。

中学语文的微言大义

2018年国庆长假前,我到元阳县一所高中调研,听了一节数学课、一节语文课。这是我挂职3个月来,第一次到高中听课。

一些朋友很好奇于我为什么总是喜欢去学校听课,这里需要略作解释。

一是由于协管教育,那么学校就是最基本的单元。没有调查就没有发言权,全县14个乡镇的中小学加起来大大小小有百十来所,就是有选择性、代表性地走一走,都需要一段时间。对于贫困县的教育工作而言,重点就是义务教育的均衡发展问题,也就是小学和初中由于入学人口、地方区位和师资水平的差异而形成的分化如何再平衡的问题。对于县级教育来说,高中就是顶点了。而在贫困县,中小学教育基础薄弱会继续传导到高中阶段,使得高中一方面在现有高考招生制度下难以取得突出成绩,另一方面在新高考改革的冲击下更加准备不足而无所适从。所以对学校的调研,也必须从上游到下游,作"全流域"的观察。

二是由于课堂教学是学校教育的主要途径,也是一窥一所学校师资水平和管理水平的重要窗口。中小学生的自学能力弱于大学生,其知识获取的主渠道是教师的课堂讲授,课堂教学效果在很大程度上影响着学生后续的学习动力和兴趣。

一位同事评价说,若论上课技法,中学比大学要讲究多了。此言不虚,的确从中学到了不少值得大学教师学习借鉴之处。

数学课的李老师,当年是本县高考数学考分最高的,从外省师范大学毕业回来，现在已有四年教龄。这堂课讲的是概率和统计部分的众数、中位数、平均数、方差、标准差。这个部分的内容其实是不文不理，亦文亦理，既要照顾到基本范畴的解释，又要频繁使用具体事例来做"阅读理解"，要讲得精彩透彻，并不容易。教室的黑板分作三块，中间是电子白板用于呈现PPT课件，左右两边各有一块黑板可供板书。对数学课来说，左边的整块黑板起到一个"固定单元格"的作用，将本堂课涉及的范畴和基本公式的推导罗列其上。于是能够用于机动推演的板块就只剩下右边一块黑板了。这就要求教师对于教学节奏的拿捏要非常到位，代表性的题目是需要用板书来逐渐演示推导过程而不是轻点鼠标直接将结果投放到屏幕上的，但是板书空间又十分有限，所以要在教学设计时就合理安排。

如果说数学课注重的概念的澄明、逻辑的清晰，语文课讲究的则是循循善诱、步步为营。授课教师付老师讲的是契诃夫的名篇《装在套子里的人》。她的整个教学过程是用环环相扣的问题串联起来的。第一步，引导大家观察主人公别里科夫的形象，所谓事出反常必有妖，学生从不同侧面给出了答案。第二步，让学生回忆，曾经学过契诃夫的另一部作品《变色龙》，由此分析作者短篇小说辛辣讽刺的文风特点。第三步，在一番阅读之后，问学生别里科夫的"套子"指的是什么？第四步，一番讨论之后，分析了有形之套和无形之套。第五步，转入时代背景、政治结构的讨论。第六步，讨论别里科夫的结局和他的死因。第七步，总结别里科夫的形象。第八步，回过头来，让学生讨论别里科夫与华连卡的恋爱可能带来什么？第九步，让学生思考日常生活中的"套子"。

我在课后的交流中对老师的这种问题导向的教学过程表示了赞赏。同时也提了四点建议：

一是放慢节奏，放手让学生更充分地表达自己个性化的想法。我听过初中的课，非常常见的一个场面是，教师设问一句，全体学生"大合唱"一般异口同声地回答同一个答案。高中的孩子，应该少一点"大合唱"，多一点"个人独唱"和"多声部"，他们实际上很有主见，看问题有自己的独到眼光,应该鼓励他们大胆表达观点。

二是打破壁垒,打通不同课程特别是文史哲课程之间的界限。比如对别里科夫这一人物形象所处时代背景的分析,就可以顺势引申到十九世纪后半叶俄国的几次改革引发的不同社会思潮之间的碰撞,也可以延展到同一时期晚清洋务运动乃至稍后的新文化运动期间各种社会思潮的新旧之辩,这样学生就会更能够理解这个"套子"不只存在于十九世纪,也不只存在于俄国。

三是深度追问,引导学生思考新旧转换的多重维度。孩子们的发言都很深刻,老师提了问题,让他们找身边的别里科夫和生活中的"套子",他们有回答"生了病不吃药,烧香叫魂"的,有回答"不肯搬新家死守老宅"的。老师继续追问,这种守旧只是生活方式的旧吗?说实话,我听到这里时有一种担心,我担心老师会机械地把这篇讽刺小说解读为简单反对"旧"、彻底砸烂旧世界。那其实并不准确,还需要进一步细分,比如所谓的乡愁、比如这些孩子们生活中耳熟能详的一些乡村公序良俗,都不能简单归于一个"旧"。事实上契诃夫笔下对于别里科夫这个人物既有嘲讽的一面,也有哀其不幸怒其不争的同情一面,描述出他对自由的向往,只是最终没有勇气踏出这一步。让我欣慰的是,付老师在后面很快出现了对于"旧"和"套子"的三种分类讨论:什么样的旧可以守,什么样的旧必须破;文化和礼俗上的"旧"有其温情在,并不必要赶尽诛绝;法律和制度上的"旧"钳制人的思想、禁锢人的身心,就必须革新。这就十分中正了。事实证明,人同此心、心同此理,老师也好、孩子也好,都是明白人;边疆也好、内陆也好,天下的道理,就是这样通行。

四是纵横比较,留给学生回味经典的无穷空间。比如,面对变革年代的焦灼情绪和不同社会思潮的碰撞甚至对抗,在叹服于契诃夫的辛辣笔触之余,学生们也能在同样的高中语文课本中读到鲁迅的《中国人失掉自信力了吗》。同样面对时代巨轮的滚滚向前,鲁迅抨击的是中国人的"自欺力",讴歌的是从古以来"埋头苦干、拼命硬干、为民请命、舍身求法"的民族脊梁,哀鸣的是他们"被摧残,被抹杀,消灭于黑暗中"。这提供的是另一个视角,有人躲进套子里,有人不畏艰险去推动变革。

我们时常会低估中小学语文教科书的威力。我前年在本校做了一个大学生读书状况的调查,结果发现,鲁迅先生尽管在这些年来的中学课本中"进进出出",但他仍然是形塑当代青年精神与思想体系最具影响力的大师。

记得前些年我们带队到皖南一带支教时,在辅导一户人家的小孩子阅读初中二年级的语文时,与朱自清先生的《背影》再次重逢。这些经典名篇,有时恰恰是年岁渐长后才能有所领悟,且能常读常新。朱自清的很多表述,比如反复翻过月台、嘱咐儿子离家在外要注意的一些人情世故、儿子暗笑父亲的迂之类云云,一个从未离开父母身边生活一年半载的孩子,是断难产生共鸣的。这种如山般厚重的父爱,大约只有上大学后才能有所体会。

其实,中学语文教材的选编有一定的超越性,未必是件坏事,如同我们自幼把那些高度精练的唐诗背得烂熟于心却不解其中意一样。所以,中学语文教学必须给学生足够的留白和想象的空间,让学生在逐渐充实和丰满的社会生活场景中去不断被激发和回味。这种经历了较长时间跨度精神反刍所产生的价值,又岂是区区高考分数抑或"概括本文中心思想"之类的粗陋题目所能衡量的呢?

三十年前,我们怎样识字?

我在元阳一所乡中心小学听了一堂四年级的语文课。别看这里地处偏远,老师的授课却很新潮。没进教室,就远远听见孩子们跟着音乐在唱《一起学猫叫》。我还以为听错了班级,来到音乐课课堂。跟前排的学生要来课本,赫然在篇章目录中一眼扫到老舍先生的《猫》,就猜了个大概。小学语文课是热闹的,因为小学生是喜动不喜静的。虽然教材中多有名篇佳作,但小学生其实并不是看作者的来头,而是看你的文本内容是否足够有吸引力。所以有些文章甚至是没有或很难追溯到作者,但一代代人口耳相传也成了名篇。

小学语文课承载的任务是繁重的,既要学字词句,还要阅读文章。即便到了四年级这样的中高年级阶段,读老舍这篇通俗易懂的散文,还是需要提前再花一课时的时间专门讲解一些字、词作为准备。比如性格、任凭、枝折花落、屏息凝视,都不是小孩子轻易能够理解的。

这引起了我对自己最初学习汉字过程的记忆。文字真是一个神奇的发明。使用文字是文化传承的基础条件。从不识字到识字的"惊险一跃",也是懵懵懂懂的孩提时代进入到人的社会化轨道的关键步骤。

1989年9月,自己六岁多的时候上的小学。全年级一共有六个班,一班二班被称为快班或实验班,其他四个班被称为慢班或普通班。快慢的区别,主要体现在语文教材和教学模式上。快班也叫集中识字实验班,用专门配套的语文教材;慢班则是分散识字,用普通的国家统编教材。

这件30年前的事，记忆确实相当模糊了。我又特别在小学校友群里问了50多个同班同学三个问题：一是当初学校为什么会单独搞出我们这一个班，使用特殊版本的教材来"集中识字"？二是后来这种"集中识字"和"分散识字"双轨并行的教学实验，还有没有接着搞下去？还是统一成一种模式了？三是我们班的集中识字和其他班的分散识字，对我们的语文水平（包括遣词、造句、阅读、写作等方面）的提升有什么影响和差异？还是只在短期内有差别，长期看无所谓？

比较遗憾的是，我的这些同学们也大都想不起来了。而我们也无一人把当初的语文教材保留30年到今天，因此也便无从查证了。

我又打电话给我的姥姥，30年前正是我所就读的那所小学的语文特级教师。她今年84岁了，但说起语文实验班，还是能清晰讲出一些细节来。1980年代的教学改革是如火如荼的，各地出现了很多自行改革探索得出的经验。集中识字教学模式，就是1950年代发端于辽宁省锦州市黑山县北关小学的经验。黑山经验的最初起点却并非旨在解决小学语文教学问题，而是应对新中国初期轰轰烈烈的"扫除文盲"的重任。在"扫盲"运动中，用集中识字的方式快速提高成年人的识字率，的确颇有成效。于是，这种突击认字的方式被发展到小学生识字过程中。

这样一套教学模式，后来扩展到全国27个省区市。它的基本步骤是：第一步，先学汉语拼音和150个汉字基本字，以此作为集中识字的前置条件。第二步，以基本字带动其他汉字的教学，也就是基本字成为偏旁部首，参与到其他更加复杂的汉字的构造过程中，这叫"基本字带字"。比如学会"青"之后，"清、晴、请、情、睛"也一次性学会。前面两个阶段要花三年左右时间，这三年中，课本里只有生字，基本没有词句篇章。第三步，在集中识字教学基础上，进入课文阅读阶段，并开始听说读写的综合训练。

如果按照集中识字的方式，小学三年级之后基本就进入大量阅读阶段，很少再如我前面听课时在四年级还需要在讲解每篇课文之前，花一课时来专讲生字词。把相同类别或相近特征的字集中起来，用较短时间集中学习,效率确实更高。但是它的问题也很明显:第一,脱离文字使用的具体背景来孤立地识字,对于小孩子的挑战度是比较高的,即便成功,后期也需要花费大量时间来巩固,甚至还会"返工"。第二,集中识字存在过度放大形声字造字的倾向,进而使小孩子养成一种并不严谨的学习习惯。根据一些学者的研究,形声字在常用汉字中的比例也就是40%左右。把所有形声字集中起来学习,确实更符合逻辑,更有规律性,也更有效率,但这种规律性的适用范围是有限的。一旦学生把"形旁表意、声旁标音"的法则无限放大为"铁律",养成"读字读半边"的习惯,遇到生字不去查字典而直接大胆去猜,成年后恐怕就很难避免"鸿鹄"读成"鸿浩""巍巍黉宫"读成"巍巍皇宫"之类的低级错误。

在这方面,分散识字模式是一种有益的补充,讲究的是"字不离词、词不离句",识字进度会慢一些,但是对字义理解和使用的程度会更好些。我印象比较深的就是,小学时我们集中识字班的语文教材,每个学期都比分散识字班的要更厚,每篇课文的字数更多。但是分散识字班花在课文阅读理解上的时间,要比我们更多。只不过,对于分散识字来说,矛盾的地方在于,要让学生在阅读中认字,可是阅读材料本身就是一堆陌生文字的组合,那么谁来担当这个"第一推动"呢?

我的姥姥告诉我,集中识字实验班,只在我们1989级试了一届,此前没有,此后也没有了。我个人推测,1990年代后再没有专门的集中识字版教材,可能有几个原因。

一是国家对教材的管理和使用上,开始更加强调统编教材的权威性,逐渐归于一统。

二是统编教材虽然是以分散识字作为小学语文的主导框架,但也大量吸收了集中识字模式的合理成分。

三是1980年代的独生子女在其小学阶段,基本上还是处于一种竞争烈度比较低的状态,一旦进入1990年代后,学校竞争和家长对子女的投入都被推升到一个新的高度,随之而来的就是家长"犯贱"的升级。也就是家长从原来的"甩手掌柜",到主动介入或被动卷入子女的学校教育之中,并在实际上把小学教育的一部分工作提前承接过去。一对夫妇加四个老人共同托举一个"小皇帝",各种早教班、特长班、技能班盛行,很多小孩子到了上小学的时候认识甚至已经认识千把字了,这种趋势一旦普遍化,那么小学初级阶段集中识字的必要性也就必然大大降低。识字为普遍,不识字为另类,那么老师当然没有必要为了几个拖班级后腿的学生而坚持集中识字,也更乐得在家长帮助完成识字任务之后,提前进入以阅读、表达和写作为中心的快乐的语文教学阶段。素质教育,不就是要给孩子减轻负担嘛。

当然,这世界从来是能量守恒的。负担从老师那边厢减掉了,也就必然转移到家长这边厢来。想想我们小的时候,在上小学之前都是文盲,根本不认识几个字,哪有现在的孩子这么累哟!

话说回来,不管怎样,集中识字作为一项教学改革的长期探索,凝聚了几代教师的辛劳和汗水,也许对其效果还有不同意见,但时下曝出的所谓"蒙眼识字"培训班之类的咄咄怪事,完全就是睁着眼睛说瞎话的胡扯了,我们这些当年的孩子、如今的家长,理当远离这种骗局。

农村校劳育须破除三大误区

自全国教育大会重新将劳动教育提升到与德、智、体、美五育并举的高度之后，如何在课堂教学和实践教学过程中加强和改善劳育，成为一段时期以来教育工作者重点关注的领域。过去几个月里，带着同样的问题意识，我也在乡村中小学的多次调研中，观察和思考农村劳育的现状与改进的路径。我认为，农村劳育亟须破除三大"误区"。

其一，认为农村中小学条件有限，劳动教育无从入手，只能听之任之。确实有相当一部分农村中小学囿于师资等方面的条件制约，只能将有限的资源投注到数学、语文、外语等主科上，音乐、体育等课程尚且力有不逮，遑论劳动课。然而这毕竟是有着明确的教学大纲、列入课程要求的，因此绝大多数乡村中小学生的课程表中，劳动课仍然是必修的一门课程。不过，多番访谈下来，不难发现，这里所谓的劳动课，已主要沦为学生打扫教室、清洁校园环境的活动。这样固然并不脱离劳动教育的本意，却大大浪费了如此丰富的课程资源，是"捧着金饭碗要饭"。若说其他课程存在着巨大的城乡鸿沟的确是事实，这劳动课的课程资源，农村实在是富集得很！不少村小的房前屋后都有大片农田、菜地，教师们平日里自己也会下田耕作，为何不用好这一资源，让学生参与其间，双脚沾泥、手上带土，在田埂上体会"劳动最光荣、劳动最崇高、劳动最伟大、劳动最美丽"的深刻内涵呢？

其二，认为农村中小学生生于斯长于斯，劳动乃是本能，劳育多此一举。笔者挂职所在地是集边疆、民族、山区、贫困"四位一体"的国家贫困县。事实上，在很多中西部农村，劳动力转移和外出务工是相当普遍的现象,我县就有三分之一的人口常年在外。这势必产生大规模的留守儿童问题。留守儿童多为祖辈隔代监护,在他们成长的关键时期,恰恰缺乏父母的陪伴和悉心的教育。因此,尽管他们生长在农村,却也从小沉浸于祖辈的溺爱之中。有的祖父母在家中,不要说劳动,就是像洗衣、端饭一类的事也决不让孩子沾手,有的甚至包揽了孩子在学校里应做的卫生活。因此,农村孩子同样需要在生活实践中培养和树立自立、自强的精神。如果乡村中小学教师能够用好劳育这一"利器",发挥四两拨千斤的效果,既促进孩子的人格成长与完善,又纾缓留守儿童的心理焦虑,还能够增进师生之间的情谊,何乐而不为?

其三,认为农业农村生产劳动技术含量低,提升学生能力水平还是靠主科。不少乡村教师自己就低估劳动教育的重要功能和价值。数学、语文、外语等主科教师都能办理相应的教师资格证,音乐、体育、美术等教师的专业属性也十分鲜明,唯独涉及劳动教育,似乎任谁都可以教,根本无须认证。进而,把劳动教育搞成了"劳动改造",劳动常常被教师作为用来惩罚调皮学生的手段,学生也就只能带着抵触情绪和逆反心理去劳动,逐渐形成劳动与惩戒之间的惯性勾连和学生厌恶劳动的条件反射。应当指出,那种蔑视农业生产、鄙夷农村劳动的观点是错误的。乡村教师应当教孩子们懂得,农民是最具创造活力和创业精神的群体,既会种地、也会盖房、还会做工、又懂得开动农机、更会做小买卖,恰是一专多能的典型。乡村中小学的劳动教育的确需要因陋就简、就地取材,但劳育的"质料"却绝不简单,它蕴含着丰富的内涵,能够极大提高孩子们的动手能力和认识世界、改造世界的内在动力。广大乡村教育工作者应当带领孩子们认知乡土、接触广袤大地,以劳树德、以劳增智、以劳强体、以劳育美,以高水平的义务教育均衡发展,助力脱贫攻坚和乡村振兴。

备战高考最后一个月,老师能做些什么?

2019年4月30日,我和教育局的同志一起上山,来到元阳一中慰问2019届高三教师并与他们座谈交流。其实有点过意不去,在五一长假之前最后一个工作日的下午,在老师们五点钟下课之后,还把他们、主要是学校领导班子和高三的全体教师召集到一起,开这么一个座谈会。半个月前,全州的教育体育工作会议召开,通报了2018年全州13县市教育发展的基本情况,当然也特别交代各分管县领导和各县教育局领导,一定要在近期到本县的各个高中,给高三的学生们打打气、同高三的老师们谈谈心。所以黄副县长和我作了个分工,我来一中,他到县高中。

我来元阳挂职快一年了。这一年之中,自己单独来或者陪其他领导来一中调研、听课加上讲座的次数,十个手指头肯定是数不过来了。2019年3月下旬,我先后邀请到我所任教的上海财经大学学生处的领导和同事以及我曾经任教过五年的华东理工大学的几位老师到咱们一中,同高三的孩子们作了两场交流。除了分别播放了两所学校的招生宣传片和介绍了学校的历史文化,也围绕大学生活、志愿填报、专业选择等学生关心的实际问题给孩子们作了详细解答。我自己也全程参与了这两场活动,现场给这些孩子们打了气。我认为效果还可以。

给我印象比较深刻的一点是,华东理工大学社会学院青年教师杨君博士的演讲,激起孩子们的强烈共鸣。其实他们一行是随华理曹锦清教授应我们的邀请来考察精准脱贫与乡村振兴工作的,主要目的是调研。但是我事先就对他们讲,必须要为我协助分管的教育工作做一些额外的贡献,我要把每一次大学过来的资源"吃干榨尽"。我说你们难得来一次,昨天财大已经走进高中同我们的学生做了交流,这次你们也应该来给我们的高中生鼓鼓劲、加加油。

我对杨君说:"尤其是你,你作为一个1980年代后期出生的四川农村第一代留守儿童,你往这边一站,给孩子们现身说法讲一讲留守儿童如何走出各种困境,通过读书改变命运、经由奋斗实现梦想,这本身就是对我们县这些普遍具有留守儿童经历的高三学子们最大的激励。"那天我们是白天从牛角寨转到新街镇调研了3个点,吃过晚饭是7点多。我和华理挂职寻甸县副县长的董玉国老师、杨君老师三人来到咱们学校,从8点钟跟学生聊到了10点多。杨君这种经历马上引起他们的共鸣,他讲到他小时候帮着家里干的一些农活,下面一呼百应,说我们也都干过。我们都鼓励他们要在最后的这几个月,拼搏、奋斗,考出一个好成绩。

所以我觉得对学生的鼓励、所谓"打鸡血",不能太多,不能太频繁,太多太频繁也就有"抗药性"了。从现在起到高考前的38天时间里,多留给学生一些有效的复习时间,我们经常在网上看到一些"名声在外"的巨型高中的"打鸡血"视频,或者有些非常夸张的口号,其实并不是很有必要。搞多了反而会适得其反,给学生平添许多外部压力。

我之前去沙拉托中心小学去跟小学老师们谈了一次德育工作,2018年以来也有几次到初中去跟老师们座谈交流、包括给初中老师们上过示范课。但是同高三老师的交流,这还是第一次。我不知道我们在平时,同一个年级组内的老师们是否也经常有这样的交流,我指的还不是集体备课那种形式,那只是局限在一门课程、一个学科之内,这种年级组的交流,要打破学科和课程边界,共同针对学生的思想、情绪、心理的变化,针对他们的新情况新问题,开展研判,形成共识。这很有必要,也很有意义。

座谈会上,几位老师都结合教学工作和学生实际,分享了自己的看法和意见,我同意他们的意见。我其实有很多想跟他们聊的,但有些内容可能高一高二还合适,高三只剩下最后的这点时间,已经不适合或者来不及了。所以我就重点针对未来备战高考的最后 38 天,尽量"捞干的说",提了四点建议,概括了 32 个字:深研学情,情绪管理;临阵磨枪,坚持到底;颗粒归仓,皆大欢喜;服务到位,保障有力。

一是深研学情,情绪管理。2019 年 4 月 30 日上午,我们都学习了习总书记在纪念五四运动 100 周年大会上的讲话。他对我们这些年长者提出三点要求:一是要主动走近青年、倾听青年,做青年朋友的知心人;二是要真情关心青年、关爱青年,做青年工作的热心人;三是要悉心教育青年、引导青年,做青年群众的引路人。我们做到这三条,其实也就能够把握这一代青年学生的典型特征,掌握学情。

所谓学情,绝不只是学生的学习情况,而是包括了思想、情绪、心理等各方面的特征及其变化。这一批高三学生,绝大多数出生在 2001 年。我们已经观察他们并陪伴他们成长了 3 年之久,想必大家对这一代 00 后已经有很深入的了解。我说的不一定对,我只谈对咱们的高三学生的几面之缘的一点观感:开朗中有一点忧郁、自信中有一点羞涩、勤奋中有一点无奈、憧憬中有一点彷徨。比如在我最近从上海财经大学和华东理工大学邀请的老师面向他们的座谈中,学生课堂参与和互动的踊跃程度,超乎我的想象,很落落大方,包括前段时间上海市那位八旬高龄的老书法家来我们这里设立奖学金并给学生开设书法讲座时,学生的那种神情,也是这种感觉。很多学生是开朗自信的,但是他们对自己的基础比较薄弱也有很多无奈,对未来的道路也有很多彷徨。作为教师,我们在最后的这 38 天里,总体上要抓大放小,抓重点、抓关键。但这里面有些问题也不能纵容,还是要以严管厚爱的态度,敏锐地捕捉那些不易察觉的微小信息,从而见微知著、及时介入,做好思想引导、情绪管理、心理疏导工作,确保学生不慌乱,教师有作为。

二是临阵磨枪,坚持到底。我们都是经历过高考的人,到了最后的阶段,其实最考验的是心理素质和基本知识、基本要点的熟能生巧。所以这个时候,要注重课堂实效,课堂教学要少而精、少讲多练、少讲精练、回归教材、回归基础、回归常识。把大量的时间留给学生,因材施教,对学生进行个性化的点拨和指导。此时应该把重点放在补短板上,把最宝贵的时间和精力投放到最大增长潜力的学科及其相应的考试部分。

就我个人的观察,元阳少数民族学生众多,且理科基础大多比较薄弱,而这一块要在最后这一个多月有飞跃性的质变,难度很大。所以理科的重点应该是收缩防线、巩固基础、确保应得尽得。而在语文、外语这两门课程上,如果应对得当,可以有较大的提升空间。我看过我们不少学校的学生作文,不论是初中的还是高中的,包括10多年前一中建校50周年时出的那本学生作品集。我发现边疆少数民族学生在文字的驾驭和表达上有其非常独特的优势,有很真挚充沛的情感和从小在生产劳动中锻炼成长、在田野泥土中摸爬滚打而形成的"天然去雕饰"的文风。现在很流行的一句话叫"讲好中国故事",其实我们的孩子就很能"讲好家乡故事""讲好生命体验"。古人说"质胜文则野,文胜质则史,文质彬彬,然后君子",我相信,在最后的阶段临阵磨枪,呵护好我们学生质朴的文风,在此基础上提点一些基本的写作方法和技巧,是完全可以快速接近"文质彬彬"的理想类型,进而拿下作文这一"性价比"较高、分数"弹性"较大的部分的。英语的作文也是同样的逻辑。包括语文和英语的阅读理解部分,都是可以在这38天重点关注的地方。

也有高三老师谈到高考作文的文体问题,大意是近些年来的高考作文实际上越来越趋向于考察学生的思辨水平而不只是表达能力,表现在文体上也就是议论文而不是记叙文。而我们的学生在情感丰沛的同时,思辨和逻辑较弱,这也是必须面对的事实。这个问题的根本解决,不是38天时间能够完成的,那要基于大量阅读和高质量的思维训练,包括类似辩论赛这样的校园文化氛围。那么38天能做点什么?我的建议仍然是扬长避短,议论文也可以大体分为两类写法,一类是执果索因、抽丝剥茧式的,像剥洋葱一样,聚焦一个表象,拨开一层,探究背后的原因,再拨开一层,追问原因的原因,如是层层深入,剥到不可再分为止。这是议论文引人入胜、如同侦探小说一般的理想状态。

这也需要深厚的阅读积累和强大的逻辑力量。现在能做的,是教会另一类写法,并列式的写法。至少要有一些章法,有一些粗线条的概括、梳理,彼此之间的先后逻辑顺序未必很强,但总体上有条理,在这个框架下,发挥长处,把记叙和抒情的部分穿插进来。这是我的一点建议。

三是颗粒归仓,皆大欢喜。毕竟,2018年我们全县1 100多名应届考生,上一本线的只有6名,各类本科加起来的大概300左右,余者不少去了专科、高职等。对于每个考生个体,这是他们个人水平加上个人选择综合决定的结果。但是作为学校来讲,在这个过程中,有责任加强对学生的指导,提供有价值的志愿报考方面的决策咨询。我记得上次陪同我们上海财经大学学生处长一行来咱们这里调研和座谈的时候,我们就提了一个建议,高中学校要有专门的人(倒不一定要有专门的机构)来琢磨招生政策、志愿填报这方面的事情,要把报考咨询当成心理咨询一样重视起来。这些学生的家长普遍受教育程度不高,有的仍在外务工,学生填报志愿时乐于向老师请教,也的确受老师建议的影响较大。我们一定要本着对学生负责的态度,立足长远,让大家各得其所。经济学里有个术语叫消费者剩余,我们要像商家针对不同的群体实施细分策略、挖掘消费者剩余一样,要因材施教、因人施策、算无遗策,尽量争取在志愿填报指导方面提供高质量的咨询建议,确保颗粒归仓、皆大欢喜。

四是服务到位,保障有力。这一条最是关键。我们一中是全县高考的唯一考场,那么我们近1 200多名高三应届生,在高考的那几天甚至高考前的几天,就都要搬到外面去住。他们都是寄宿制的学生,各自家庭散布在全县2 200平方公里范围内(其中绝大部分是山区),更何况绝大多数家庭的父母都外出打工了。那么根据我们以往的惯例,是由学校继续在高考期间承担起组织学生在学校周边的几个宾馆集中租住应考的。这个责任重啊!不要说是学校,就是单个家庭,高考这几天的后勤保障都是举全家之力如临深渊如履薄冰,丝毫不敢掉以轻心啊。我记得我2001年高考那几天,我妈每天都在为给我做什么吃的犯愁,又要确保胃口、又不能闹了肚子,其实那几天平常心、平常菜最安全。所以1 200个学生的食品安全、交通安全、住宿安全等各方面的校园安全保障、后勤保障,我指的不只是考试的那两三天,也包括从4月30日到高考结束的38天中,都要绷紧这根弦,严守岗位。安全出了事故,一切都归零。

我也注意到,有老师谈到的高中非建档立卡户子女的助学金问题。这部分群体确实是我们目前各类奖助学体系的一个薄弱环节。对建档立卡户子女来说,几乎任何阶段都能够在政策范围内得到很好的支持。对于非建档立卡户子女来说,九年义务教育阶段有"两免一补"、有一顿免费营养餐,可以说也没什么压力。而对于考上大学的任何一个学生,只要他到校报到,国家有足够的政策工具来支持他读完大学。这几个阶段都没有问题。但就是高中阶段的非建档立卡户子女,确实面临着比较大的经济压力。他们的家庭虽然不是贫困户,但也绝非富裕,一个高中生学费压力虽然不大——刚才校长讲了,农村生源免学费,实际上每年1 000多学生中也就只有不到70人在缴学费(每学期400元),这个学费的压力不大、也不普遍,每个学生每学期住宿费60元的压力也不算大。但是生活费的压力就很大了,一个学生只是吃饭怕是一个月就要花费600元左右。这个压力是九年义务教育阶段没有的。所以我挂职以来,只要学校的老师个人或其他社会爱心人士向我咨询捐资助教的事情,我一般都会把他们引入高中学习成绩比较好的非建档立卡户子女这一群体。此前不久刚刚通过县红十字会对接了我校钟鸿钧老师夫妇,他们出资10 000元支持两名高中生完成高中阶段学业。后面我会更加注意引介这方面资源,同时我们在目前的两档次国家助学金的发放上也要在把握原则性的同时、在优先照顾和覆盖建档立卡户子女的前提下,公平效率兼顾,要给那些品学兼优的非建档立卡户孩子以希望。

好像有个说法是40岁以下还算是青年,按照这个标准,很多高三老师都还是青年。而且不只是青年,还是劳动青年,甚至是绝大多数时候比"996"还要"996"、全天候眼睛围绕学生转、大脑围绕教学转的勤劳的青年教师。校长介绍说,他们4月30日当晚还要看护学生的晚自习,五一小长假期间也要陪着学生专心备考、安心自习。由衷感谢他们多年来为元阳发展和人才培养所做的巨大贡献,我们也都要站好这最后的38天岗,尽职尽责地托举新的一批有志、有为的元阳青年,助力他们人生圆梦。

新高考、减负与贫困县教育突围①

2019年7月27日到8月2日,我带着12个学生,来到云南昭通的永善县做农村调查。这次调查是敝校业已开展了十二年的"千村调查"的一个部分,本年度的主题是"乡村教育"。我们先集中用三天时间,对三个乡镇的十个行政村做了250份问卷。在此基础上,我列出了后续的任务清单:访谈教育局局长,了解新高考改革和课程改革背景下县域教育的压力、困境和出路;与资深中小学校长和资深教师座谈,了解校际竞争和教育减负背景下学校怎样突围、教师如何成长;与代表性的初二学生(兼顾乡村和县城)座谈,了解作为被教育者、需求侧的学生,对此前的义务教育过程的感受和评价。

此间在县教育局与柯局长以及十余位中小学校长和骨干教师的座谈交流,让我们一行受益颇多,也让我们对边远山区国家级贫困县的基层教育工作者如何认识当下若干重大教育变革、如何把握具体的政策执行过程,加深了一些理解。

高考改革:贫困县并非旁观者

教育是一项需要砸钱的事业,也是一个怎么投入都不嫌多的"无底洞"。就此而论,贫困县的教育基础是普遍薄弱的。即便如此,贫困

---

① 参加本次调查的有上海财经大学博士生宋锐,硕士生赵明明,本科生陶冶、曾唯、廖浚丞、王雪菡、冯劲、马帅行、王昭禧、龚筱敏、赵一凡、杨津风十二位同学,在此一并表示感谢。

县的整个教育体系,仍可说是"锚定"高考要求、自上而下系统设计的产物。对他们而言,高考是真正唯一公平的选拔制度,也是留给贫困家庭、贫困地区的学生改变自身命运的最佳方式。如果没有高考,"寒门"将更无希望。当然,1952年建立、1977年恢复的这一高考制度运行了这么多年,也出现了一些问题,需要改革。

首先,围绕着高考,产生了很多制度、很多现象。比如,以超级学校、校外培训机构、学区房等为代表的,我们一般认为不应出现、至少不应发展为如此庞大规模的高考产业。这些外围的高考产业看似由高考指挥棒带动而起,但假以时日,也会对高考的政策走向产生强大的反噬作用力。

其次,围绕着高考,应试教育模式应运而生。如果说笔者在上世纪九十年代中后期的初高中阶段,中学教师毫无保留地在课堂上扩充学生的知识面,力争把问题讲深讲透、在考纲之外略有超纲,那几乎真的是出于教师自身的一种职业伦理和追求职业成就的本能驱动的话;当下学校教育中诸如课堂留一手、课下跟着走、"堤内损失堤外补"的一些乱象,就已经跌出底线之下了。进而,彼时课堂讲授的拓展和深化,注重的仍然是基于基础原理的推论,讲求对逻辑理解基础上的深化,比如射影定理之类的内容从未进入过初中平面几何教材的正文,但它是学习相似三角形知识之后顺理成章可以掌握的推论,一般教师都会作为拓展知识加以讲授。而当下的一些教师或培训机构的方式,则是一种跳过或架空原理的"奇技淫巧",直奔主题,设计出专为考试而生的各种机械化魔鬼训练模式,实现不需理解题目、仅靠刷题形成的条件反射就能答对的效果。这显然有违教育的初衷,是不正常的。

第三,新高考改革对于贫困地区教育来说,未必不是一种弯道超车、跨越发展的机遇。贫困地区尽管教育的硬件条件基础薄弱,但在新高考所注重的综合素质导向方面,是有自己独特的优势的。我在之前挂职扶贫时,也经常建议当地的中学教师,一定要呵护和发挥好这种地域特色、民族风情、乡村视角,扬长避短、以长补短。农村学生从小在劳动中生长,在田野中漫步,开门见山,下水摸鱼,识得五谷,惯看牛羊，这都是相对于城市学生独特的天然优势，这是一笔宝贵的资源。今年高考当天，我在县高中考场巡考，晚上写了篇同题作文，并跟高三老师们分享我的看法。我认为老少边穷地区的考生，就是要靠合理化的煽情制胜，才能有跟城市考生一较高下的机会。这里的城市考生不是省外的，你不需要跟沿海地区竞争、跟省外竞争，你只要能跟省内的城市考生竞争，能有一些比较优势就够了。该哭穷时就哭穷，该煽情时就煽情，不要犹豫。如果能把高考阅卷老师煽哭了，Ta绝不会难为你。老少边穷地区农村孩子的比较优势不是讲逻辑，是讲感情，讲同省的城市孩子根本没有的经历。城市太扁平化了，如果上海考生面对全国卷3，还按我这个思路就不行，没有任何意义。城乡差异越大的地方，越要靠非对称的降维打击，才有一线突围的希望。

这些年来参加本校自主招生和综合评价录取面试的一个感受就是，今后的选拔性考试对学生富有逻辑性和生动力的自我表达能力的要求，会越来越高。一味"傻学"却"茶壶煮饺子，有嘴说不出"，会成为最大的短板。

新高考：想说爱你不容易

当然，这种突围只能是局部性的"小聪明"，长期看、总体上还是差得很远。不卑不亢的目的是策略上更好获取外部同情和增强自我信心，但心里一定要清楚自身的短板和未来的大势。现代化这个潮流一旦卷入，就是不进则退，不可能再退缩回浪漫的田园诗中。如果最终还说得自己都当真了，那就完蛋了。农村是有一些独特优势，其目的是错位发展，最终还是要百川归海，融入教育现代化这个轨道。要让贫困地区完全放下顾虑，拥抱新高考改革，并非易事。柯局长就掰着指头，向我们倾诉了他们的四大"不易"：

第一，基础条件较差。每年初中毕业生有6 900人，能够进普通高中的只有3 100人，剩下的一大半只能通过读职业学校的途径"曲线救国"，完成更高阶段的升学。而根据国家教育发展的统一规划要求，

2020年高中毛入学率要达到90%。根据测算,届时要解决4 000人的高中入学缺口。他们在2016年申报了新建一所高级中学的建设计划,但在随后宏观经济形势和金融监管政策的新变化影响下,地方政府缺乏资金来源,学校开工即停工,生源缺口也就无法填补。

第二,师资水平薄弱。由于教师特别是义务教育阶段的中小学教师,在我国一向是具有公益性的事业单位身份,因此无论人事制度改革如何深化,这一块的变动动得了大学老师,但中小学老师的事业编制身份坚如磐石。这当然体现了国家的重视。然而另一个角度来看,贫困县在师资条件上的不足,也就首要体现为总体上受到经济社会发展条件的约束而在教师编制上的总量控制。上级部门是按照总数核定给县教育局,教育局再按照每个学校的学生数把教师编制核定给学校。但贫困县教育的一盘大棋是异常复杂的,首先要确保义务教育阶段,这是雪中送炭。在有余力的情况下,还要向前追溯"源头活水"——发展学前教育,推进"一村一幼",随后才能为下游应对高考的重镇——高中阶段锦上添花。所以贫困县的师资配置经常出现各种方式的"拆东墙补西墙"。为完成学前教育三年行动计划的要求,"就近"拿出小学教师的一部分编制去补幼儿园,然后就要初中"补"小学、高中"填"初中。这种"填补"有时是永久性的调动,更多时候是"身在曹营心在汉"的"隔夜拆借""远程借调",或者叫高阶向低阶的"支教"。

一方面是总量控制之下的这种存量结构调整,另一方面还要千方百计延揽新的人才。据柯局长介绍,他们招的大部分是云南省内一些"学院"级的毕业生,云南师范大学等更好一些的师范院校毕业生很少愿意来。此外还招了部分非师范专业的学生。这里并非排斥非师范生,不是说他们就不能教好书。但对于义务教育阶段来说,非师范生过多的话,后期需要更长时间的培训、磨合,有一个利弊权衡的问题。

即便是勉强招过来的那些年轻教师,由于事业单位招考实际上是全省范围内的竞争,一些教育大市会特别有优势。比如我挂职所在地的滇西某县,教师队伍中来自外县的占60%—70%,其中尤以教育最强的曲靖籍为最多。外县本身并不是一个问题。有的人会在当地结婚生子，这就算真正扎下根了。但也有不少工作满三年，就申请调走，人才的流动当然也无可厚非，但客观上的确给基层学校造成极大压力，也让基层教育主管部门始终面对查漏补缺、处在神经高度紧张的状态之中。

第三，思想准备不足。对于高考等重大教育改革，教育部一般都按照"三年早知道"原则，将方案提前一段时间公布，确保届时改革有序进行。原计划于2019年加入新高考的18个省市中，河南、四川、山西、黑龙江、吉林、内蒙古、江西、贵州、西藏、广东、云南等11个省市还没有出台高考改革政策的相关文件。但是国家考试制度改革最终的时间表摆在那里，就在2020年。所以不管怎样，这场根本性改革的脚步是迫近了。但是对于贫困地区来说，很多思想认识和具体工作上的准备，还刚刚起步。比如说，对应新高考模式下的高中选科制度的改革，就对硬件条件提出了很高要求，而据柯局长介绍，县一中一共60个班级，正好塞满60个教室，没有一个空教室，也就意味着没有选课、走班进而必然产生"轮空"的周转教室，物理空间上的约束就已经让学校管理者很难解放思想，这也是一种"贫穷限制了我们的想象力"。

第四，超级学校扩张。这里所说的超级学校，并不是指衡水中学、毛坦厂中学这样具有全国影响力的学校，而是在省域范围内一些体制机制灵活当然也就游刃有余的民办中学，以及虽为公办学校却享受到更多政策扶持、甚至本身就是政策上"造峰填谷"人为集聚各方面资源建一所公办初中。与学生座谈后，走出校门，看到的是满墙的培训机构广告和外县甚至外州市抢夺生源的招生广告，现有框架下的跨区域生源竞争之激烈，某种程度上也可说秩序之紊乱，可见一斑。在这种烈度的生源争夺战下，贫困县最好的高中可能在录取批次上也只能排在第五批、第六批，能尽量保住中游生源就算胜利，奢想"掐尖"门都没有。那么，面对生源的劣势，老师们可能要付出百倍努力却很可能事倍功半、难见成效，长久下去，教师的职业成就感、荣誉感无从建立，好学生的走掉终究会引发好老师的走掉。

这里值得一提的是市县两级潜在的内部生源竞争关系。2019年

4月,我代表元阳县参加全州教育工作总结会。对于举全州之力、已经办了三年、今年高考就要结出果实的州一中,州里的说法是,希望各县市要把目光放长远,都是为国育才,培养我们自己的子弟,州一中把各县市的好苗子集中培养,也不是坏事,甚至未必对各县市的高中有多大的影响。三个月高考放榜后的事实证明,州一中确实一战成名、声名鹊起,也说明只要肯砸钱投入,一所学校短短两三年间就可以确立起自己的品牌优势。但是另一方面来看,州一中的崛起对各县市本土学校真的没有影响,不会产生虹吸效应吗?至少就我挂职的那个县来说,去年1 100名考生一本上线还有6个,这个比率已经非常低了;但今年还是1 100多名考生,只有4个上一本线。柯局长这边的情况比我要好一些,他们3 000名考生上线120个,据说是十多年后再次突破100人大关。但即便如此,外部环境对于生源、教师选择的影响仍然令他们坐卧不安。

减负:重压之下的前行

把减负这个话题纳入与贫困县中小学校长和教育部门领导的座谈交流之中,是我有意为之。就我个人的看法,我认为目前最顶层的指挥棒是高考改革,随之而来的变革需求会层层传导,那么传导到义务教育阶段,这个命题就"降维"成了素质教育和减负话题。而大凡一项教育政策,如果不能全局范围内齐步走地推进、又不划设一定的"防空识别区""特区"以对政策试点开展保护的话,生源、师资、资本的区域流动,一定会按照"连通器原理"一样,趋向于"找平"水位。2019年高考结束后传出的"毛坦厂中学上海招生"新闻、随后上海市教委的声明,以及最终毛坦厂中学撇清关系、声明终止该项目,大致就反映了这个事实。

在谈到减负这个话题时,我注意到中小学校长的态度有明显的差异。对贫困县来讲,小学的"负"本就无从谈起,小学校长对此比较"无感"。早些年没有普遍实行寄宿制模式时,不少学生要走一个小时甚至两个小时的山路,虽然六点多天蒙蒙亮就爬起来赶路,到校时间也多在八点多。所以上课时间经常是9点开始,到11点出头就下课,在学校吃个营养餐,就趴桌子上睡觉或小伙伴们打闹玩耍去了。西部地区客观上存在"时差",中午普遍需要休息,这样下午上课时间就要2点半,到五点出头又放学了。有的为了避免学生天黑上路,还要提前到4点左右放学。也就是说,满打满算,山区小学生在校上课的时间可能也就在四个小时、六节课。这种情况即便在寄宿制普遍实施之后,也作为一种旧习继承了下来。我在挂职下乡去调研村小的时候,多次看到下午三点多学校里的学生就放学回家、放飞自我了。和城市的小孩子起早贪黑的近乎"八小时工作制"("工作时间"之外的"工作"还不算)相比,日积月累下来,他们确实少了很多有效学习时间。

如果按照前面所说的"特区"政策,地方内部之间"自求平衡",大家都这么"快乐教育",那问题也不大。问题在于,竞争的趋势是逐渐增强的,省城与一般城市、一般城市中心城区与县域之间的竞争压力都在层层传导,容不得你永远这么"快乐"下去。

在参加座谈的县实验中学校长看来,减负对贫困县来说,就是个伪命题。前些年甚至很多乡村小学的课程和课时都无法开齐、开足,谈何负担?而有些负担是由于教师的方法陈旧落后、工作简单粗糙、作业单调枯燥,尽是低水平重复性的劳动,没有针对性,那可不就成了一种负担?

这位校长进而把减负这个话题与贫困县脱贫的重要工作"控辍保学"联系起来,讲了一个例子。20世纪末、21世纪初完成普及九年义务教育工作之后,控辍保学的压力几乎全部转移和集中到初中来了。小学的"快乐教育"轨道与初中面临中考压力而仍然不得不遵循的应试教育轨道相遇,无法对接。"我是教数学的,我曾接手一个初一班,从中挑出四个最好的学生,让他们背乘法口诀'九九表',最好的一个背到五,还有几个停留在'二三得八'的水平。我只有停下来花很长时间补小学的知识。"

柯局长同意前面中小学校长的主流判断。一方面,他认为是这种僵硬的生源选拔机制人为制造了不同批次高中录取的先后差异。那么,经过五六道手之后,就形成了贫困县中学要"以二流老师教三流学生,与一流学校在市场上去竞争"的惨烈格局。"我们除了时间加汗水,还剩下什么?"但他马上补充一句,可是最需要在时间和汗水上加倍努力的公办学校,按照政策规定,是不能补课的,更谈不上教师的加班补贴。而民办中学方面却机动灵活,有密集的学习安排和对教师的充分激励。教育厅规定公办高中学习时间不超过九个小时,民办中学基本可以达到12—15个小时。

另一方面,负担也不完全来自学校。社会上的各类培训机构风起云涌也是不争的事实。史上最严厉的整治教育培训机构文件出台后,教育培训机构的数量反而"报复性反弹"了。原因何在？家长的强大需求。你严禁公办学校补课,我就到市场化培训机构去。而且不要以为只有差生补课,在这种恐慌性的整体气氛中,好学生也会害怕,各个"争先恐后"。在这种压力推动下,公办教育不断退缩,原本属于它的很多功能也由于被束缚了手脚而被转移、外包出去。以至于在很大范围内形成了"好学校基本都是民办学校"的现象,这对于教育强国的目标和普惠性的教育公平,未必就是一件好事。

但是,减负毕竟是当下教育政策中最大的政治正确。即便有"又要马儿跑,又要马儿不吃草"的重压在,也只能"小马拉大车",勉力前行。短期的治标之策是"就作业论作业":重新认识作业的功能,优化作业的配置。一方面,要原则上终结"一篇作业全班做"的现象,分层分类地因人而异、因材施教。比如95分的学生是否就可以不布置作业了,避免低水平、单调的重复作业。对后进学生,则要在作业布置上注意打基础。另一方面,要禁止那种惩罚性、报复性的作业。作业不是一种惩罚工具。类似学生不听话就要求其抄写一百遍、两百遍的作业,背离了作业的基本功能,毫无道理。中期的治理措施是改进课堂教学：课堂教学效率低、质量差,学生枯坐教室、神游万里、虚度光阴,用课外时间来"找补"是舍本逐末、买椟还珠,在这方面,教师自身和学校管理者负有不可推卸的责任。长期的治本之道,只能是逐渐达到更大范围内的城乡"同此凉热"、让教育改革的"特区"集中连片、铁索连舟,才能避免各种外部力量的冲击和影响。

乡村教育:困境与突围

随着2020年的临近,贫困地区由脱贫攻坚向后脱贫时代的乡村振兴相衔接的脚步日益临近,在国家对教育的重视和投入日益增加的当下,未雨绸缪地关注和谋划乡村教育在乡村振兴中如何发挥振衰起蔽、强基固本的关键作用,正逢其时。

贫困县教育工作主要面临三个困境:其一,点多面广,小散弱。由于贫困县包括大面积的农村区域,义务教育阶段重心也都在农村,长期投入不足、条件落后、硬件缺口大。其二,教师招不进、留不住、教不好。以永善为例,2014—2018年共招聘教师1 400多名,目前已流失600多名。尽管在招聘中,主要面向农村基层的特岗教师占比达到80%,但合同期满后,有相当高比例的特岗教师流向其他城市或行业,高流动性对于教书育人这样一个需要精心设计和静心对待的事业来说,是一个致命的打击。其三,城区拥挤,乡村空壳化严重。城区学校集聚了各种资源,也吸引了众多的学生,甚至有些重视子女教育的家长,完全是作为"随迁家长",自己的工作是受子女就读牵引的。一方面是城区学校拥挤不堪,经常形成2 500人以上的超大学校。另一方面是乡村资源大量闲置,出现相当数量的"一师一校"(指一所村小只有一两个老师)。

从这三重困境中突围,需要辩证把握城乡教育均衡发展与教育资源一体化之间的关系。无论是城区学校还是乡村学校,都存在一个适度规模的问题,超越自身硬件基础和师资条件的支撑,必然不可持续。

我在访谈中听到这样一个事例,前些年有两个刚毕业的年轻大学生被安排到边远山村的一个村小,说是村小,其实只能说是小规模的教学点。两个人起初还兴致颇高,每天教学之余,谈天说地。一个星期后,似乎把一辈子的话都说完了,无话可说。三个月后他们到镇上去,别人认不出了。这个例子启示我们,教师这个行业是需要相互启迪、互相砥砺、教学相长、教研互促的。一个人的坚守固然是一种情怀,足以令人感动,但从教书育人规律、学生成长规律和教师成长规律来说,这是一种并不科学合理、需要加以改变的状况。因此,有必要具体分析乡村学校撤并的综合影响,不宜一概而论地否定。既注重城区学校"螺蛳壳里做道场"的精细化管理,实现硬件条件和校园环境的零敲碎打、累积改善;也发挥乡村学校相对于城区学校在设计规划、资金投入、项目建设、土地资源方面的独特优势,一张白纸好作画。在城乡之间,尽力求得边际上的平衡;在新旧高考制度鼎革之际,借势而上、顺势而为,以乡村教育的突围助力乡村振兴的实现。

这次调查时,也专门抽空到一所比较精致的乡村完小与教师们座谈。十几位老师先后发言,起初是一些从教三十年左右的老教师"忆苦思甜",回顾了从当初的不论远近、普遍走读到如今的普遍寄宿制模式的变迁,至少带来了两个方面的好处:一是大幅减少学生耗费在山路上的行走时间,实际上也就是延长了学生的有效学习时间。二是避免了极端天气条件下因走读而发生安全事故的风险。当然,这位老教师只讲了寄宿制的好处,并没有辩证指出其带来的两个新问题:一是在时空坐标上用学校替代家庭,对于一个孩子的人格成长来说,并不尽然是好事;二是变相更改了教师的角色定位,相应地也使其工作时间扩展为早上七点钟到晚上十点钟,承担起对于学生的无限责任。

一位"少壮派"教师打破沉闷,抛出了他目力所及的乡村学校三大困境:

第一个问题是老龄化严重。教师不专业的话,再多再全再好的硬件设施也都是摆设。平均年龄超过 50 岁,民师转正的底子,很难玩转各项现代教学设备。勉强去转岗培训,也往往力不从心。一位 58 岁的老教师被安排去教音乐课,他自己讲,参加了培训,但也忐忑不安,不知如何讲起。一位中年教师颇为认可,她说自己今年 48 岁了,在这个学校工作了 12 年,奇怪的是,每一年她的年龄都在平均年龄以下,一直到这么大年纪,还在平均线下。

第二个问题是留守儿童的不可逆性损伤。他认为,留守儿童的问题绝不仅仅是一个学习态度、学习动力的问题,更严重的是他们的心理健康因成长环境中父爱母爱的缺席而残缺,这种遗憾是难于弥补的。不少小孩子平时寄宿在学校,到了周末可以回家却不想回家,仍然愿意留在学校,与老师、同学相伴,这对乡村教师或许是一种"成功"和认可,但是,一个孩子这种"不想回家"的情绪,正常吗?

第三个问题是为教师"减负"刻不容缓。教师的本职工作是教书育人,但是当下的教师不得已要把大部分精力用在与教书育人关系不大的一地鸡毛、各种琐事之中。档案资料整理、控辍保学劝返等教育系统内部的各项任务已经不轻,更为严重的是,地方政府又特别"高看"广大中小学教师群体,在县级层面,这算得上是知识分子读书人聚集之地了,所以大凡有什么任务,都不忘拉上这支队伍一起干。这位老师感慨,有时候正在上课,一个电话打来,往往是张口要,闭口就要交材料,老师们不得不中断课堂教学去应对这些临时要求。太多的会让教师去参加,太多的文牍工作卷入到校园之中,要开会,就要留下痕迹,就要痕迹管理,慢慢地就形成了一股形式主义的风气。另一位中年教师插话说,你看看我们现在说话的这个教室,黑板报上整版的"扫黑除恶"内容,这种宣传弄到小学生这里,难道不是形式主义吗?真的需要为中小学教师"减负"了。

最后一位中年教师谈了当下课程改革和教学改革背景下,传统教学面对的挑战。那种一支粉笔两本书的时代已经一去不复返了。新课改对于学生自主学习兴趣的激发和课外阅读的数量质量提出了越来越高的要求,很多家长抱怨学校老师总是让他们给孩子买书。可是在当下的教育改革框架内,如果没有大量阅读,孩子的语言和表达只会更加贫瘠,城乡之间的教育鸿沟只会更加难以逾越。完全借助于学校来推动学生阅读量的扩大,并不现实。一来人数众多,招呼不周在所难免。二来不少学校的图书室徒有其名,只是在脱贫攻坚和义务教育均衡发展的压力下,为满足"生均图书"的指标和要求,突击性地采买图书,或接收图书企业为甩库存而以扶贫之名所做的捐赠。这就造成三个问题,一是同一本书副本过多(十册甚至二十册),二是采购过程粗糙导致的图书鱼龙混杂、滥竽充数,三是在预算约束下刻意低价购置那些早已过时和没多大意义的旧书。所以学生不愿去图书室、借阅率低等现象,深究起来,学校就没有责任吗?

永善县某乡村小学教室

题 外 的 话

乡村教师们这些抱怨和吐槽的意见,我在滇西挂职一年间听得很多了,但学生们的体验是新鲜的。这种新鲜感并不是一种猎奇,更多的是一种超脱于问卷调查机械作业重复劳作后的豁然开朗,一种接触基层真实运作过程、静听乡村教师倾诉心声后的沉重思考。

2019年4月,知乎上有个热帖,原本是对中部地区某学者一稿多投事件的问答,最后竟顺带引来其所在学院不少学生的吐槽,抱怨自己在极大压力之下,成为完成该教师所在学院各项课题的工具,疲于奔命地在做问卷、写报告、再做问卷、再写报告之间钟摆式机械化运动。

2019年6月,看到一则山西某中学班主任老师在高考结束后带着11名高中生从朔州骑行1800公里到上海的新闻,特别赞赏他所引雅斯贝尔斯的一句话:"教育的本质就是一棵树摇动一棵树,一朵云推动一朵云,一个灵魂唤醒另一个灵魂。"他身体力行,做到了。

上述一反一正两个案例,给我很大的镜鉴和启发。两年前我也曾带队到辽东某县调研,那时是10个学生,五天时间走访三个乡镇的六个行政村,做150份问卷。彼时尚觉轻松,但也已有意识地增加了不少自选动作,带着学生访谈村中各路"明白人",探究"大脚超市的困境和出路"。今年学校方面的要求更多一些,带12个学生,五天时间走访三个乡镇的十个行政村,做240份问卷。如果按照正常的节奏安排,必定是每天上午一个村,下午一个村,做满五天。可是那样下来,学生就真的成了问卷机器了。行前,我跟学生们开会,达成了共识:我们要抢进度,为自主调研争取时间。目前看来,基本上达到了这个目标。

总体上讲,我们学校的所有专业都属于广义上的财经学科,广义上的人文社会科学。这是要与人打交道的,要关心人的安危冷暖,要做有温度、有情怀的研究。走出校门,去农村田野、城市街道,了解这个社会的基本运作过程,了解每个人谋生计的个人成长过程,倾听他人的故事,加深自己的理解,这是调查给我们的额外收获。我相信他们会记住这次调查,不是记住它的结果,而是享受这个过程,并且在今后的学习和工作中,每当遇到困难和问题时,能够通过扎实的调查研究和独立思考来克服。

四

控辍保学的"破心中贼"

- 消除留守儿童厌学情绪要破"心中贼"
- 只要能把娃看住不辍学,就算胜利
- 打破厌学症的恶性循环,需要系统性的教育扶贫
- 贫困地区如何做好小学德育
- "小即是美":乡村学校的适度规模
- 乡村小学图书室,为什么有公务员考试书?
- 一块屏幕究竟能够改变什么?
- 致农村大学新生:出身平凡不是灰心和怠惰的理由
- 教育扶贫,才真正"让世界变平"
- 近乡情更怯,未必读得懂真实的中国
- "一千万青年下乡"的真相
- 我的一篇高考作文

消除留守儿童厌学情绪要破"心中贼"

2018年中秋前夕,为落实教育发展基金会一个公益项目的选址,我来到马街乡中学调研。校长对全校基本情况和学校管理做了介绍,乡里分管教育工作的领导也对全乡整体的义务教育情况做了说明,到场的九位教师代表分别结合自己的教学工作实际谈了从教感悟并提出了一些意见建议。一个半小时的座谈会,给我收获很大、启发很大。我也针对这些情况,做了一些回应,交流了自己的一些体会。

一是关于增加教师培训机会的建议。我完全赞成这个方向。实际上,前几天徐汇区教育局来我县开展对红河州南部四县教育对口帮扶、颁发"荣昶三奖"的时候,就进一步和四县分管教育的领导以及教育局领导就下一步的协作框架进行了商议,其中一项内容,就是选派中小学优秀管理者和青年骨干教师到徐汇区的知名学校去学习,不只是学习教学方法,而且学习管理经验。我在与徐汇教育局的领导汇报交流时也提出一个建议,希望能够真正确保这个选派人员中能够有足够的比例,向工作在教学一线的真正的青年教学骨干倾斜。其实在会议上泸西县教育局局长也已从另一个角度谈到了这个问题,他说校长的培训当然也很重要,但我们更应当注重在校长没有成为校长的时候就为他创造条件、提供培训的机会。所以我们应当特别关注乡村学校里从事一线教学、准备重点培养的那些中青年教师。

二是解释上海财大为什么分数线居高不下。简单地说,自1999年扩招以来,我们始终没有到郊区去发展,也没有大规模地扩建基础设施,因此也不具备大规模持续扩招的条件。所以除了1999年当年比1998年增加了500人左右以外,这20年来每年的本科招生人数始终是稳定在2 000左右。而同期其他绝大多数学校是有一个逐年增长的过程,这就导致分数线水涨船高了,这是一个最主要的客观因素,当然从另一方面来说,学校的口碑、生源、条件等等也在逐年走高。一般说来文科的录取线在各省平均在第7名左右,理科在第11名左右,分数线一般都要比当地一本线高80到100分以上。我们元阳在2014年有一个学生考进上财,今年刚刚毕业,回到昆明工作。我也非常希望在我挂职的两年当中,能够再次看到我们元阳的孩子再次考进财大,这还需要我们共同努力。

上述是针对座谈时大家的疑问做的一点简单回应,针对老师们反映比较集中的控辍保学问题,我也谈了三点感受:

第一,破山中贼与破心中贼。 我这次来的主要目的是为拟申报的教育部润雨计划做实地考察的。这个计划是教育部通过中国教育发展基金会、中国教师发展基金会,运用中央专项彩票公益金,支持贫困地区"拾遗补阙、雪中送炭、应急救急、满足教育教学基本需求"的项目。对于我们教育部直属高校滇西挂职干部来说,这也是一个为当地义务教育提供帮助的重要契机。但是这个项目并不是理所当然就可以获得的,是具有一定的竞争性的。所以我们必须把最急需的选项筛选出来,报送上去。一开始教育局的同志提供了两个备选方案,我建议进一步聚焦。最终就确定了马街中学这个围墙和篮球场建设项目。这次来看了现场,听了几位老师的情况汇报,对这个项目的必要性和紧迫性有了直观认识。

说到建墙这个事,其实我们在大学工作过的人,多少是要打个折扣的。因为无论是全世界还是国内的趋势来看,大学的校园建设是倾向于拆墙的。我在财大工作时,经常跟杨浦区里文化、教育部门的同志开会,他们多次讲,整个杨浦区是鼓励大学朝着无围墙的大学去建设的,以此来打通大学与社区之间的隔阂,实现资源共享、联动发展。但是我到了山区、到了乡村,实地看了学校周边的环境后,确实认识到这件事需要因地制宜。大学可能拆墙是个趋势,但是中小学不能没有围墙。我想至少有这么三个理由：

一是大学生有更强的自律意识和自主性，他的学习不需要别人去督促了。中小学生的人格成长还远未成熟，面对校外各种诱惑时很容易迷失，面对学习困难时很容易放弃，所以没有一个强制性的围墙，的确很难靠他们的自律来解决逃课、逃学甚至辍学的问题。因此有没有墙，就成为关系到控辍保学成果、义务教育均衡发展能否巩固的问题。二是就咱们学校的地形和人员配备来看，如果没有围墙，势必就要经常性地在一些上下课、课间操、就餐等高峰期安排人力去组建人肉围墙，维持秩序和阻止学生趁机逃走。这就牵扯了很多老师的大量精力和时间，最终会影响到教学效果。三是没有围墙，也容易让校外社会人员混进学校，给近900名的寄宿制在校学生的人身财产安全造成威胁。基于这几条理由，建墙是完全必要的、急需的。

但是我也想提醒大家另外一点，有句老话叫"破山中贼易，破心中贼难"。我们要琢磨琢磨这句话。什么叫山中贼？就是那些外部的诱惑、威胁。解决这个很容易，我们围着学校建一堵墙就是了，哪怕这堵墙很长，有经费总能建起来。但是心中贼是什么？就是学生内心里那种厌学的根苗。怎么让学生对学习、对读书、对校园产生兴趣，舍不得离开这里。我刚才看到，学生放假回家前，排队到班主任那里领取上交的手机，中小学还可以这样做。大学就不可能了。学生在课堂上要玩手机，你拦不住。也有同事建议在教学区屏蔽通信信号，这都是建墙，治标不治本。怎么治本？就要看我们作为老师的本事了。我们要主动地去谋划，去增强你课程的吸引力、你课堂教学的吸引力，让学生舍不得溜号、真心喜欢你的讲授。我月初在攀枝花乡中学看到，他们是动员各门任课教师都要开发第二课堂，在课余时间把学生留住。这个是要下功夫的。

第二，思想引导与心理疏导。这两年上海市在大学里搞课程思政、在中小学搞学科德育和课程育人，然后去年下半年开始通过教育部的文件上升为全国性的一种做法。所谓课程思政就是，大学生的思想浸染、道德熏陶、国情认知，不只是思政课的事情，其实每门课都自带一定的教化功能。所以都应该守好一段渠，种好责任田。

我讲这个事情是想借用过来讲我们中学的事。刚才很多老师也都谈到当下的中学生、特别是我们这里的中学生，有很多特殊的特点，比如父母外出打工的特别多，老人带的特别多。我2018年9月初在攀枝花乡中学听到的还只是有的父母都不知道自己的孩子念到几年级了，刚才一位老师所讲的那个情况更离谱，父母五年没回过家，到学校找孩子竟然忘了自己孩子叫啥名字。刚才还有老师提到父母离异的孩子也占有相当的比例。这就提示我们，这个年龄阶段的孩子，本就正处于青春期、叛逆期，再叠加这些复杂的家庭因素，那他们的人格成长和心理建设一定是需要我们多加留意的，也需要我们对此要非常警醒和敏感，能够及时发现苗头，善于做学生的思想教育和心理疏导工作。

在大学，这种工作似乎都甩给了辅导员。所以辅导员成了"保姆"，有时也成了"背锅侠"。我曾经工作过的另一所学校曾发生过学生轻生的事情，也就是十一长假期间，学生给辅导员发了一条短信，说老师，我想跟你聊聊。辅导员呢，平时非常辛苦，也住在学校在郊区的校区，难得长假，也回到市区，跟自己的男朋友一起度个假。于是就没有及时回复这个短信。结果这个学生自杀了。那条短信是其自杀前最后一条短信，也许这个学生就寄希望于辅导员能够在最后的关头给予慰藉，但是很遗憾，悲剧还是发生了。我们能责怪谁呢？说辅导员不负责任，其实辅导员真的很不容易，而孩子最后愿意向辅导员倾诉，也很说明了这种信任关系。但这个辅导员很快辞职了，这个压力太大了，一辈子的阴影。今天我们知道，不能让辅导员、让学生工作队伍自己来扛这么重的担子，必须全员育人、全方位育人、全过程育人。

中学也是同样的道理。刚才很多班主任老师也都谈到，面对这些父母都"离家出走"、寄宿制的未成年学生，自己就成了他们的"保姆"、他们的父母，甚至是又当爹又当妈。中学没有辅导员，班主任就是同样的角色，而且班主任还有繁重的教学工作，你们比辅导员还要辛苦。但是我们其他科任老师也都要担起责任来，大家共同分担，让这些孩子在每门课程上都感受到人生的美好、周遭的善意、他人的关爱，让他们对自己有信心、对社会有感恩、对未来有希望。

第三，教学立校与科研兴校。我来县里也有一段时间了，走了五六所中小学，但我唯独在马街中学的办公楼外立面看到了这样的标语，也可能是总结的办学理念吧：科研兴校、质量立校、依法治校。这12个字里，尤其吸引我注意的是"科研兴校"这四个字。因为很多中学的老师甚至校长，都认为中学教师把自己的课上好，把学生管好，就是个合格的老师了。大错特错。不要小瞧了自己，不要觉得我们是山沟沟里的一个再普通不过的中学了，我们就拿着几十年不变的讲义混日子就行了。这样就退步了。教学也是一种研究，可以研究你的教学对象特点的变化，可以研究你的教学方法手段的革新，在教学过程中"干中学"，只要你带着问题意识，会发现很多可以深挖的主题。如果我们很多老师放弃了自我学习和提高，变成了一个碌碌的事务主义者，我们又怎么能够让学生始终保持求知的兴趣和学习的动力呢？特别是年轻的中学老师，必须学会做教学研究，否则时间一长你就会吃老本，这其实是对你自己职业生涯的毁灭性打击，也是对自己长久发展动力的一种牵绊和制约。

只要能把娃看住不辍学，就算胜利

代课教师的经典形象

代课教师，作为一个特殊时期的专有名词，已经从公众视野和公共讨论之中消失很久了。今天的人们听到这个名称，大约会有两个经典而模糊的意象：

第一个，是作家路遥1982年在其影响甚巨的中篇小说《人生》中刻画的主人公高加林，他刚出场的设定，就是一个高考失利的高中毕业生，在村小做代课教师。在路遥的笔下，20世纪80年代，像高加林这样具有高中学历的代课教师，是极受村民尊重的文化人，不需要从事体力劳动，更是很多姑娘爱慕的对象。这部小说看似简单，主题却很深邃，涉及改革之初的城乡二元结构、户籍制度下人在职业与爱情之间的两难抉择，以至于农村代课教师的境遇在有意无意之间被做了一些浪漫化的处理。

第二个，是导演张艺谋1999年拍摄的电影《一个都不能少》中那个瘦小枯干弱不禁风的憨傻姑娘魏敏芝，这个片子讲的是乡村小学的高老师（搞得像是《人生》续集一样）回乡探望病重的母亲，村长从邻村找来13岁的魏敏芝给高老师代一个月课。高老师见她太小，教不成书，不想要。村长说，能找到这么个人很不容易了，只要能把娃看住不辍学，就算胜利。这是一部关于农村、贫穷和教育之间关系的纪实性影片，它直白揭示了20世纪90年代中后期"三农问题"浮出水面之后，在农村空心化背景下农村留守儿童辍学问题的严重性，这种状况下的农村代课教师的辛酸，也让观者为之心酸。

"一师一校"的三个老师

如果不是亲自到现场，亲眼见到、亲耳听到，我可能会以为"代课教师"这个群体早已随着 2006 年 3 月教育部新闻发布会上做出的"在较短时间内，将全国余下的 44.8 万代课老师全部清退"的宣示而彻底退出历史舞台。

事实上，官方的说法中，始终使用的是"代课人员"。即便在简政放权、清理各类认证证书之后，教师资格证仍然是国家正规教育体系中的一个标准严苛的准入门槛，换言之，乡村代课教师虽有教育行为之实，却得不到教师身份之名。这种名实分离的结果就是，今天我们虽然听不到"代课教师"的名字了，但只要你到边远的山村去看看，还是不得不补充和聘用大量的"临聘人员"，说到底，还是代课教师。

11 月 8 号那天，我约上政府办和教育局的两个同事，跑到了来元阳挂职四个多月来最远的地方，有一半的时间走的是泥泞的土路，单程 4 个小时，相当于去了一趟省会。我的本意是调研"一师一校"现象，也就是一所学校仅靠一个老师支撑维持，在调研过程中则另有所获，对代课教师这个老问题有了更直观的新感受。

特别选中这所学校，并非一时头脑发热。我是在之前一天，手捏着全县 130 所中小学义务教育均衡发展情况的数据表，逐一排查，在这个最偏远的乡找到了教职工数量为 1 人，学生数量为 66 人的这么一所学校。从数据上看，这当然是典型的"一师一校"。

跋山涉水四个小时来到学校现场后，还是有点惊讶。一是被路途的颠簸泥泞所影响，惯性地以为学校的硬件条件也必定是校舍破旧不堪，其实不然，在这么偏远的村寨，学校的两栋三层教学楼，依然是全村最为大气也最牢靠的建筑物，这多少让我倍感欣慰。二是说好的"一师一校"，怎么有三位老师站在院子当中等待我们的到来？带着这个疑问，我们在短暂察看了一下校园基本状况后，来到会议室，开始了一个多小时的座谈。

学校就在那看得见的村寨中,从这里过去,却用了一个小时

这种地形,坐车不如走路快

教学楼是村子里最大气最牢靠的建筑

"老李"们的青春岁月

李校长介绍了他的两位同事,也就是临时聘用的代课教师,正式说法叫做临聘人员。这两位老师都是高中毕业,也都是本村人。男老师 45 岁,代课十二年。女老师大约 20 多岁的样子,刚刚聘用两个多月。

李校长今年 49 岁。1990 年代初,老李职业高中毕业,先后到当地的茶厂和烟厂打工了一年,最终在 1993 年回到了村里,在村小学做炊事员。那时的村小有 300 多个学生,以及包括代课教师在内的 12 个老师。虽说在学校里做炊事员也和代课教师同等待遇,但职高学历的老李并不甘心就这样一直做饭。他和当时的许多代课教师一样,力争上进,在 2000 年通过自学考试拿到了中师(中等师范学校)文凭,这就有了担任小学教师的基本条件。2002 年,他又参加了专门面向民办代课教师群体的"民师提高班",这是当年国家在动手解决代课教师问题之前,为部分优秀师资"民转公"特别开的一个口子和埋的一个伏笔。

2006年,教育部关于短时间内全面清退代课教师的前述表态之后,老李是当年当地代课教师中第一批转正和拥有正式编制的人。转正了意味着纳入教育局的正式管辖,成为教师正规军的一员,也因此要接受教育系统的管理,根据供需实际,服从组织调动。从2006年到2014年,他差不多每隔三年就被派到另一所村小教书。

2014年,老李回到这里担任校长。但这里现在已经不再是一所完全小学,也就是没有完整的一至六年级学生,只培养一到三年级的学生。为什么会在这样呢？一个重要的原因是教育资源向乡镇的中心校集中,对周边的村小都形成很强的虹吸效应,也逐渐把村小变成培养低年级学生的场所。因为低年级的小孩子不能远离家庭,而四年级以上可以送到中心校开始寄宿制学习生活。还有一个隐秘的原因在于,国家对农村义务教育均衡发展考核的时候,是把办到四年级及以上的学校作为考核对象的,四年级以下的仅作为教学点,不称为学校,也不纳入考核范围。

同行而来的老戴做了一些补充。他是乡中心小学副校长,也是在21世纪初由代课教师转正而来。据他的回忆,代课教师的工资根据学历而有所不同,高中文凭130元/月,初中文凭120元/月。老百姓对代课老师当然也是尊重的,但已很清楚代课教师与正式教师的身份差别。那时老戴刚刚娶了媳妇,有了女儿,每个月手里攥着130块钱,拮据得很,实在不知道日子怎么过。他老父亲每个月要挑着担子送来白菜、土豆,真是往事不堪回首。

老李和老戴,毕竟还是抓住了转瞬即逝的时间窗口,搭上了代课教师转正的专车。从政策演变的脉络来看,在21世纪初实现"两基"(基本实施九年义务教育和基本扫除青壮年文盲)目标之后,国家对于在这个过程中实际上付出巨大的历史"牺牲"也作出巨大的历史贡献的代课教师群体,是存有一定的歉疚的。因此尽管提出清退代课教师,却先后多次给了一定出路,通过考试达到一定成绩就可以转正,且每有一年代课年限可以加0.5分。这或可理解为某种时代的温情？

> ⬚校点 2018-2019 学年在校生人数
>
> 全校学生总数为：125人，女生 58人
> 建档立卡户人数：~~72~~ 人，女生 32人
> 　　　　　　　　　71
>
> 学前班：全班总数为：59人，其中女生人数为：30人
> 　　　　四周岁的有：16人，其中女生人数为：9人
> 　　　　五周岁的有：25人，其中女生人数为：12人
> 　　　　六周岁的有：18人，其中女生人数为：9人
> 　　　　建档立卡户学生：37人，女生 20人
>
> 一年级：全班总数为：24人，其中女生人数为：9人
> 　　　　建档立卡户学生数：12人，女生 7人
>
> 二年级：全班总数为：27人，其中女生人数为：16人
> 　　　　建档立卡户学生数：~~13~~ 人，女生 4人
> 　　　　　　　　　　　　　12
>
> 三年级：全班总数为：15人，其中女生人数为：3人
> 　　　　建档立卡户学生数：10人，女生 1人
>
> （注：全二年级学生人数为：66人）

在校生基本结构，建档立卡户即贫困户家庭

良好初衷的意外后果

其实，教育部门之所以在 2006 年宣布这项决定，还有更长远的一盘大棋和配套动作：2007 年，免费师范生政策推出，也就是报考教育部六所直属师范大学（北京师范大学、华东师范大学、东北师范大学、华中师范大学、陕西师范大学、西南大学）之一后，有条件地接受免费师范教育。这不是区区六所学校的事情，实际上，在这一政策带动下，很快地，北京、新疆、西藏等地师范专业学生全部实行免费教育，上海、江苏、湖北、四川、云南等地在部分师范院校开展师范生免费教育试

点,江西、湖南等地开展免费定向培养农村教师工作,广东、甘肃等地实行高校毕业生到农村从教上岗退费政策。这些政策的最终指向,都是希望填补和替代原有代课教师退出造成的师资真空,并把农村师资水平和能力提升到新的高度。

问题出在衔接上。良好的政策初衷和顶层设计,在中国城乡教育之间的巨大鸿沟和农村教育的复杂现实面前,其实施效果打了折扣。以这个乡镇为例,在代课教师时代,全乡在正规教育体制之外自行运转的代课群体规模,基本保持在50人左右。而2012年最后一批代课教师清退之后,他们很快发现,上级并没有及时地根据乡镇适龄儿童和在校学生人数的增长,按照"师生比"的相应标准,将新招聘的教师派到下面来。县教育局也有自己的苦衷,他们每年将缺编教师的名额报给人社局和编制办,可是连续多年没有下文,人口在放开二胎后发生了明显增长,但教师数量还保持着几年前的水平不动——财政负担不起。

这种情况下,乡村学校只能自行聘任编外的"临聘人员"或"临聘教师",前年是5个,去年9个,今年达到17个,呈一路上升之势。当下的临聘教师与之前的代课教师干着同样的甚至更多的活儿:每个老师负责一个年级,每天八节课往往要教七节课,没有电子白板,对这一群调皮的孩子,上课基本靠吼。但是,临聘教师与编制内教师的收入差,比代课教师时代要大得多,临聘教师在1 200到1 500元左右,编制内教师在加上偏远地区各项补贴后可以达到5 000元左右。这种差别的根本原因在于,在代课教师的年代,与他们签订合同的是乡镇政府,一年一签。而今天与临聘教师签订合同的只是学校,一个学期一签,费用也从学校的运转费用中支出。

如果说代课教师还勉强算有一个职业生涯的规划和奔头儿,拼命考证、考文凭的话,如今的临聘教师的出路基本堵死了。今天,报考教师岗位也就是报考事业单位,中小学教育类事业单位招聘的基本条件是三证齐全:专科以上学历、教师资格证、普通话合格证。这三项,哪一个都要经历一番厮杀。而即便都通关了,也只是具备了报考条件而已,还要跟那么多的本科生甚至研究生去竞争。

这样巨大的竞争压力下,临聘教师的流动性要比代课教师大得多,很可能几个学期下来,学生换了不知道多少个老师。同时,他们在自身教学水平和技能提升上的投入动力,也会比代课教师低得多,因为看不到未来的希望。对他们来说,把教书当做一份暂时勉强养家糊口的过渡性工作,是再合理不过的定位。

学校篮球场

一个群体的坚忍奉献

座谈结束。临走前,我问了那两个从始至终不发一言的临聘教师,将来有什么打算。女老师仍不说话。男老师喃喃自语:"我已经教了十二年,只要学校继续要我,我还是要好好教孩子们。"我一时语塞,竟不知如何接下去。

改革开放40年间,类似"代课教师—临聘教师"这个职业群体的,还有很多。多少高峰险滩,也是因着这些人群的坚忍与奋斗、勤劳与奉献得以闯过,于不知不觉间轻舟已过万重山。他们,值得我们报以深深的敬意。

奔波四个小时,只为跟他们聊这一个多小时,但是太值得了。不到长城非好汉,只到中心校、不到最偏远的村小,不去亲自感知整个教育体系的神经末梢,也不能了解县域义务教育实现均衡发展过程中真实的短板所在。

长叹一声,走出村寨,赶回县城。突然想起一年多前在本校学生的读书会上给他们导读《人生》时的场景,如果我在那之前到过这里,琢磨过代课教师的忧愁烦恼,也许会换一种更好的讲法。

山区的校园多是如此

打破厌学症的恶性循环，
需要系统性的教育扶贫

2018年下半年的《半月谈》杂志特别关注了贫困地区的辍学现象，提出了一个问题：越穷的地方越滋生"厌学症"吗？

春节过后刚开学的这一个月，也恰好是我们贫困县分管教育的同志们最繁忙疲惫的时段，我们面对的也是同样的问题，怎样做好"控辍保学"和新学期未报到学生的"劝返"工作。

贫困地区"厌学症"有深刻的社会根源

初二是辍学的高峰期，初一还比较新鲜，初三再忍几个月就能拿到毕业证，只有初二，学习的难度加大，外部的诱惑也在加大。特别是当春节期间，外出务工人员回乡过年比较集中的一个时间节点，与年龄相仿青年的频密接触，看到他们新更换的手机、新添置的游戏装备抑或"衣锦还乡"的一袭新衣，这些仍在学校中留守的学生都不免心猿意马。战略定力稍有闪失，一个寒假不见，人就可能被"拐"出去打工了。

不过，这只是春季学期贫困地区"控辍保学"压力骤增的直接导火索。更根本的内部因素还在于贫困地区特别是集边疆、贫困、少数民族、山区四位一体的地区，其义务教育均衡发展长期以来存在的短板。我把这个恶性循环的作用机制概括为如下几个环节：

初始状态下，当地经济社会发展远远滞后于国家平均发展水平，市场化、现代化的导入和外部帮扶力量的介入激活了当地劳动力人口外出务工、增加收入的动力,有组织、成规模的务工浪潮出现。

外出务工人员走后,留下大量留守儿童问题。他们的成长过程中缺乏父母的陪伴,只能采取以祖辈隔代监护的方式。隔代监护的问题在于:一是老年人体力不济,对小孩子的日常生活疏于管理;二是少数民族老年人本身就几乎没有接受过学校教育、文化程度不高、普通话沟通存在障碍,对小孩子的国家通用语言的习得无能为力;三是贫困家庭收入捉襟见肘,对他们而言,不在义务教育阶段、需要自己负担学费的3到6岁学前教育就是一种奢侈品,只能选择"放养式"的自由生长,较城市孩子而言,天性固然得到一定呵护,但进入小学一年级,将直接面对语言关的重大考验。

我并不想使用"输在起跑线上"这种危言耸听的说法,但就我挂职近一年的调研所见,少数民族贫困地区儿童在一二年级普遍都在补普通话这一课,这是接受现代教育的前提条件。真正的小学教育,往往要随之滞后一到两年。一旦掉队,就会一步慢、步步慢,对课程内容的理解消化存在障碍,自然也会逐年磨损学习探索的兴趣和动力,产生厌学情绪。

师资与学生不稳定的恶性循环

与此同时,我们再看师资队伍的状况。由于贫困县的教育水平长期落后,因此在教师作为事业单位工作人员要参加全省统一招考的情况下,具有本地户籍的考生往往也竞争不过外县、外州、外省那些一贯重视教育的地区培养出来的考生。日积月累下来,本地师资队伍中来自外地的教师人数就占到相当大的比例,我的挂职所在地大概能达到70%左右。

有人会说,大学教师还不是来自五湖四海,为什么一定要强调本地人比例呢?往远了说,从乡土中国沿袭而来的传统中,乡村学校教师的地位就异常崇高,他们始终都不仅仅代表了教育系统,还代表了文化系统、政治系统,土生土长的教书先生从来都是当地具有强大道德感召力和社会影响力的乡绅代表,受到村社共同体成员的普遍敬重。

即便到了现代教育阶段,九年义务教育也仍有其特殊性,尤其是在存在语言障碍、推广普通话还是一项艰巨任务的少数民族地区,这种"土客"倒置的师资状况叠加前述留守儿童之种种困难,会是什么结果呢?本来就缺乏学前教育,把普通话的学习推迟到了小学,而外来教师又不通本地语言,必然进一步加剧小学一二年级学生的学习滞后。

学生学习的积极性主动性受挫后,外来教师的教学积极性主动性和扎根当地的热情也会受挫。进而,心思活络者以教师这一"事业编制岗位"作为跳板,无心教学,找准机会通过公务员考试考回老家、离开教师队伍。

师资的不稳定再反作用于学生的不稳定,厌学情绪乃至辍学风险就有增无减了。这样一环一环地咬合在一起,根本停不下来之后,通过教育阻断贫困的代际传递,就会逐渐落空。

改变贫困地区教育状况是个系统工程

我最近下乡调研和检查各个学校义务教育均衡发展各项条件和控辍保学基本情况时,总是随身带着一本书《教育治理的社会逻辑:木丰中学"控辍保学"的个案研究》,给好几个中学校长也推荐过。

沈洪成副教授 2009 年还在读博的时候,三次到德宏芒市某中学调研,他在书中对少数民族贫困地区在教育现代化进程中的诸多复杂场景和问题的描述和分析,至今还对我很有启发。我印象最深的是当地一位校长和一位教师的两段吐槽。我曾在全县中小学班主任和骨干教师育德意识和育德能力培训班上读过这两段话,在座的校长老师莫不深有同感。此处亦将书中的这两段文字罗列如下,供关心乡村教育和乡村儿童辍学问题的人们思考:

"控辍保学在城里的学校是从来没有听说过的,读书还需要老师到家里面去请、去叫。城里都是家长跟老师联系,了解孩子在学校的情况。我们这里都是老师跟家长联系,催促他们赶紧送孩子返校。学校的主要职责是教好学生,但现在老师一半的精力放在控辍保学上,天天打电话、天天做家访,实际上偏离了正常的轨道,要说抓质量就非常难了。小学考十几分,到中学连汉字都不认识,怎么学地理、政治、生物、历史,更不要说数理化了。"

"读书到了强迫的地步,真的是一种悲哀。我们国家那么大的投入,产出那么微小。我们监考,(考试时间)两个小时,五分钟不到,学生就做完了,就在那讲话,就在那玩。ABCD 弄完试卷就空着,文字题都是做不出来。就是考 5 分,也是初中毕业啊。初中毕业证又不能不发,一卡的话更没人读书了。我们不能尽培养失败者。"

十年树木,百年树人。改变贫困地区教育状况绝不仅仅是校舍、操场、图书等硬件设施的改善,更是一项复杂而艰巨的系统工程。办好民众满意的教育,需要家庭、学校、社会三方协同努力,这是人尽皆知的常识。

当家庭教育基本缺失的情况下,少数民族贫困地区的乡村教师们背负着巨大压力,如西西弗斯一样爬坡赶路、滚石上山。真诚呼吁社会各方面力量给予乡村教师和乡村儿童更加精准的关注和支持,让他们跟上整个国家的教育现代化步伐,一个都不能少。

贫困地区如何做好小学德育

2019年4月24日,我终于来到了元阳县沙拉托乡,实现了十四个乡镇全部"打卡"。沙拉托中心校,念叨了多次要来,也终于成行,感到很高兴。

以往我去中学相对多一些,跟中学老师的交流座谈也相对多一些,主要是两个原因:一是中学控辍保学压力更大,是带着问题去的;二是大学离中学更近一些,离小学更远一些,对于小学的教育工作总是不敢轻易评价,是彻底的外行。沙拉托之行,本没有准备搞什么讲座,但是被教育局的同志"绑架"和"突然袭击",只能在听课间隙,抽空列了个提纲,汇报和交流一下自己对做好小学德育工作的一点思考。

我主要关注的是两个方面:一是如何认识小学德育工作的定位,二是如何做好小学德育工作。

关于第一点,大家都知道我们长期以来的一个说法叫做"立德树人",这是教育的根本任务。再就是2018年教育大会上再次提出的五个字的完整表述——德智体美劳全面发展,以德育居首。2019年3月,中央开了一个思政课教师的座谈会,提出了政治要强、情怀要深、思维要新、视野要广、自律要严、人格要正6个基本要求,我在《中国青年报》理论版专门谈过怎么理解这6条。我觉得这其实不限于思政课教师,尤其是不仅限于对大学教师。

这里面尤其值得我们注意的一点是,言行一致、心口一致很重要,否则会给学生树立一个很不好的样板。有些大学,有的老师,每次上课都讲自己炒股赚了多少钱,然后抱怨自己教书工资多么低、多么不划算。也许他只是一种"炫技",但客观效果并不是引起学生的仰慕,反而是引发学生的反感。当你自己缺乏职业精神的时候,你是不可能教导学生具有职业精神的。当你自己都不尊重自己的职业的时候,你也不能指望学生会尊重你。我们老师也是人,也有七情六欲,也有喜怒哀乐,也有各种困难。但是只要走上讲台,就应该公私有界,学会收敛自己那些无意义的情绪。这不是说老师只能讲那些"正能量",不能批判,而是说要尊重你的教学对象,把自己的格局放大一些,别让学生看不起。

小学德育在学生一生的人格养成中是一个什么位置呢?非常基础、非常重要。小学最重要的是养成一个包括好的学习习惯在内的好的行为习惯,形成人的基本品格。小学的德育就是要在潜移默化的过程中达到这种效果。所谓如盐溶水,而不是直接喂盐。我们小时候看过电影《闪闪的红星》,那时候盐巴是紧缺物资,潘冬子冒那么大的风险去夹带。人是需要吃盐的,可是人要是大口吃盐,那是脑子有病,最终导致身体有病。你只能把盐分溶解在水中,潜移默化地吸收。咱们云贵地区吃很多菜时,都习惯水煮,然后专门有调制好的"蘸水"。这个蘸水的由来,我前段时间看了篇文献,有一些新的了解。原来,西南地区不产盐,因此盐相当金贵。人们好不容易获得一点盐,不能一顿菜直接放盐进去炒了吃,那太浪费了。怎么办呢?放一点盐、再放一点辣子、再放一点其他调味料,混合在一起,加水、搅拌,成了一碗蘸水。吃菜的时候,就往里蘸一下。这次的菜吃完了,蘸水可能还没吃完,下次还能用。现在交通便利、物流畅通,我们不产盐,但也绝对不会吃不起盐了,不过,今天我们仍然保留了蘸水,成了一种生活和饮食习惯。德育的这把盐,就是要达到这种润物无声的效果,成为一辈子都忘不掉的"蘸水"。

从这个角度来评判,很多学校的校园文化景观,与其说是给孩子们看的,不如说是给老师们看的、给领导们看的,很多小学里把那些套话式的标语刷的亮堂堂,小孩子懂吗?所以为什么小学的德育课程叫《思想品德》,初中开《道德与法治》,高中才叫《思想政治》? 这是个渐进的过程,你不能直接抓把盐塞人家嘴里,齁咸齁咸的,任谁也受不了。

关于第二点,怎样做好小学德育工作呢?我想了五条。这些想法,自我挂职以来零零星星都在不同场合谈过,这里集成一下。

一是取长补短,扬长避短。 元阳这个地方的学情,底子是比较薄弱的。特别是教师与学生之间的"错配",存在一个较长的磨合期。具体来说,一方面是我们少数民族比例很高,加上绝大多数为留守儿童,由祖父母隔代监护,他们上小学之前始终生活在少数民族语言环境之中;另一方面是我们本地户籍的教师所占比例较低,大部分是通过事业单位公开招考或特岗教师招聘而来的外县、外州甚至外省的教师,他们不通本地民族语言。所以当完全不通汉话的一年级小学生遭遇完全不通民族语言的外地老师时,小学前两年的教学难度是相当大的。前两年落下了,后面一步慢步步慢,拖到初中就可能进入厌学辍学的恶性循环之中。但是我常想劝老师们,先且慢发牢骚,更不要灰心丧气。多看看我们少数民族地区孩子们的长处,在你与他们的接触中善于发现他们的优点。不要总把自家孩子当熊孩子,天天在"别人家孩子如何如何"的自我炮制焦虑之中惶惶不可终日。我讲个例子。2019年年初上海财大创业学院例行举办财经素养高中生冬令营,专门给了我们十个名额,我全部投放到高一学生中。临行前,我给他们开了个短会,讲了点鼓励的话。其中有一条,我叮嘱他们,一定要大胆表达自己,不要自卑,不要觉得不如来自其他城市的孩子。我们要谦虚地向他们学习很多东西,但也无须妄自菲薄,要记得我们同样有令城市孩子艳羡不已的很多东西,我们从小在劳动中成长,我们有绿水青山、有世界遗产、有独一无二的哈尼梯田,这些都是那些整日生活在PM2.5爆表的环境中、五谷不分的孩子们根本无法想象的。所以要学会发现自己的特点、优点。以前有乡土教材,现在国家也倡导校本课程,其实都是鼓励探索建立基于自身优势特点的学科育人体系。

二是呵护兴趣,鼓励探索。 小学德育最大的成功,就是让孩子养成良好的行为习惯,而读书是养成良好行为习惯的一条捷径。2019年世界阅读日,我陪着上海的一个公益基金到一所村小捐赠图书。我挂职以来也去过不少学校,越是中心校,往往越是外强中干,图书室的藏书固然很多,但经不起推敲,仔细看看,有的图书副本甚至有十几本,有的把公务员考试的书都混迹其间滥竽充数。专业的人、专业的组织,做专业的事情,往往事半功倍。他们会精挑细选选择适合儿童年龄段的图书。今天我看到捐赠现场,合影结束后,那些孩子们两眼放光、人小力气大地每个人抱着一箱图书就往楼上搬,那种感觉就叫如饥似渴。如果我们能够养成小孩子的读书习惯,他就逐渐进入一个自我激励、自我学习的轨道,老师能够省多大力气啊!

三是平等交流,充分关爱。我多次调研下来的一个深刻感受是,很多老师反映,留守儿童的性格比较孤僻,不爱讲话。我说不对,他只是不爱跟你讲话,你仔细观察,他跟同龄人之间其实是很健谈的。这些老师说对啊。其实这个问题的关键就在于,留守儿童的父母不在身边,缺乏关爱,他们跟隔代监护的祖辈没有共同语言,同时他们也缺乏跟父母这辈人——也就是作为老师的我们打交道的经验。但是我们必须要给他们补足这一课,一个人在社会化的过程中怎么可能只与同龄人打交道?你势必要接触比自己大十几岁、二十几岁的长者。父母这个角色缺失,但父母的一部分功能需要我们这些老师去补足。当留守儿童愿意向你们倾诉和分享他们的喜怒哀乐时,这应该是你们作为老师最值得欣慰的成功。所以在这一点上,小学教师是相当值得敬佩的。因为老师跟学生总是会存在年龄差,但是小学老师与学生的年龄差是最大的,你能跟孩子们打成一片、受到他们的欢迎,真的不是一件容易的事!你必须放下架子,跟他们平等交流,给予他们父母缺失的那部分爱。我上个月邀请一个老同事,他是1987年生,四川人,第一代留守儿童。我说你就来我们最好的高中,给高中学生现身说法,让他们看一看,你是怎么从一个留守儿童成长为一个青年学者的,这本身就足够励志。他说留守儿童最大的问题就是如何调适和释放而不是封闭和压抑自己,这确实需要老师给予他们足够的关爱,让他们感受到家的温情和社会的温暖。

四是打通壁垒，交错纵横。我们不要觉得小学的课程体系很小、很简单，其实一点都不小。反而是大学很小。大学在专业细分、课程细分的情况下，提出课程思政，要深入挖掘每门课程的育人功能，守好一段渠、种好责任田。小学就更有条件了！小学的课程其实是学科，而且是超大学科。语文、数学、科学、音乐、体育、思品，哪一个不是包罗万象？而这些学科之间绝不是截然而分、毫无交集的。比如你在讲科学定律的时候，是不是可以增加一些对科学家科学探索精神的故事介绍和文化熏陶？类似的例子太多了，都值得我们在课程设计时脑子更灵活、更开放，才能发现其中的玄机。

五是教学研究，永无止境。我在很多学校跟老师们谈心时，都回忆起自己刚来元阳的第一天，来到县城的新华书店，被元阳一中建校50周年（2004）的两本书所震撼的故事。一本是教师教学论文集，一本是学生的作品集。我在2018年翻阅那本教学论文集的时候，感受到14年前的那些研究文章折射出教学过程中的兢兢业业、钻研探索的精神，仍然值得我们今天学习。活到老、学到老，教师这个职业是最需要践行这句话的。全国著名的中学语文教师、改革开放40年先锋模范人物于漪老师有句名言，叫做"一辈子做教师，一辈子学做教师"，就是这个道理。特别是对于占据我们半壁江山的外来青年教师，你们本来具有非常不错的基础，如果任教之后放弃学习和提高，不需要几年工夫，你就会自废武功。我们鼓励学生读书，结果我们自己不爱读书，这怎么行？我经常举一个例子，哪怕是很偏远的一个小山村，只要老师的思路足够开阔，心有多大，舞台就有多大。一个老师自费从淘宝上买最便宜的那种可以直连手机的投影仪，教室没有电子白板，也出不起3万元到5万元的设备经费，但几百块钱也能达到近似的效果。那些用语言很难言说清楚的概念、范畴、现象，直接可以"有图有真相"的方式呈现，这就是一种自主探索和创新啊！如果我们能够在教学和对教学的研究上投入这样的精力去琢磨，何愁没有好的教学效果？

"小即是美"：乡村学校的适度规模

2018年11月，跑了14所乡村小学，准确地说，都是坐落在行政村的小学。贫困地区的义务教育均衡发展，关键在小学，薄弱在村小，难点在"控辍保学"。

村小硬件设施少，在建工地多，为在过渡时期解决大班额问题，把图书室、电脑室等功能室全部被转用作教室，是普遍的现象。一些学校不足20平方米的学生宿舍内，看似摆放着上下铺共14个床位，但仔细数数地上的拖鞋，会发现远远超过这个数字——做不到一人一铺，基本上是所有床铺打通成一个大通铺，一个床铺平均睡1.5个人。学生没有摆放衣物的空间，行李箱就摆在床铺尾端。

而且，往往越是资源富集的贫困地区，越容易陷入一种典型的"资源诅咒"之中。家长带着孩子到河道里淘金，每天也能赚个百八十元。可是好景不长，河道破坏且资源枯竭后，一切回到从前。于是为脱贫攻坚，转向劳动力输出。这样的后果是，一来产生留守儿童，二来"读书无用论"仍然得不到扭转，只不过是从本地淘金转移到外出打工。加之少数民族地区个别人早婚、抢婚的习俗依旧，抑或是家长以此为借口，将大女儿从学校拖回家中代替外出务工的父母照看弟弟妹妹，实际上也是劳动力输出对义务教育的一个间接溢出性影响。如此情况下，若是学校环境逼仄、硬件短板较多、教师课堂教学吸引力欠缺，则学生厌学、辍学的概率就大大增加。

这个时候，学校管理者和老师们如何因陋就简地营造温馨而富有朝气的校园文化氛围，如何因材施教地对每一个孩子都用心去培养，直接关系到这些孩子未来的成长成才和人生选择。而对教育主管部门来说,做好规划布局,确保学校的适度规模运营,至关重要。

村小跑得多了之后,我逐渐改变了先入为主的悲情印象。很多村小学生规模在 100 到 200 人之间,教师在 6—8 名之间,这是一个经验上的适度规模。这类学校普遍具有扁平化的结构,较低的管理成本,年轻化的师资队伍,比较团结融洽的同事关系。我在他们的办公室一坐,虽然条件一般,但整个聊天的感觉是轻松愉快的。他们也从不抱怨什么,更多的是在讲,自己想了什么办法,让这些"很皮"的孩子们逐渐变得爱学习、爱读书。而学生规模在 200—400 人之间的大一点的村小或乡中心小学,我去跟老师们座谈时,现场那种科层制的压迫感马上就出来了。各种抱怨,各怀心腹事。谈个人得失多,谈教书育人少。年轻老师在这种气氛中,心很容易慌,"武功"也容易废掉。

一所学校到底好不好,教师的精神状态是很能够说明问题的。教师萎靡不振、满腹牢骚,学生怎么可能会好?教师得过且过、自暴自弃,把自己从事的工作视同生产产品,而非培养人,学生怎么可能会人格健全?

实际上,好多规模小巧的村小,教师团队执行力强,也没有相互掣肘,一些新的教学方法和改革探索能很快落地,让学生受益。

今天的互联网已经让世界变平了。哪怕我们身居深山老林,只要有网络(这是绝大多数学校的标配)、有心、有责任感,都能够在一定程度上为夷平城乡教育资源之间的鸿沟作出一些努力和贡献。学校的大小、级别、区位都不是最重要的,领导者和教师的思路最重要。乡村教师更需要活到老学到老,不能安于现状。须知越是在小学校,越能出大成绩大进步;越是在低起点,越会有大突破大飞跃。小即是美,简约而不简单。恰恰是这些小规模的学校,让教师和学生更有活力、更有故事,也更有成就。

从这个角度看,如果说农村"撤校并点"是适应人口布局和提高教育资源利用效率的必要之举的话,那么必须确保在这个新的校点布局之中,努力造就一所所具有适度规模、管理有效、运转灵活、气氛融洽、勇于创新的村小,这是义务教育均衡发展的必要保障。

乡村小学图书室,为什么有公务员考试书?

一年之计在于春。对于贫困县的乡村学校教师来说,每个新学期的开学之际,都是最让人头大也最提心吊胆的时刻。经历了一个假期之后,很多学校会发现学生的流失,这个数字在极个别乡镇中学甚至多达60余人,约占在校学生数的十分之一。

教育局的工作人员都赶赴自己挂包的乡镇,敦促书记镇长召集各行政村干部开会,要他们"提高站位",充分认识"控辍保学"的重大政治意义,进而挨家挨户去走访,做家长的工作,"劝返"未来报到的适龄学生。

按照规定计划,县里预定在2019年脱贫摘帽。要通过年底的国家验收,一项一票否决的先决条件是通过义务教育均衡发展的国家评估。这个时间节点在10月份,倒排"工期"的话,就是6月迎来省级评估,3月迎来州级评估。省州的出发点是预先做好自我审查,查漏补缺,10月份的国家评估就是一次性的,过了就过了,没过的话,脱贫也就通不过了。控辍保学,也就是通过强化教育治理,控制学生辍学率,保证适龄儿童和少年完成九年义务教育,提高"普九"(普及九年义务教育)的质量和水平。这也成为评估义务教育均衡发展的一项硬指标,直接关系脱贫任务的如期完成,所谓重大政治意义即在于此。

脱贫工作千头万绪,而且各个条线要齐头并进,慌乱中经常会顾此失彼,按下葫芦浮起瓢。去年末某贫困村迎来省级巡视督察,巡视组成员在该村某建档立卡贫困户门口,边翻阅记载着贫困户基本信息、致贫原因等情况的"精准脱贫明白卡",边询问村里挂包干部关于该户的情况,这是考察挂包干部是否尽到了帮扶责任和是否真正了解信息。干部流利地讲到该户去年收入如何增加,又说他的儿子在州府打工,殊不知"明白卡"上明明白白地写着这个打工儿子的年龄——15岁。以辍学为代价换来的脱贫增收,就这么一票否决了。

农村义务教育均衡发展的硬指标还不止于控制辍学率一项,包括配齐图书、教学实验仪器设备、音体美等器材,改善学校学生宿舍、食堂等生活设施,解决农村寄宿制学校管理服务人员配置问题等,也都是重要的制约因素。这其中常常为人所忽视的,就是农村中小学的图书配置,按照小学生均20册、初中生均30册的标准计算,大部分学校缺口和欠账都是相当巨大的。

最近这个周末,我时隔四个月又跑了一趟大坪乡。这次是陪同上海一个公益组织,回访他们去年组织捐赠图书的大坪小学,顺便又去看了几个乡村小学和乡村教学点。

一个乡镇有一个中心小学,同时每个行政村也都有自己的小学(这是普九时期的阶段性成果——村村有小学),再往下面的某些自然村会设置只保留一到三年级的教学点(绝大部分是只有一年级、二年级)。由此构成一个"中心校—村小—教学点"的三级体系,乡镇中心校的校长同时也是整个乡镇小学的总校长,对全乡镇的小学教学资源、师资队伍的配置负责。

挂职以来,我去了不少中心校,也去了更多的村小。就图书室的建构来说,中心校在硬件数量上虽然仍有不少短板,但它对资源的吸纳已经足够多。今后的图书等资源的投放应当从中心校向村小和教学点适度倾斜,中心校本身则应当有所节制。

因为从根本上说,我们不可能消灭村小和教学点,因为一到三年级的低年龄儿童以及边远山区、交通不便的中高年级小学生,不可能完全集中到乡镇中心校采取寄宿制的生活方式,那样既成本巨大,也很不人道。那么我们就应该在持续多年的农村教育"撤点并校"的"大跃进"之后,清醒地认识到当前"中心校—村小—教学点"三级并存的结构格局,是一种必须接受的稳态,停止无意义地折腾。转而认真考虑如何把每一个村小和教学点"武装起来",发挥它们"小即是美""船小好掉头"的优长。中心校是要发挥辐射作用把整个乡村的小学体系带起来,而不是无度截留造成梗阻。

我们这次看的一个教学点,有两位老师,39名学生。校舍是危房,教室的窗户玻璃是坏的,即便考虑到这里是北回归线以南,但毕竟也是海拔1800米左右的山上,山风袭来,不可能四季如春。老师与我们聊了几句,就有些眼眶湿润和激动,她告诉我们,自己在这里教书10多年,从代课教师身份转正8年,每个月到手收入4200元。这里的孩子大都是留守儿童,父母外出务工前,都拜托她每天能晚一点放学,"多花点时间帮我们守着小娃,多教他们一点知识"。

关于4200元的收入究竟算不算高的问题,确属小马过河,见仁见智。不同区域确实差异大,很难讲清楚。我只能说,这边物价并不算低,4200元真干不了什么。当然终日坐拥绿水青山、家舍田园,幸福指数是不低的,仅此而已。那位老师的激动,主要也是觉得10多年风雨无阻照看着这所学校,挺不容易。其实我们这里还有许多"一师一校",一个老师就是一所学校,类似"一个士兵就是一个哨所"。一位老师曾说,我就给一个学生上课,但是每天都得上,耽误不得。我就盼着上级什么时候给我派个搭档,哪怕说说话也好,太寂寞了。

这些基层的乡村学校和乡村教师特别值得鼓励和关注,也特别需要更多的扶持。我在工作中也愿意把自上而来的各种资源直接引入到这些偏远乡村的村小和教学点,这比县城附近"垒大户""做盆景"要有意义得多。村小和教学点的乡村教师都是"全科医生",什么课都得上,还要有就地取材、利用本土资源对孩子们进行生活熏陶和道德教化的本事。其实,传统乡土中国里的农村教书先生,本就是最受当地人敬重的乡贤啊!可是今天的乡村教师实在过于窘迫,在一竿子到底的现代化教育体系中,他们不仅是神经的末梢,要受到中心校的节制和支配,即便他们自身,也难有自信和底气,深感能力不足、驾驭不了这复杂局面。而当他们想要激发孩子们通过阅读自我成长的时候,又在图书等资源的配置上备受掣肘。

书中没有黄金屋,但是书和货币有一个共同点,就是一定要在流通中体现出自己的价值,否则一文不值。上海的不少中小学就尝试把集中在学校图书馆、图书室的书籍分散到各个班级的读书角,每隔一段时间再进行班级之间的互换,目的就是为了藏书于班、藏书于生,促进图书的流通和阅读。

有些村小的校长老师也有这样的远见。有一次下乡调研,在一个村小看到一位肯动脑筋的校长,自己从淘宝定制购买标准图书馆配置的代书板,把小小的校园图书室规整的有模有样,学生们自助借阅、自我管理、登记造册。你从那些歪歪扭扭甚至不乏一些错别字的借阅记录中能够看到,这些书是发挥了作用,而不是一种摆设。对于这种想方设法激发学生的阅读兴趣、敢闯敢试的校长和学校,就应该把资源引进去帮助他们解决实际的困难,提供更多的鼓励和支持。

语出朱熹,"余尝谓读书有三到,谓心到、眼到、口到"

仍以图书为例,很多中心校的图书室空间狭小,各方面捐赠堆积四处,没有整理上架。那么小的阅读空间,又往往设置在顶楼,要全校800 至 1 000 名左右的小学生,都爬上顶楼来借书,基本很难。中心校的大孩子们已能自如阅读文字,可是许多社会资源捐赠来的绘本也集中在这里,为什么不把这些无人问津、大孩子们不屑于看的绘本,分散化地发放到村小和教学点,给那些对文字还没有感觉、更倾向于图像符号等直观形式的小孩子呢?全县有290多所学校,村小是绝大部分,中心校只有十几所。如果能把100所村小的面貌有所改善,实际上就是整个乡村教育一个极大的改善。

在义务教育均衡发展评估的压力之下,图书购置和接受捐赠的行为也存在重量轻质的短期行为。图书数量固然是一个关键指标,但简单为了冲数量而自欺欺人没有意义。一本陈旧过时的枯燥说教或鸡汤图书买10本放在那里(要知道一般的图书馆里也不会买这么多副本),显然是资源的浪费。公务员考试辅导用书出现在小学图书室,更让人哭笑不得。

之所以会出现上述"滥竽充数"的怪象,一方面是学校方面为应付数量导向的考核检查采取的简单粗暴的补短板行为;另一方面也存在捐赠方比如某些出版机构和书店的某种"甩包袱""去库存"的另类扶贫方式,把一些滞销书以捐赠或低价折扣的方式提供给学校。从我有限的经验来看,解决这个问题的前提条件就是用心,而通过科层体系内的命令和考核压迫的方式来解决,都会存在"下有对策"的道德风险。善借社会力量帮扶的东风,是精准对接供需双方的一个有效路径。可以找专业的公益组织、社会组织来做专业的事情,让图书循环流动起来。也可以动动脑筋,把个体慈善公益的兴奋点导入教育扶贫这一领域。

今年年初,我的派出单位上海财大一位退休教授联系到我,提出想组织他们1979级的12位教育界、银行业的大学同学来元阳旅游,听说我在这边挂职,让我帮忙设计线路、提供出游方案。我当时就建议各位老学长在旅游之余,如果乐意做一些公益活动、关爱一下这边的乡村留守儿童的话,我也很乐于牵线搭桥。我的建议就是捐赠图书,既完成考核,但也确实是孩子们的真实需要。校友们担心,怕他们人少力量小,捐少了的话,场面也不好看。我请他们放心,全凭心意,捐多了,我有捐多了的去处,捐少了我也有捐少了的安排。总之一定是选一个规模合适的学校来对接这些捐赠书籍,让校友们毫无顾虑地做善事。

校友们非常热心,电话询问学校里除了书籍还有其他什么需求,我反馈说跳绳、垫子等体育器材和设备也可以。随后的10天里,50多个快递包裹陆续发到,采购清单总价在24 000元。没有一本书是重复的,每一本书都是他们戴着老花镜在电脑上花了两三天工夫,甚至比照自己孙辈的阅读兴趣,用心敲定的。我陪同他们一起到了那所村小,孩子们特别高兴,校友们也非常欣慰,捐赠仪式上讲了不少鼓励他们好好读书的话。他们还在与该校教师的座谈会上,给坚守在那里的七位教师发了慰问金。旅行结束后,一位学长给我发消息说,感到这次旅行特别有意义,花钱也花得开心,希望这种公益旅游可以成为一种模式。

其实,每年来元阳这一世界文化遗产所在地观光旅游的游客不可计数,他们之中愿意为乡村学校、留守儿童施以援手的也一定不在少数,只是缺少信息的精准沟通。山沟沟里的孩子们如果能够得到外界更多的关注,即便每次解决一个村小的困难,如此愚公移山、累积改善,总会有云开月明、水滴石穿的一天。

从乡村学校的图书困境及其破解过程中,我们看到的是政策执行的一种普遍困境,就是必须时刻提防政策传导过程中对人的行为的扭曲引发政策的跑偏和走样。所以要经常下乡,经常去看、去琢磨,每次下去,都会有新的启发,也加满战斗力。"两脚离地了,病毒就关闭了",那是本山大叔忽悠范厨师的话。必须永远脚踩大地,否则即便是巨人安泰,也会失去力量之源。

一块屏幕究竟能够改变什么？

一

一篇叫《这块屏幕可能改变命运》的报道刷屏了。文章讲述了248所贫困地区的中学通过直播与著名的成都七中同步上课的故事。通过直播上课，贫困地区的中学有88人考上清华北大。

这个故事让人们见识到，"互联网＋教育"是夷平城乡教育资源鸿沟的伟力，也给贫困地区的教师和学生描摹了另一种可能性，提供了一种"换道超车"的希望。

身在城市确实很难体会到，最需要互联网技术，或者说互联网技术应用的效果能够最大化的地方，恰恰是"老少边穷"地区。

课堂直播助贫困地区学生打破"坐井观天"困局

我来云南挂职这五个多月，跑了全县14个乡镇中的11个，去了27所学校。从小学到高中，听了不少课，深深感到，对于自我学习动力比较薄弱，自主学习习惯尚未养成的贫困地区中小学生来说，课堂教学的效果，几乎就决定了学生的后续发展。

今天这个课堂直播的故事，几乎就是多年前发生在江西某市的故事的翻版。

当时一位上海某高校教育信息化专家到该市挂职担任副市长，建立学校结对关系，在任内推动优质教育资源远程共享，把当地升学率提升了十几个百分点。

借助于教育信息化的远程授课、平行班级模式,贫困地区 200 多所中学的 88 人考上了清华北大,这诚然是一种巨大成就,但在我看来,真正应该重视的是,通过这种脑洞大开的独特方式,把一个更为广阔的时空拉入到贫困地区学生的眼前,帮助他们打破"坐井观天"的困局。

重视教育,什么时候都不嫌晚。然而反过来说,如果我们能够把这种教育信息化的工作进一步向前延伸,在升学竞争相对较小、学业负担相对较轻的中小学阶段,就能够通过互联网技术的应用,不仅拓宽学生的视野,也对教师开展系统性的培训,那么贫困地区的教育生态就一定会有根本性的改变,高中教育也一定会因九年义务教育的厚实基础而有更好的发展。

真正起决定作用的不是技术,是人

最近的工作中有两件事,让我对教育信息化的无限潜力刮目相看。

第一件事关于乡村小学的电子白板,这样 5 万元一套的成套设备,并不是每所学校的每间教室都能够配备的。

但就是在这样的条件下,有的村小老师,自掏腰包买廉价微型投影仪,自己从网上下载最新的一些材料和案例,用投影仪打到白墙上,放给学生看,既拓展他们的视野,也能增进他们的兴趣。

这个真实的案例让我感动,也让我懂得,真正起决定作用的,不是技术,归根到底,是人的思路和魄力。实际上中青报报道的这个故事,决定性的力量仍然是学校的决策者和教师。

第二件事是昨天在县民族小学观摩全州小学电子白板应用教学比赛。我原来一直以为,数学教学好像很难使用信息化的手段,全靠老师"吭哧吭哧"地板书。

不过看了这场精彩的教学比赛,我的认识有很大改变。特别是在小学阶段,涉及几何的一些部分,通过特定的教学软件,老师在电子白板上随意"拿捏",一个个图形就旋转拼接起来,很方便直观地实现了一种动态演示,这样的教学过程,比教师用板书尺规作图的效率要高得多、效果也要好得多。

课堂直播打破传统思路,但教育不应仅限于课堂

如果我们把教育信息化视作一款巨型"游戏",那么:做好教育信息基础设施建设、补齐各种硬件短板,就是开启游戏的前提条件。

在小学、初中、高中的课堂教学和学校管理过程中,全面推广和深度应用教育信息化技术,就是这款游戏的"单机版"。

在此基础上,通过远程互联、翻转课堂等方式实现教育资源的均衡共享,就是这款游戏的"联机版"。

但是要注意的是,无论是"单机版"还是"联机版",发挥而不是消解教师和学生的主体性,永远是最为重要的。

要明白,课堂讲授尽管至为重要,仍只是教育过程的一部分。教育家罗家伦早在1941年就极富洞见地指出,教育绝不应仅限于课堂,否则只要办好广播电台,躺在床上听课又有何不可?

问题恰恰在于,这种"空中学校"决不能完成教育的全部任务,因为学校还必须要有良好的学风、人格的感化,这都要靠人与人之间的真实接触。

课堂直播助贫困地区学生上课之所以给人以温暖、感动和希望,正在于,即便两所学校之间有巨大的差距,较弱学校的学生仍然不是被动接受的机器,较弱学校的教师也不应就此甩手退出,转而成为事实上的"教辅人员"。

恰恰相反,报道中的贫困地区学生自强奋斗、蓬勃向上,贫困地区教师敬业奉献、进取有为,这同时又给视频直播镜像另一端的教育相对发达地区的教师和学生以震撼和激励,这种互相成全、互相成就,形成一个不断激发内生动力的正向循环。这种正向循环,给了贫困地区学生更多改变命运的机会。

从这个意义上说,我们要向这双方的全体师生致以敬意,创造了这个教育信息化改变命运的时代传奇。

二

一块屏幕究竟能不能改变学生的未来？这是互联网持续热议了一整天的话题。我昨天也在表达了总体肯定的态度，这样说，当然有一点屁股决定脑袋——我在挂职所在县就协助分管教育，但是也和我五个多月来的调查和思考有关。

《星球商业评论》的一篇《教育平权没有奇迹》的文章，应该是比较中正地把这背后的一些利害关系讲清楚了。我基本同意那个判断："是政府对教育的重视，是财政对教育的倾斜，换来的升学率。"

教育平权当然没有奇迹，但教育投入也注定不会吃亏，贫困县同样如此。再穷不能穷教育，不然脱贫攻坚改变的只能是眼前一代人，甚至这代人的这点改变都不一定能持久守住。或者可以这样说，为了短期指标的漂亮、贫困数据的清零而砸下去的产业扶贫、就业扶贫、劳动力输出扶贫的资金，从长远看可能可以忽略不计。

元阳县专门负责有组织的劳动力输出的公司老总（我们笑称他"人贩子"）对我讲，我们这里外出打工的热情还是很高，这总归是一件好事，至少肯于外出，有改善家庭收入的意愿，不是坐吃山空，理直气壮地当懒汉，当然很好。但是这些四十岁到五十岁之间的人口，文化程度普遍较低，全县人口平均受教育年限刚刚突破9年。有很多打工人员在珠三角、长三角工作，领取工资的时候，很多人还不会写自己的名字，只能用按手印替代签字。而全县45万人口中有14万人外出务工，又势必留下大量的留守儿童问题，缺乏父母照料的留守儿童又很容易辍学，实际上是按下葫芦浮起瓢，一波未平又一波。

上个月接待上级部门所带的欧洲智库访问团，在梯田的边上，和一位葡萄牙老太太唠了半天。她给我看手机上的法国的梯田葡萄和当地农民生活变迁的展览，说法国梯田和我们这里的梯田，都是小农经济，这两种小农经济是相似的，农业现代化的路径和历史的行程也可预期是相似的。几十年前，她的家乡也存在大量的留守儿童和贫困的代际传递问题。家长先外出务工,然后孩子跟着过去,城乡之间再平衡的过程是漫长的,关键在于消除不必要的壁垒。她昨天在农户家看到老奶奶隔代监护小孩子,小孩子拿着手机在那里刷刷刷,让她感到年轻人学习能力强,能够接受新生事物,互联网技术能够夷平信息的鸿沟。她相信我们这里一定会发展起来,而老人很难改变,也不要强求改变,真正的未来在那些孩子身上,真正的希望来自教育。

那么就要回到这个问题了。为什么我会基本肯定这个模式?我认为从目前披露的各方面信息来看,这个故事基本上是各取所需。资源向尖子生倾斜,完全可以想见,这是我们太熟悉的传统套路了。不过要注意,在知识产权犹抱琵琶半遮面的情况下,原来中青报的报道里也谈到,成都方面对录播盗播完全一清二楚,他们的老师和学生甚至都很清楚,自己的上课和回答问题是被上万人看的。但是公司也好,学校也好,基本上睁只眼闭只眼,采取默许的态度。

这样看来,贫困地区尖子生的这点特权,实际上也早已外溢到贫困地区普通学生身上了。至于同样是看了直播,有的人能够领会,有的人就很困难,这是个体禀赋的自然差异,不能苛求。尖子生吃肉,普通生不只是跟着喝口汤,而是同样吃到了肉,只是前者消化吸收的好,后者可能消化的慢一些,吸收的差一些。好的可以上清北,普通的也大幅提高了自己的成绩,创造了更多的可能性。

掏钱买单的是政府,事实上据我了解,在教育信息化方面,国家从上到下都有丰富的专项资金可供申报,会哭的孩子有奶吃,很可能这笔钱也未必需要当地政府自掏腰包;而作为一个大一统国家,在教育方面向贫困地区转移支付是道义所在。即便是当地政府掏钱,但一如报道所言,政府也得到了人口回流、市场回暖、房价回报,成都方面则既得利又赚了吆喝。这显然是一个各方满意的帕累托改进。

我从7月到云南挂职以来,已写过多篇贫困地区教育状况的观察和思考。贫困地区发展教育最大的问题是控辍保学,这是针对九年义务教育阶段而言。对于这里的孩子,经由中考升入高中,就已经是一道难度极大的门槛。看上去,进入高中之后,就不存在辍学的问题了。

再不济,将来总可以读个大专。然而问题恰恰就在这里。

是他们没有能力考上更好层次的大学吗?绝非如此。是他们囿于周遭同质化的学习环境,几乎是命定式地从高一开始就懈怠了精神,认定同龄人中只有少部分人才可以走出本州、走出本省,去读一个一本学校。越是贫困地区,越是难以实现人口的流动,这绝不是简单一句安土重迁、重农怀土的乡愁情结所能敷衍过去的。不是贫穷限制了他们的想象力,而是信息的闭塞让他们只能坐在枯井中望天兴叹。

我写过一篇《作为大学面试官,我亲历的高考综合评价录取》。文中举过一个例子:"我1998年中考的时候,语文作文的主题是畅想未来的机器人时代。中考是省域范围内统一命题的,这个题目,沈阳、大连这样的大城市的孩子们,写得最好。我这种县城的孩子,平时爱看书的,也能忽悠得过去。但那一年农村的孩子,就丢分很多。"

那是没有互联网的时代。今天有了互联网,但只有技术并不能夷平城乡之间的教育差距。关键在人,关键在人的思路和魄力。如果学生成为直勾勾看直播的机器,教师成为打卡监工的教辅人员甚至放弃职守的甩手掌柜,那什么都不会发生,什么都不会改变。

我觉得教育信息化是同样的逻辑。互联网技术真正带来的改变,是把外面的世界拽到孩子的近前,铺开了、放大了给他们看,让他们看到别样的活法、别样的青春、别样的人生,让他们生发闯荡世界、出去看看的欲念,让他们有勇气走出大山、拥抱未来。这比考上清华北大,比考了多少分,都重要百倍。

致农村大学新生：出身平凡不是灰心和怠惰的理由

来到云南挂职的第二个月，赶上给全县高考成绩前二十名的学生颁奖学金。不由得想起十七年前，差不多也是这个时候，我刚刚结束高考不久，也作为县里文科第一名，参加了县政府举办的类似表彰仪式。那个时候财政捉襟见肘，也没什么社会捐助，大抵是每人发500块钱，县长请二十个学生吃了顿饭。

考上大学只是一个人自主绘就自己未来的开始。政府部分借助社会爱心人士的支持，在这个起步阶段，给这些品学兼优、即将进入大学的孩子们提供一个托举的力量，是一件值得去做、也应该做好的事。可以预见，在大学里，他们依靠自己的努力，会获得更多的奖励和荣誉，当他们荣誉等身的时候，这一张奖学金的证书也许是压在最下面的一张，但是一定能够留下深刻的记忆。

奖学金是物质的奖励，更是精神的激励。我很想对即将走出山村、进入城市、迈入大学门槛的孩子们，谈一些心里话。

其一，永葆上进之心。我知道这一代很熟悉"佛系"。但我这里所讲的上进心，绝不是打鸡血，更不是那些宫斗剧里的钩心斗角。而是希望孩子们无论顺境还是逆境，都有一个积极、乐观、奋斗的精神状态。幸福都是奋斗出来的，奋斗本身就是一种幸福。你们正年轻，你们的未来有无数种可能，等待着你们去选择和创造。不要觉得自己来自一个很平凡的小县城，来自农村，因而在大学里遇到困难和挫折的时候就以此作为自己灰心、怠惰甚至绝望的借口。

的确，城乡之间存在巨大的差异，当你成长的18年都是同样的环境时，你未必能感受出来，但当你进入大学，面对五湖四海的学子，你就一定能够体会得到。我1998年中考的时候，语文作文的主题是畅想未来的机器人时代。中考是省域范围内统一命题的，这个题目，沈阳、大连这样的大城市的孩子们，写得最好。我这种县城的孩子，因为平时爱看书，也能忽悠得过去。但那一年农村的孩子，就丢分很多。那是没有互联网的时代，很多人并不知道机器人为何物。今天有了互联网，是否就夷平了城乡之间的教育差距呢？也还没有。所以，你们初入大学，在学习、生活各方面，一定会有极大的不适应。

我2010年刚在大学教书的时候，一个农村孩子给我写信表达想家的情绪，他用的是一种隐喻的方式，说他从没坐过地铁，城市太大了，总怕找不到回学校的路。他很想家，总怕找不到回家的路。这是一个加速变革的世界，你们需要找到回家的路，但你们也要仔细观察、研究和拥抱这个世界，适应这种变化。你们要相信农村的孩子更应该有出息，农村的孩子完全有能力做得更好。

其二，永葆好奇之心。知识就是力量，但是强扭的瓜不甜，灌输的知识只会转化成你肚子里的一桶糨糊，毫无力量可言。你们在高中时大都会听到过各科老师讲过类似的话，再熬一熬吧，努力学习，考上大学就轻松了。其实，就在2018年6月的全国高校本科教育工作会议上，教育部已经发出了明确信号：对大学生要合理"增负"，提升大学生的学业挑战度。大学不是、也不应该是一个轻松的地方。

好奇害不死猫。反倒是养过猫狗的人都有这样的经验，一只小猫小狗，因为它们对外部世界充满好奇，你拿个线团都能逗得它们雀跃不已，等到老猫老狗的状态，没有了好奇心，眼皮都不带眨一下的。好奇心让人对世界充满感情、充满希望，乐于去观察、体悟、研究、改变这个世界。你们进入大学后会见到很多老师，有的老师年纪很轻，但没有了好奇心和研究兴趣，照本宣科，了无生趣，听他们的课让人很难受。有的老师虽然年纪很大了，但仍然精力充沛，去基层调研，去观察和研究问题，听他们的课就觉得很享受。所以，年轻与否是跟心态密切相关的。如果你丢掉了好奇心,那么从踏进大学校门的第一天起,你就将快速衰老。

学无止境。学习从来是个没底的事情。你们才18岁,日子还长。千万不要被考上大学的喜悦、外面世界的精彩所淹没和吞噬,要永远呵护自己的初心、好奇心,永远保持一个读书人的本色。

其三,永葆感恩之心。要感谢你们父母的辛劳,感谢家乡父老的照拂,感谢社会力量的关爱。上个月有两则新闻引起了舆论的热烈反响。一则是云南曲靖的一个小伙子,在工地上跟自己的父母一起搬砖的时候,收到了北大的录取通知书,小伙子接受记者采访时说:"走出大山,还会回到大山,但我回到大山,会带来一些不一样的变化。"另一则是河北的一个小姑娘,也收到了北大的录取通知书,她有一篇演讲叫做《感谢贫穷》。这里并不想对社会上围绕这两则新闻的讨论甚至争吵做什么结论。首先要肯定这两个孩子都有一颗真诚的感恩之心。同时,我们也必须承认一点,人口的流动是自然规律、经济规律,无可厚非。我这35年里,前18年在辽宁,后17年在上海,未来一年在云南,这都将在我的人生中刻下深深的烙印。你们也是一样。只要你们心中始终有这片生你养你的土地,始终记得这里的一村一寨,一草一木,我们相信无论你们将来身在何处,都会为家乡的发展做出力所能及的贡献。

我相信,不只是我这个刚来这里挂职一个多月的新人,也包括土生土长的本地人,你们的长辈,我们都没有那么狭隘。我们盼望你们走出大山,走出省外,走进陌生的城市去闯一闯、看一看,尽情煽动你们的翅膀,去追逐和实现你们的梦想。我们不给你们任何"从哪里来,回哪里去"的压力。真正的回报家乡父老、造福桑梓,有各种各样的实现形式。

作为从贫困县走出来的学子,你们应当知道,我们正在进入脱贫攻坚的最后阶段,正在为2019年提前脱贫"摘帽"而奋斗。也许你们明年大一暑假、大二寒假回来的时候,家乡的面貌就已大不一样。但是,脱贫之后的乡村振兴之路还很漫长,还需要你们关心这片土地,这里的父老乡亲。也许你们将来也可以捐资助学、回报社会,也许你会返乡创业、带动家乡人民就业增收,也许你会下乡支教或返回中学母校跟师弟师妹分享学习的体会……有太多太多的机会了,只要你有这份对乡土的依恋和感恩。

青年兴则国家兴,青年强则国家强。国家、社会、家乡、父母对你们寄予厚望。由衷希望你们与时代同步伐、与民族共命运,将自己的人生抱负与家国情怀同社会的发展需要紧密结合,在实践中锻炼成材,回报在你们成长路上关心、支持、帮助过你们的人们。希望你们在大学岁月中取得更大的成长进步。

教育扶贫,才真正"让世界变平"

内陆贫困地区与沿海发达地区的差距是全方位的,教育也不例外。自2018年7月来到云南元阳县这个国家级贫困县挂职、协助分管教育的半年多来,我的派出单位上海财经大学在人、财、物各方面对这里的教育扶贫工作提供了全面支持。这个过程中,我越来越体会到,教育均衡发展之间的区域差异和城乡鸿沟,的确有望通过点滴努力而逐渐缩小。这种信心不是钱砸出来的,而是基于对教育制度变化趋势的一种预期和判断。

新高考改革队伍中的"后卫",也在摩拳擦掌

我去相邻的一个县城的一所重点高中,实地考察他们试行了半年的"分层走班"教学改革。其实,这就是在新高考改革全面推进过程中,学校自身教学理念和管理模式的一种自主探索。这所高中也和上海的学校一样,尝试打破原有固化的行政班建制,实施选课走班分层教学。偌大的高中教学楼里,高中生像大学生一样,在不同的教室中组成一个个流动的班级,课堂很有活力,教学也井然有序。

云南属于新高考改革队伍中的"后卫",是最晚实施的几个省份之一。尽管仍然存在不同的声音,但显然这场改革的脚步已经迫近。据我所知,在这里,2017年和2018年的高考语文试卷的整体阅读量已从7 000字上升到9 000字,到2020年左右还将上升到1.2万字。这也意味着,在新高考改革全国推开之前,命题的指挥棒就已在引导学校

走向必须重视学生课外阅读和自主学习的道路了。继续被动等待和观望的后果,只能是不进则退,甚至颗粒无收。

贫困县有贫困县的难处,起点太低,差距太大。元阳全县去年1 100多个考生,一本上线仅六人。但也正因如此,反而也有一种绝处逢生、自我激励的胆量,折腾一下,未必更差,也许更好。

真正能够让世界变平的是教育,是教育带来知识的共享、观念的更新和视野的开阔。在这个意义上,如果说"一块屏幕"能够给贫困地区的孩子带来什么改变的话,那么缩小与城市孩子眼界的差距,是最重要的。

新高考改革在某种意义上产生同样的催化效果。眼下正是大学期末考试的时候,前几天一位老师兴奋地对我说,他发现大一、大二这两届学生的课程论文水平,整体要比前面几年好很多。我也深有同感。我的一个猜测是,这两届学生进入大学的阅读量起点,就比以前的要高,这可能与新高考改革之下高中教育思路的转变有莫大的关联。这种不可阻挡的趋势甚至让远在西南国家级贫困县的我都已感受到了。相比前面提到的邻县的教育水平,我所在的元阳县还是相对落后的。县里的两个高中校长都忧心忡忡地谈到,必须马上启动选课制改革和扩展学生的阅读量了。

要知道,高中搞选课制,要满足一些基本的硬件条件。比如,必须做好三分之一左右教室轮空的准备。简单地说,如果教室不够用、教师配备不足的话,要么课程开不出来,要么教室安排不过来,最终都推行不下去。即便如此,这里的学校也都摩拳擦掌,要创造条件推行教改。

乡村中小学走出困境,"第一推动"只能是教师

高考改革的指挥棒对整个教育领域上下游的深刻影响和改变,可见一斑。当一个教育欠发达的贫困县都开始琢磨这个事情的时候,江

浙沪等发达地区的状况可想而知，一定是动手更早，影响也更深远。当然，它的另一个可能后果或有待解决的问题就是"堤内损失堤外补"：校内看似减负了，校外其实更累了，因为对学生综合素养的要求其实更高了。

和十几年前的那种"上课拖堂"或有组织的"补课游击战"相比，当下人们的心思更活络了。那时候是想方设法给你灌输增量，实际上是用时间换空间，所谓"高观点下的初等数学"，让你用超前的高阶工具解决低阶问题。所以，那些年流行的各种习题集、精编之类"超纲题"泛滥，就是要把你往"高层次"带。

相比之下，当下的课外培训机构泛滥却是"堤内损失堤外补"，"堤外"明显在挖"堤内"墙角，若是课堂上老师"留一手"，学生再不参加补课，恐怕基本内容都学不到。所以能够看到当下教育部门的治理思路双管齐下：既坚定不移地搞"堤内"的"去产能去库存"，也坚定不移地正本清源、治理"堤外"乱象。

新高考改革的这种指挥棒效应，不仅在发达地区让新教育理念逐渐落地生根，贯穿学生培养的全过程；也让发达地区对贫困地区的教育扶贫，有了一个更好的接口，实际上可以一直延伸到义务教育阶段中，学生兴趣的发现、习惯的塑造和人格的养成。这也是上海市多年来一直探索的"大中小学一体化改革"的成功经验。

对于贫困山区来说，乡村教师"下得去、留得住、教得好"的压力远比为学生减负迫在眉睫。这半年，我去过 30 个乡村中小学，对于师资方面的压力体会深刻。要让困难重重、千头万绪的乡村中小学走出困境，"第一推动"只能来自教师。

乡村教师特别需要被理解，也特别需要培训的机会。很多城市的大中小学教师对各类培训并不看重，甚至觉得耽误时间，但乡村教师太珍视这些机会。每一次师资培训、教学比赛，都是对乡村教师极大的激励和鼓舞，其实也是让他们从繁重的教学任务中稍事解脱和放松。乡村教育尤其要注意因陋就简、就地取材、因材施教、扬长避短。特别是在九年义务教育阶段，更不能盲目跟风、超出自身水平，以己之短去一路狂奔地"唯分数论"。因为一来,必须考虑到生源水平的累积改善,不可一蹴而就;二来,也必须清醒认识到,现有师资很难有较强的驾驭能力,去兼顾应试目标与呵护学生的学习兴趣。因此必须有所取舍,在义务教育阶段,贫困地区乡村中小学教育应该重在培养与呵护学生的学习兴趣。

乡村中小学的发展,校长是"关键少数"。一个合格的乡村中小学校长,应当既不能脱离一线教学,还要做好管理者和教育家。不能脱离教学的意义,在于始终保持对现时代教育对象的基本特点和教师的真实关切有敏锐的直感;做好管理者和教育家,则意味着要善于结交各方、争取资源、把事情办好,不断积小胜为大胜,让各方刮目相看,从而燃起信心,汇聚社会力量来改善办学条件。

扶贫先扶志,这比增收多少重要得多

在挂职后我了解到,原来,很多国家级贫困县里,会同时有各个条线、系统、地方派出的挂职干部。比如元阳县的县级干部中,挂职的就有五名。其中,有的企业从1992年就对口援助,主要工作是基础设施建设、修路、建楼。也有上海各区的对口帮扶,大约从1996年开始,重点在产业扶贫、就业扶贫。而教育部直属高校的滇西对口帮扶是2013年开始的,主攻教育扶贫、智力扶贫。

当然,我身边的很多朋友有时也不理解,为什么扶贫这么长时间,还存在这样大的差距?我一般会打一个比方:这就像小学应用题里经常遇到的那个"灌水放水"的追及问题。贫困地区在努力脱贫,可是发达地区也没有停步,仍在快速发展。必须承认,消灭贫困是一个相当漫长的过程,区域的发展也不会是一个静态的追赶,只能尽力追求"灌水"的速度快于"放水"的速度。

对于教育系统在滇西挂职的这批人来说,有一个共同的认知,就是教育扶贫光荣而重要。每当看到乡村中小学里孩子们嬉笑打闹、听到校园里的琅琅读书声,见证贫困的村庄里建起最牢固最大气的教学楼,我们都不断提醒自己,他们是这里的明天、未来和希望。十年树木、百年树人,彻底阻断贫困的代际传递,只有靠教育。扶贫先扶志,治贫先治愚,这比今年比去年收入增加了多少、明年比今年收入增加了多少,更加重要。

近乡情更怯,未必读得懂真实的中国

自 2015 年王磊光博士《一位博士生的返乡笔记:近年情更怯,春节回家看什么》和 2016 年春节前夕黄灯博士《一个农村儿媳眼中的乡村图景》之后,以春节返乡题材为主的"返乡体"写作,逐渐成为每年此际舆论场必不可少的标准配置。

"返乡体"能够走红的原因或有很多,但主要的无非是供需两个方面。从"供给侧"的角度看,人口流动大背景下城乡社会的剧烈变迁,给具有相当规模、横跨城乡两个区域和拥有多地生活经验的青年知识群体(主要是 80 后和部分 90 后),造成直观而持久的视觉冲击和精神体验,这是他们动笔记录下自己观察和思考的主要动力。从"需求侧"的角度看,基本物质需要得到满足之后的人们,也日益增长着对于美好生活的精神追求,"看得见山、望得见水、记得住乡愁"就是其中之一。为都市喧嚣和油腻生活感到烦躁的人们,对于那种"我手写我口""所见即所得"的明朗快意、清新写实的田园文风,也有一种久违的天然亲近感。此外,从传播媒介自身的特点来看,春节档恰恰是媒体议程设置相对宽松的空档期,更是风土人情、民生民俗这类平日很难抢到"C 位"的软性话题大显身手的绝佳时机。

我们可以把"返乡体"写作的出现和走红,放置于 20 世纪末"三农问题"浮出水面,21 世纪初出现"工业反哺农业、城市反哺乡村"的呼声,乃至于从新农村建设、美丽乡村建设、精准脱贫直至乡村振兴的一系列连续性的政策转向和制度安排这个序列之中。其本质,都是在快速城市化和城乡一体化的历史进程中,对于农业农村现代化和农村农民主体地位越发清晰和自觉的反映。因此它在总体上是一个值得肯定的现象。

"返乡体"的创作主体是青年学者、媒体从业者、大学生,他们回到阔别许久的家乡,生发近乡情怯的乡愁,再自然不过。没有调查就没有发言权,但调查个案的科学性和代表性,也值得探讨。

2008年,我在读博期间参加了学校组织的首届"千村调查"暑期社会实践活动,参加者都返回自己的家乡,调查当地改革开放30年农村基本状况。返乡的好处在于,生于斯长于斯,熟悉乡土人情,能够很快融入,但问题也恰在于此,天然的便利容易让调查者过于依赖和轻信个别熟人的口耳相传,疏于深入和广泛的访谈、细致和缜密的判断。最终就容易习以为常、习焉不察,从随意的"全称判断"直通"地域黑"陷阱,犯以偏概全的毛病。从第五年开始,学校在返乡调查的基础上,在每个省份补充设置固定调查点,鼓励师生以研究团队的形式,前往非自己家乡所在地开展调查。连续11年的结果显示,定点调查的效果、质量和数据的连续性都要好于返乡调查。

调查和访谈当然有技巧,但首先还是一个融入的姿态问题。如果没有一定时间的共同生活经历,即便是土生土长的"土著",也未必能够得到乡里乡亲"掏心窝子"的对待。我常跟学生讲我工作后和同事第一次驻村调查时所做的"无用功":在农民家里住到第三天的时候,早上端着牙缸出来刷牙时看到第一天访谈过的村民,他惊讶地过来问,你们怎么还没走?我们说,本来就是要住在这里调查20天的啊。这时他又笑嘻嘻地说,那我重新跟你们聊,我第一天跟你们讲得不对。这才真正打开话匣子。

纸上得来终觉浅,绝知此事要躬行。调查重要,但是调查的时候也要动脑子,不能听风就是雨。找到一个对村里各方面人和事都了如指掌的"明白人",往往是可遇不可求的事情。即便如此,也不能完全依赖于"明白人"。陈云同志的"十五字诀"很值得参考:不唯上、不唯书、只唯实,交换、比较、反复。必须反复求证、多方印证,完成一张拼图、一盘大棋。

比如,有一年我在上海松江驻村调查,跟一位熟知村情的老者聊了一整天,基本勾勒出村庄人户分离的基本图谱。但我们仍然花了几个晚上,每天晚上按图索骥地边沿着村庄的四至散步,边核对到底有几家灯火通明、几家人去楼空,最终才得到一个相对靠谱的结论。

再比如,我在云南挂职扶贫初期,带着先入为主的印象,认为乡村小学(这里指的是除"中心校"之外的小规模村小)的问题和困难比较多。然而去了很多学校之后才发现,恰恰是这些小规模的村小"船小好掉头",扁平化的管理结构和充满活力的校园氛围,让我改变了原有的刻板印象。这样说绝非有意遮蔽有问题的一面,而是说我们的调查必须尽可能全面,以求经得起检验。

如果我们只是把"返乡体"当作一种文以载道、抒发乡愁的文体,那么任由情绪的宣泄和流淌,大可见怪不怪。如果我们要把它认真地当作反映乡村社会现实的文体,那么它除了情怀之外,还需要有更多的数据支撑、更科学的调查设计和更广泛的代表性。唯其如此,我们方能在田野村落中,脚踩乡间泥土,读懂真实中国。

"一千万青年下乡"的真相

近日,共青团中央印发《关于深入开展乡村振兴青春建功行动的意见》。部分媒体、自媒体择其一点或择其几点,拎出了诸如"干大事!国家计划3年内动员1 000多万青年下乡"这样的夸张标题,引起人们的关注。

可是翻开文件原文,讲的不过是"到2022年,力争组织超过1 000万人次大中专学生,参与大中专学生志愿者暑期文化科技卫生'三下乡'社会实践活动"。1 000万人次,翻转成1 000多万青年;暑期"三下乡"社会实践,简写成"下乡"。一些人听风就是雨,搞出个"大新闻"。

我在学生时代自身参与过、作为指导教师也带队指导过大学生暑期"三下乡"活动,目前也在国家级贫困县挂职近一年,对于大学生下乡这一话题,我觉得有必要澄清一些误解。

"三下乡活动"不是"上山下乡运动"

所谓"三下乡",是指涉及文化、科技、卫生三方面的内容"下乡",本质上是现代化生产方式、生活方式和相关知识的"下乡"。这个工作既是农业农村现代化必不可少的一环,也是城乡一体化和国家内部区域间梯度发展趋势的自然产物,类似汽车下乡、家电下乡、资本下乡之类,我们不早就习以为常了吗?

"三下乡"最早的推动主体,就是共青团系统。20世纪80年代初,团中央首次号召全国大学生在暑期开展"三下乡"社会实践活动。到了 1996 年 12 月,中宣部、国家科委、农业部、文化部等十部委联合下发《关于开展文化科技卫生"三下乡"活动的通知》。从 1997 年起,"三下乡"活动开始成为多个部门协同推动的全国性活动,持续至今。

与此同时,大中专学生的暑期"三下乡"社会实践,仍具有一定的独立性。它充分利用高校学生暑假较长的闲暇时段,集中性地开展送技下乡、送教下乡、送法下乡、送医下乡、送艺下乡等。而其他部门如地方科技、卫生、教育主管部门,则多倾向于选择每年年初到春节之间,开展"三下乡"的集中示范活动,兼与"送温暖"活动相叠加,发挥更好的效果。

因此,无论是团中央在暑期组织的三下乡社会实践,还是其他部门在年初组织的三下乡送温暖,都既是一种常规性的活动(至少持续 20 余年),也是一种限时性的活动(最多不超过一个月)。这与 20 世纪六七十年代在特定历史背景和经济社会条件下的"知识青年上山下乡"运动,完全是两码事,没有可比性。

那么,"力争 1 000 万人次"的这个数字是否合理? 我并没有查到最近几年的暑期三下乡具体人次,但如果从 2018 年普通高等学校在校学生数 2 831 万人(这还没统计中专学生)这个基本盘出发的话,三年时间动员 1 000 万人次的大中专学生参与暑期的三下乡活动,并非一个遥不可及的 misson impossible。

"先做学生,然后再做先生"

应当指出,"送 X 下乡"的这个说法,诞生于城市对于农村存在绝对"势差"的年代,固然有逻辑上的必然性,也或多或少地存在现代化浪潮席卷"落后农村"产生的某种优越感。

事实上,今天的三下乡活动的组织策划和具体执行过程中,越来越多的高校管理者、教师、青年学生深刻认识到这样一个道理:城市青年与农村农民之间是一种平等的关系。前者可以给后者"送去"现代科技、文化、卫生知识;后者也可以为前者经风雨、见世面、壮筋骨、长才干、理解真实中国、历练完善自我提供一个大有可为的广阔天地，留下一段值得珍视的人生经验。

换言之，今天的农村依然需要青年的关注，但今天的青年也有更强的兴趣扎根中国大地做研究、做学问，到农村寻找俯拾即是的各种值得研究的问题、课题，把教室里和头脑中的设想在农村土地上开花结果。不再是农村农民单向度地有求于城市、青年，而是互相需要、互相教育、互相依赖。三下乡正是满足双方这种一拍即合需要的平台之一。

毛泽东曾有一句名言："做学生，然后再做先生。"以前随社会学家曹锦清先生到农村调研，他也转用这句话来告诉我们青年人到农村去应当持有的基本姿态。我们不是拯救者、更不是教师爷，我们做种种调查研究，本身是有利于自身的见识提高和人格成长，耽误的是人家下田种地的宝贵时间。在这个过程中有所增益、有所感悟，首先要感谢人家的不吝分享和交流，谦虚老实地做好学生。而当我们经常性地深入基层、了解农村、交往农民之后，积累了一定的经验，到另一个地方再跟人交谈时，逐渐也能提出自己的一些看法和建议，也许让对方也能有所启发、有所受益。这时的交流就是一个双向的过程。即便此时，作为青年学生，也要懂得向实践学习、向人民学习且学无止境的道理，才能走得更长远。

志愿服务，助人自助

为了更好说明问题，我举几个例子。

一个例子是上海财经大学的千村调查。2008年改革开放三十周年时，我所在的上海财经大学开启了"走千村，访万户，读中国"的"千村调查"暑期社会实践活动。2008年以来，累计18 489人次调查走访大陆地区32个省区市的10 184个村庄、近13万农户。

这是一门开设在田间地头的社会实践课。农村生源的学生返回自己的家乡，打开对他们而言习以为常也因此习焉不察的乡土中国

"黑匣子";从小生活在大都市的青年人则第一次深入农村,认识真实的基层社会结构。这是任何课堂学习都无法替代的。

需要指出的是,"千村调查"还仅只是学校在"三下乡"活动之外的自选动作。深入农村绝不仅仅是青年学生的需要,学校里每年都有很多海归教师踊跃报名,争抢 30 个固定观察点的定点带队指导教师名额,这既是海归教师国情教育的重要场所,也是他们研究中国问题、讲好中国故事的重要平台,千村调查成为一条融国情教育、科研训练、创新实践三位一体的人才培养路径。

另一个例子是,中山大学旅游学院在我的挂职所在地云南省元阳县推进的一个项目。元阳是国家级贫困县,但这里也有闻名于世的世界文化遗产——哈尼梯田。阿者科村地处哈尼梯田世界文化遗产核心区内,海拔 1 880 米,全村共 64 户,479 人,是典型的哈尼族传统村落。阿者科同时也是第三批国家级传统村落,村落景观独特,尤其是蘑菇房较成规模。但随着现代性进入,人口外出务工,村落空心化严重,传统生产生活方式难以为继。

一方面,阿者科村内经济发展缓慢,人均年总收入仅 3 000 元,是元阳县典型的贫困村,脱贫任务艰巨;另一方面,游客自由进出村庄,旅游接待散漫无序,村内脏乱差。2018 年 1 月,中山大学旅游学院团队应到元阳梯田区实地调研,专门为阿者科村单独编制《阿者科计划》。每年派一名硕士研究生常年驻村,并与当地团委干部一道,以项目制方式推动计划的执行。他们完全以一种科学研究的态度介入村庄社会治理,激活本土资源的内在活力,让农民组织起来,改善人居环境、保护传统村落、拓展旅游增收途径。

2019 年 3 月 8 日的哈尼族昂玛突节,阿者科村举行了第一次旅游分红大会。已经硕博连读的驻村研究生小杨,每天在朋友圈分享他拍摄的日出日落,村里的大人孩子早就跟他打成一片,他正在理论与实践的不断往返中勾勒自己博士论文的宏大框架。是谁帮助了谁,又是谁教育了谁?这个问题还重要吗?

类似的故事还有很多。而且,除了"三下乡"这种短期社会实践之外，共青团中央、教育部等部门也开展有西部计划志愿者、研究生支教团等一到两年不等的长期志愿服务计划。研究生支教团是每年在大四学生中根据自愿报名和各方面成绩、面试情况综合确定，入选者具有研究生资格，但需先到学校对口支援的贫困地区中小学作为教师支教一年。

西部计划起始于2003年，想必大家对当年春季突发的"非典"还记忆犹新，当时人们并不清楚这个局面什么时候能够得到控制，是否会影响到当年毕业季的大学生就业。要知道那一年正是1999年扩招政策之后的首批学生毕业的年份，作为未雨绸缪的应对举措，当年出台了西部计划政策，相当于以国家购买服务的方式，出资鼓励大学生到西部贫困地区基层志愿服务，服务期满后在求学、就业等方面再给予一定的政策鼓励。

话虽如此，但从我近些年作为评委参与本校研支团和西部计划面试的感觉来看，绝大部分学生都不是为了一个保研的名额或一个过渡性的就业岗位来申报的，很多具备很好条件的学生非常踊跃地来竞争这一到基层志愿服务或支教的机会，志愿服务已经成为当代青年的一种生活方式。

原全国政协主席李瑞环曾用三句话很经典地概括政协的定位：尽职不越位、帮忙不添乱、切实不表面。我在此引用一下，再加上一句，来描述青年志愿者的目的：尽职不越位、帮忙不添乱、切实不表面、助人亦自助。帮助别人并在这一过程中自然地收获快乐，除了这个，没有别的特殊目的。在助人的同时，净化了自己的心灵，获得一种满足感，这是在单纯满足自己需要的时候很难体会到的满足感。把有意思的事情变得有意义，把有意义的事情办得有意思，这是一件好事。

我的一篇高考作文

2019年6月7日,我挂职的第337天,也是高考的第一天。我在县里的高考考场巡考,"站好最后一班岗"。巡查一圈下来,发现每个教室平均有3—5名不等缺考,约占考场人数十分之一到六分之一。第一场语文考试的时候,特意翻了翻学生摆在考场外面的复习资料,估计他们都在押宏大叙事的大事件。复习资料集中度比较高,但素材老化严重。

昨晚结束全天考试的巡考工作后,写了一篇全国卷Ⅲ的高考作文,不敢说给云桂川黔的考生打个样,主要是履行对我们元阳县高三学生的承诺,挂职副县长一年来,跟他们讲座多次,也跟高三老师们专门座谈过,其中就专门谈到最后一个月作文是可以临阵磨枪上水平的。光说不练假把式,现在我也写一篇他们的同款作文,题目自拟为:走出大山。

全国卷Ⅲ看上去容易写,但是要想写得不撞车、出新意,不容易。其实应该跳出来看,为什么是云桂川黔四省共享全国卷Ⅲ?四省的共同点是什么?

我是来挂职扶贫的,所以职业习惯,我觉得四省共同点就是都有大片贫困山区。而贫困山区的老师讲出"你们再看看书,我再看看你们"的眼神、心态,应该是和其他地区、其他省份有所不同的。那种学生走出大山就不回头的可能性,那种看一眼少一眼依依惜别的师生情,是独特的。从这个角度可以另辟蹊径。

当我把试卷翻回卷首,陡然再看到"全国卷Ⅲ(适用地区:广西、四川、云南、贵州)"的字样时,我的思维惯性被喝止住了:为什么是这四个省份的考生,面对这样一道作文题?

云、桂、川、黔,总人口两个多亿,总的来说地处西南,除四川略好之外,整体上发展水平比较靠后(尽管增速比较靠前),是贫中之贫、困中之困,所谓深度贫困地区的"三区三州"中,也有一半位于云南、四川省内。

贫困何以发生?我从小就在思考这个问题。

有人说,是区位条件注定、地理空间阻隔。没错,山川沟壑、地质灾害,这就是我们从小司空见惯的周遭,也是当年主力红军选择经由这条曲折的道路把革命火种传递至陕北的主要考虑。因为即便在盘山公路修得叹为观止的今天,山里人要走出大山,仍不是说走就走那么简单。可是,要说山区就注定要衰落,恐怕也不能让人信服,国内有皖南、闽东地区,国外有欧洲的那些山地国家,为什么都各有前程?

有人说,是因为我们人懒。这一条我更加不能同意。国民性批判,在很大程度上是无意义的。高中政治教科书告诉我们,是存在决定意识。马克思也专门分析过畜牧业、农业到手工业的不同生产方式,对人的行为方式的影响。如果一定要论"懒",那么畜牧业的业态,最助长、其实也是最需要"懒",因为牧者的"勤奋"无济于事,是牛羊自己在觅得芳草后野蛮生长。农业,特别是中国传统的精耕细作的农业,容不得"懒人"。我的家乡是世界文化遗产哈尼梯田所在地,从唐代以来,我们哈尼族祖先就来到红河南岸,靠自己的双手辛勤耕耘出这片令世人惊叹的千级阶梯、人间奇景。这是劳动的伟力,奋斗的结果。

我更倾向于认为,是教育的落后导致了我们的贫困。在我的家乡,平均受教育年限刚刚超过9年。从小到大,我见过太多的伙伴因为父母外出务工、家中老人无力看管,仅仅一两个寒暑,就被外出打工归来的未成年同龄人身上新潮的服饰、手中新款的手机所吸引,踏出校门,再不回头。我也见过太多的叔叔伯伯,不要说普通话、就是汉话都听不懂、说不出,就随着有组织的劳动力输出大军,去往珠三角的工厂,可没过多久又因为酗酒和无法沟通而被遣返。

我现在也许能更深刻地体会到云、桂、川、黔四省的考生,为什么会面对这道考题了。在这样一个"控辍保学"始终是教育领域第一要务的环境中,我们的老师,我们的家长,看着我们一步步走到了今天,即将通过高考而有可能改变自身的人生轨迹,改写父辈们一辈辈重复不变的剧本,此时此刻,他们的心情是兴奋的、也是惆怅的、更是复杂的。

当代中国的历史进程中,有很多个如此的关键时刻,有时甚至是以一整代人的付出和心血,换得了社会发展的延续,比如 1998 年到 2000 年国有企业的上千万下岗职工。而讲台上的我的高中老师们,以及三年前、六年前教过我们的中小学乡村教师群体,他们的隐忍与坚韧同样伟大。他们从外县、外州甚至外省,考到这里,用普通话对我们这些既不懂事、又不通汉话的熊孩子们"鸡同鸭讲"、苦口婆心了这么多年。有时看到他们的棱角磨平了,斗志消退了,精神涣散了,我们也深感愧疚和不安。

好在,我们都坚持到胜利曙光在望的今天。我不再是当初青涩顽劣的我,他们也不复当年的青春。时间,改变了我们。我们,亦不负时光。

附 录

- 开启希望之窗 斩断贫困之源
  ——2018上海财经大学扶贫侧记
- 就挂职扶贫、基层工作答观察者网记者问

开启希望之窗　斩断贫困之源
——2018上海财经大学扶贫侧记

上海财经大学党委组织部供稿

根据教育部统筹安排,上海财经大学自2013年起,作为不具体承担定点扶贫任务的31所直属高校之一,对口联系和专项帮扶云南省红河州元阳县。截至目前,先后派出挂职干部6人。在认真落实和完成好"为贫困地区开展咨询研究、文化艺术下乡、干部师资培训等方面工作"的基本要求之外,也在智力扶贫、教育扶贫、文化扶贫等领域持续发力,为当地脱贫攻坚贡献智慧和力量。

2018年以来,在教育部的直接领导和教育部滇西挂职总队的关心支持下,上海财经大学举全校之力支持挂职干部扎实开展工作,助力元阳县脱贫攻坚顺利推进、成效明显,从学校各部门争取43.5万元用于奖学助学、资政修志、党建创优、消费扶贫;在教育部的支持下,争取雨润基金105万元,用于元阳县大坪乡大坪中学学生校舍建设项目;联系学校继续教育学院继续开展全县优秀中青年干部培训班,受训干部50名;为党政机关和中小学校上党课、公开课、示范课六次;调研学校45所,召开师生座谈会十余次;协调校内外专家学者就全域旅游与乡村创业、金融风险防范、脱贫攻坚、中小学教师育德意识与育德能力提升等主题开展干部、教师培训,覆盖人数800人次;联系捐赠中小学图书、体育器材价值24 000元;联系捐赠资助高中困难学生10 000元;此外,坚持深入基层开展调查研究,倾听乡村教师心声,凝练脱贫经验,讲好脱贫故事,在公开发表各类理论文章和评论40余篇计16万字。

领导高度重视对口帮扶,多次给予指导

上海财经大学党政领导高度重视对口联系帮扶工作,并将这项工作作为一项重要的政治任务,以高度的政治责任感加以落实。2018年以来,校党委书记许涛多次听取挂职干部的专项工作汇报,并就发挥学校特色优势、创新对口帮扶方式、改进教育扶贫效果等方面提出细致的指导意见和建议。2018年3月,校党委副书记朱鸣雄带队到元阳县看望慰问挂职干部和调研考察帮扶工作,并为马克思主义学院与元阳县共建的马克思主义理论实践教育基地揭牌。2018年10月,在校领导建议和支持下,挂职副县长曹东勃分别到学校机关党委第一支部、第七支部联合组织生活会上汇报挂职扶贫和元阳脱贫攻坚情况,并应校学生会邀请在"如师说"活动现场专题介绍挂职云南的观察与思考,进一步加深了师生党员对元阳县脱贫攻坚的理解和支持。

自2008年以来,在学校领导高度重视和推动下,上海财经大学连续12年开展"千村调查",组织学生"走千村、访万户、读中国",探索形成了一套融国情教育、科研训练、创新实践三位一体的人才培养模式。2018年千村调查聚焦"农村生态文明建设";2019年高起点谋划,着力打造千村调查2.0版,进一步聚焦"农村教育发展",以10余年的厚重积累和调查研究为脱贫攻坚和农村义务教育均衡发展贡献上财智慧。

发挥派出单位特色优势,做好干部培训

政治路线确定之后,干部就是决定的因素。2013年以来,上海财经大学已先后举办5期元阳县优秀中青年干部培训班,元阳县每年从部门和乡镇遴选50名中青年骨干来到上海财大参加专题培训。培训班的专业师资、优质课程、精心服务得到参训同志的高度认可。

2018年10月中旬,元阳县中青班在上海培训期间,实地考察了上海财经大学商学博物馆、陈云纪念馆、洋山深水港等地。曹东勃还借

助多年来学校与杨浦区之间区域化党建的成熟条件,以及其身为杨浦区首批12名社区政工师的有利条件,把实践教学的现场带到了对口联系的控江路街道。学员在感受、体验先进经验的同时,努力寻找自身存在的差距,进一步开拓思路、更新观念,为"走出去"打开一扇"视野之窗",实现元阳经济社会跨越发展。

为完成好干部培训任务,曹东勃与学校党委组织部、党委校长办公室、继续教育学院同元阳县委组织部多次协商,针对培训课程的安排提出"三个注重"的原则并被采纳。

一是注重理论引领。条线部门和东部发达地区在理论研究方面,拥有宝贵的人力资源优势,形成了扎实的研究基础。而贫困地区基层干部奋战在扶贫一线,往往承担着繁重的工作任务,也因此缺少充足的时间研读理论经典和进行政治学习。因此需要保证足够的理论学习学时,让参训干部"充电"提能。

二是注重实践观摩。条线部门和东部发达地区在各自的改革进程中,积累了丰富的实践经验,形成了一系列可复制、可推广的模式案例。因此需要保证足够的实践课程学时,通过"走出去"方式,带领他们到改革开放的前沿开展现场教学和实地观摩,强化对改革创新时代精神的深刻理解,汇聚脱贫攻坚的强大精神力量。

三是注重前瞻设计。条线部门和东部发达地区在基层党建、社会治理创新、城市精细化管理、大众创业万众创新等方面,走出了一条具有引领示范意义的新路。这些发展经验不仅对于贫困地区由脱贫攻坚向乡村振兴相衔接的过程中具有重要参考意义,在贫困地区今后发展农业农村现代化的道路上也发挥着路标式的指引作用。因此需要充分前瞻,将部门、系统、地方最先进的改革模式和经验,毫无保留地呈现给贫困地区参训干部。

重视资金资源项目引进,补齐发展短板

一是在教育部滇西扶贫挂职总队的支持和指导下,牵头申报的

2018年度中国教育发展基金会润雨计划"大坪中学综合楼"项目顺利通过立项,105万元项目经费已到账。

二是在2018年12月下旬,牵头申报的2017年度润雨计划"胜村中心小学综合楼"项目已全面竣工、完成审计评估和结项验收。

三是12月初,经过曹东勃沟通协调,在上海财经大学党委校长办公室支持下,为分管的元阳县地方志编纂办公室争取到8万元的专项研究经费资助地方志研究和年鉴出版,用于延期了两年的2017、2018年年鉴出版和哈尼族地方特色文化挖掘整理。目前2017年元阳年鉴已顺利出版。

四是向上海财经大学党委组织部争取3万元党建专项资金支持元阳县攀枝花乡党委创建示范党支部规范化建设创建达标工作。

五是持续开展消费扶贫,2019年1月,根据上海财经大学工会与元阳县粮食局达成的采购协议,共为全校教职员工采购元阳梯田红米2500份,价值12.5万元。这是2017年以来,学校连续3年以消费扶贫方式提供支持。

六是主动对接走访相关院校,积极促成职教帮扶。2019年4月,在前期多次协调沟通的基础上,曹东勃带队县教育局、县职校相关领导和招生办人员,赴昆明拜访考察云南工商学院、云南机电职业技术学院,就职业教育发展、单独招生和留守儿童关爱等方面与两校领导深入沟通,就进一步深化校地帮扶协作和相关框架协议达成共识,并约定将进一步推进相关工作。

聚焦义务教育均衡发展,深耕教育扶贫

义务教育均衡发展是挂职工作的重中之重,协助分管教育,也是我校挂职干部主要的工作分工。在上海财经大学领导和各部门同事的全力支持下,2018年以来,我校教育扶贫工作在原有基础上,又呈现不少新的亮点。

一是设立奖学基金,托举贫困学生。上海财大1978级校友王小

敏先生捐资100万设立"先星—上财奖学金",每年资助县里的两所高中该年度高考排名前20名的高三学生,每学年10万元(每人5 000元),同时每年再投入10万元为乡村学校建设电脑室,连续资助5年。2018年8月,在第二届"先星—上财奖学金"颁发仪式上,曹东勃鼓励这些即将走出大山的农村娃,永葆上进之心、好奇之心、感恩之心,永葆读书人的本色,乐于去观察、体悟、研究、改变这个世界,而不要被外面世界的精彩所淹没和吞噬。叮嘱他们不论身在何处,只要心怀对乡土的依恋,就一定能回报家乡、造福桑梓,做出自己的贡献。2018年9月10日,首个"先星—上财微机室"在元阳县上新城中学揭牌,共耗资20万元,购买台式电脑一体机45台,受益师生828人。

二是调动一切力量,合力帮困助学。2019年1月,曹东勃联系上海财经大学金融学院教授、博士生导师金德环带队的上海财经大学1979级校友访问团一行,到元阳县新街镇抛竹寨小学捐赠价值2.4万元的体育器材与图书,前后发送了近50个快递包裹。在简单而庄重的捐赠仪式上,金德环教授作为校友代表,勉励孩子们要敢于追梦、勤于读书、善于学习,在阅读中开拓眼界、增长见识,为将来回报家乡和建设祖国打好坚实基础。在随后举行的教师座谈会上,校友们向9位乡村教师发放慰问金,并听取他们关于当下学生成长过程和课堂教学过程中遇到问题与挑战的汇报。校友们从自身成长阅历和教育发展规律等角度对乡村老师加以鼓励,希望他们始终以学生为本、在促进学生健康成长的过程中实现自己的人生价值。2019年2月,牵线上海财经大学商学院钟鸿钧老师与元阳县红十字会对接,捐资1万元资助两名困难高中生完成学业。

三是瞄准义务教育,改善课堂教学。2018年8月,上海财经大学外国语学院副院长赵珂教授、李健副教授、程倩博士一行赴元阳,对全县180位英语教师进行了中学英语师资培训。专家们为学员量身打造了《语音、听力和口语教学》《阅读与语法教学》和《英语教学与教学研究方法》三门课程,从英语基础知识、技能和教学方法进行了全面密集的授课培训。同时,曹东勃也充分发挥自己作为"上海市教学能手"

的专业优势，多次与中小学一线教师交流分享改进课堂教学的经验和思路，还在2018年11月举办的全县教师教学比赛中下场点评并上示范课，与不少一线中小学教师和校长成为好朋友。

四是关爱留守儿童，开展德育培训。通过一段时间的调研观察和与基层一线教师的座谈交流，曹东勃了解到，中小学班主任作为义务教育阶段青少年德育一线工作者，迫切需要针对元阳县人口大量外出务工形成的严重的留守儿童问题开展相关的心理疏导和思想教育培训。他起草完成《提升元阳县中小学班主任及骨干教师育德意识和育德能力培训活动方案》，联系学校党委学工部的全力支持。2019年3月，校党委学工部长倪志兴带队，具有心理咨询资质的专家型辅导员一行6人来到元阳为全县中小学班主任和德育副校长开展专题培训，并到乡村中小学与一线教师现场交流。

五是关注高中教育，开拓学生视野。2019年1月18日到22日，来自元阳一中、元阳高中的10名高一学生赴上海财大参加财经素养冬令营。上海财经大学创业学院主办的本次冬令营，为学生解决往返交通和上海期间食宿。这是元阳县中学生首次参加该项活动。本次冬令营由中国财经素养教育研究中心、兴全基金主办。来自全国各地的中学生经过层层选拔，参加了本次冬令营，体验了一场精彩的财经之旅。形式多样的财经课堂展示方式，全面激发了中学生学员的学习兴趣。财经素养教育是创新创业教育最重要的一环，是创新创业教育的根基。通过走访上海财经大学商学博物馆，了解中国钱币、税票等的发展历程，拓宽了财经视野。

深入调查开展工作研究，讲好元阳故事

挂职以来，曹东勃遍访全县14个乡镇，深入义务教育均衡发展评估重点关注的90余所乡村中小学中的40余所学校调研。每到一地都做到"三个一"：到教室听一堂课、与骨干教师开一场座谈会、同校领导谈一次心。调研的过程，也是加强对乡村教育发展面临困难的直

观感受的过程,更是对相关问题形成深入思考的过程。

在研究中工作,在工作中研究,把工作做成研究,把研究变成工作,是曹东勃始终坚持的方法。他申报的《依托农民丰收节传承优秀传统农耕文化研究》课题,获得2018年度教育部定点联系滇西专项课题立项资助。

2018年7月以来,他坚持撰写了4万余字的工作日志,并围绕脱贫攻坚特别是教育扶贫,先后在《文化纵横》《农民日报》《中国教育报》《解放日报》《文汇报》《中国青年报》《中国旅游报》《组织人事报》《新京报》《经济观察报》等传统媒体和澎湃新闻、上观新闻、腾讯·大家等新媒体发表文章40余篇、累计16万字,大力宣传了元阳脱贫攻坚特别是教育扶贫的成就、经验、模式,也如实反映了亟须补齐的短板、存在的困难和不足,产生较强社会影响和对元阳发展的关注,受到教育部滇西挂职总队和红河州中央定点单位扶贫临时党支部的肯定。其中,2018年9月10日教师节当天发表在腾讯·大家的《留住老师,帮帮孩子》,引发不少乡村教师或有过农村支教、挂职扶贫等经历同行的共鸣,获得第三届全国高校网络教育优秀作品推选展示活动三等奖。

2019年2月,曹东勃被州政府抽调,参加红河州中央定点单位临时党支部与州扶贫办联合组建的调研组,对红河、元阳、绿春、金平、屏边、泸西6县的中央单位定点帮扶情况实地调研,作为主要执笔人之一完成调研报告《统筹资源、凝聚力量、创新举措,助力打赢打好脱贫攻坚大会战——红河州中央单位定点扶贫工作调研报告》。3月11日,中共红河州委主要领导同志在报告上批示:"此调研报告详实深入。我州中央单位定点扶贫工作有力、有效、有特色,充分彰显了习近平总书记的重要批示精神。希望新的一年加强沟通协调,加大工作力度,共同奋力打赢全州脱贫攻坚大会战。向我们所有中央定点扶贫单位表示感谢,向所有挂职干部表示问候。"

引介学界资深专家教授,开展智力帮扶

一是为全面提升全县干部职工防控金融风险的能力,2019年1月

14日,元阳县举办《中国资本市场现状、趋势与改革方向》专题知识讲座。上海财经大学金融学院原副院长、教授金德环授课。现场听讲的干部普遍表示,尽管处于贫困山区,但脱贫攻坚离不开资本要素的介入,而作为部门领导,也迫切需要了解这方面的基本知识,提升自己的财经素养。

二是为提高元阳县小微企业人才的业务技能和实践水平,营造小微企业就业稳定氛围,增强企业营销管理和实践能力,促进全县旅游服务质量的提升,2019年1月24日到26日,邀请上海财经大学商学院副院长、创业学院执行副院长刘志阳,中央财经大学商学院党委书记葛建新,江西财经大学创业学院院长刘彪文等四位教授到元阳县"元阳创业·梦圆梯田"企业主管公益培训活动开展专题授课。专家们围绕"2019展望与蜗牛创业心法""创业思维与不同产品—市场格局下资源获取策略""创业选择与企业成长""'0'资金创业"等主题进行了深入讲解,并深入相关企业考察和现场指导,深度调研元阳梯田旅游与生态旅游发展情况。

三是为深入学习领会贯彻落实中央关于农业农村现代化、乡村振兴特别是脱贫攻坚的一系列重要政策精神和决策部署,2019年3月19日,邀请到华东理工大学三农问题专家曹锦清教授一行来元阳县调研考察,并为全县党政领导干部做专题讲座。

投入真情实感亲力亲为,落实挂包责任

2018年以来,我校前后几任挂职干部都积极参与到脱贫攻坚挂包帮工作中,对口帮扶攀枝花乡勐品村、苦笋寨的7户贫困户,多次深入该乡开展脱贫攻坚工作调研,并一一走访慰问挂包贫困户,送去米面油和被褥毛毯等物资,与乡村干部及农户共同研究脱贫工作方案。按照县总工会的安排,他还挂包1户贫困职工家庭。此外,积极参与全州脱贫攻坚"百日行动",并作为县级督查组的副组长,多次到攀枝花乡开展督查工作。

挂包户攀枝花乡勐品村白永忠家人口较多,共有8人。在得知春节期间外出务工子女回家后居住条件紧张,正在新建房屋而缺少钢筋水泥等物资支持以致施工进度较慢的情况后,曹东勃决定以个人出资购买水泥的方式,帮助该贫困户尽快在雨季前完成房屋建设,以免影响后续的外出务工。2019年2月28日,曹东勃来到攀枝花乡供销社,出资1 200元购买3吨水泥,送至白永忠家,解了燃眉之急。

团结广大同事形成合力,帮忙而不添乱

按照县委县政府的安排,挂职干部也积极配合相关工作安排,在工作任务繁重时,帮助其他领导"补台"参会或参与公务接待、调研考察活动。2018年以来,我校挂职干部先后参加各类会议数十场,参与来自全国各地以及省州的调研考核陪同接待近数十次;积极开展基础教育、职业教育的调研和指导,积极推动教育部东西部职业教育协作计划在元阳县的实施,并配合分管教育的副县长积极开展义务教育均衡发展的调研和检查工作等。

2019年是上海财经大学对口联系帮扶元阳县的第7七个年头,总结与反思以往对口联系帮扶的过程,我们认为,在如下四个方面还存在一些困难和问题。

一是脱贫攻坚进入冲刺期,需要进一步提高政治站位,举全校之力提升帮扶能级。根据教育部2012年相关文件精神,我校并不承担具体的定点帮扶任务,尽管如此,学校多年以来始终以强烈的使命感和责任感全力支持挂职干部拓展帮扶范围和开展相关工作。但相对于2019年红河州全州脱贫、元阳县较原计划2020年提前一年脱贫的目标而言,学校现有的帮扶力度和能级还有进一步提升的空间和可能。

二是面对义务教育均衡发展国家评估的严峻考验,需要在软硬件方面加强针对性帮扶。元阳县45万人口中有14万人口常年外出务工,其必然结果是产生大量的留守儿童的教育、管理问题和严峻的控

辍保学难题。此外,全县近 300 所中小学也普遍存在图书、设备等硬件设施的短缺。2019 年 10 月将迎来国家义务教育均衡发展评估,这是年底脱贫考核省级评估的一票否决项。在此之前,需要汇聚各方面力量开展针对性的补短板,学校在这方面还可大有作为。

三是在消费扶贫、智力扶贫、决策咨询帮扶等方面还有很多文章可做。首先,目前我校的消费扶贫举措仅限于工会每年春节前作为教职工福利而集中采购的红米,金额在 12.5 万元左右。实际上元阳县还有大量的农产品可供进校园、进食堂选用,这需要相关部门的实地考察对接,在综合考虑食品安全、运输成本的基础上,研究其具体可行性。其次,在智力帮扶方面,传统的干部培训项目内容、形式可以进一步创新,从综合式向专题式拓展,增加学习培训的深度广度;也可以鼓励支持校内知名专家学者到元阳县开展领导干部前沿知识讲座,形成品牌。此外,有必要前瞻性地针对元阳县脱贫攻坚与乡村振兴相衔接的需求,引介校内三农、城市经济、马克思主义等学科专家团队来此开展决策咨询研究,为县域经济、社会、文化发展贡献智慧。

四是在开展学生支教和社会实践活动方面还面临着一定的政策瓶颈。事实上,很多高校的挂职教师与研究生支教团是被安排在同一个县的。这非常有利于师生共同开展教育扶贫工作,也更有利于树立学校帮扶品牌,凝聚各方面力量。然而,我校挂职干部所在地在云南元阳县,研究生支教团所在地在贵州道真县,这种状况的存在有其历史原因,也应当得到尊重。但是否能够请上级部门帮助协调,在元阳县也设置一支研究生支教团,以便师生形成合力,做好对口联系帮扶。

高校对口联系进行教育扶贫、智力帮扶,使命重要而光荣。2019 年是元阳县脱贫攻坚的决胜之年,在脱贫攻坚的最后阶段,上海财经大学将一如既往地以高度的政治责任感,为元阳县早日打赢脱贫攻坚战作出应有的贡献。一是在下半年持续做好元阳县优秀中青年干部培训班,精心设计课程内容,让受训学员学有所获;二是全年大力引介校内专家学者等相关智力资源,来元阳开展义务教育阶段教师业务能力培训和为全县党政领导干部开展专题讲座;三是继续做好先星—上财奖学金发放工作和先星—上财电脑室的建设工作;四是充分发挥挂职干部的特长优势,在教师教学能力提升和元阳经验、模式的宣传、传播和推广上,产生更好效果。

总之,上海财经大学将以严管厚爱的态度和原则,要求挂职干部继续以对党和人民高度负责的态度,牢记使命,奋发有为,以忠诚干净担当的实际行动,尽心尽责做好各项工作,进一步学习贯彻落实习近平新时代中国特色社会主义思想,在思想观念上"更新换代",能力素质上"升级换挡",工作方式上"提质增效",为元阳打赢脱贫攻坚战和教育扶贫事业作出新贡献。

就挂职扶贫、基层工作答观察者网记者问

江西"90后"女副县长被提前免职；

云南绥江县两名基层女干部因拒绝组织提拔而被严肃处理；

湖南公布减轻基层负担实施方案，不得要求基层事事留痕；

……

近期，基层治理中的一些现象引发了公众热议。对于文山会海以及事事留痕的要求，基层干部们有何看法？随着越来越多的90后选择成为"选调生"，年轻血液能为基层带来怎样的变化？教育部第六批滇西挂职干部、上海财经大学曹东勃老师的见闻或许能为我们提供参考。

【采访／吴立群】

我们挂职干部所能做的，就是多往基层跑

观察者网：您之前在云南省元阳县挂职，深度参与脱贫攻坚。元阳县脱贫主要依靠的是什么产业？您能否为我们介绍一些您在一线岗位上参与的项目以及收获的经验？

曹东勃：谢谢。我是去年7月由所在单位上海财经大学派出，作为教育部第六批滇西挂职干部，前往云南省红河哈尼族彝族自治州元阳县挂职扶贫，现已结束一年的挂职工作，返回原单位。元阳县位于滇南，是典型的集边疆、民族、山区、贫困四位一体的国家级贫困县。

县域面积2 200多平方公里,人口45万,世居哈尼族、彝族、汉族、傣族、苗族、瑶族、壮族七个民族,其中少数民族人口占90%,是红河州的贫中之贫、困中之困。

我们刚刚开始精准扶贫工作的时候,整个建档立卡贫困户是18万人左右,总人口的三分之一以上。去年一年的进步最大,从11万人降到目前的68 000人左右。剩下的都是硬骨头,但是我们有信心如期完成脱贫任务。

元阳的主要产业仍然是农业,这是它山区经济的区位条件决定的。但这里的山地农业又并不是简单的传统作物种植,根据海拔梯度以及由此带来的温度差异,也呈现出不同的样态。低海拔地区,种香蕉、芒果等热带水果和冬早蔬菜;中海拔地区,种梯田红米和温带水果;再往高海拔地区,就可以种喜凉耐寒的一些中药材如板蓝根等。偶尔有一些加工业,主要是围绕当地的这些特色品种展开的。

我这一年里,主要是协助分管教育工作,并具体负责学校对县里开展教育扶贫、干部培训的一些项目。除了努力落实和完成好"为贫困地区开展咨询研究、文化艺术下乡、干部师资培训等方面工作"的基本要求之外,也在智力扶贫、教育扶贫、文化扶贫等多个领域作了一些探索:

从学校各部门争取43.5万元用于奖学助学、资政修志、党建创优、消费扶贫;在教育部支持下,争取雨润基金105万元,用于一个乡镇中学学生校舍建设项目;联系学校继续教育学院继续开展全县优秀中青年干部培训班,受训干部50名;为党政机关和中小学校上党课、公开课、示范课六次;调研学校45所,召开师生座谈会十余次;协调校内外专家学者就全域旅游与乡村创业、金融风险防范、脱贫攻坚、中小学教师育德意识与育德能力提升等主题开展干部、教师培训,覆盖人数800人次;联系捐赠中小学图书、体育器材价值24 000元;联系捐赠资助高中困难学生10 000元;此外,坚持深入基层开展调查研究,倾听乡村教师心声,凝练脱贫经验,讲好脱贫故事,在主流媒体和新媒体发表文章40余篇计16万字。

至于说工作上的经验，实在谈不上。背后都是组织上和同事们的支持，我们挂职干部所能做的，就是多往基层跑，多到乡、村去发现真正需要帮助的人和项目，把资源对接好，不让时光虚度。

观察者网：元阳梯田是红河哈尼梯田的核心，在多年前即被列入世界遗产名录。您能否为我们介绍一下目前元阳梯田旅游资源的开发情况？

曹东勃：哈尼梯田的确是元阳最知名的一张名片，也是以哈尼族为主体、各民族同胞至迟从唐代开始、历经1300多年自强不息、辛勤耕耘的产物。我们置身千级阶梯的壮美梯田风光之中，千万不要忘了，这绝不是单纯的风景，而是处处镌刻着人的奋斗精神，所以哈尼梯田既是全球农业重要遗产、更是世界文化遗产，是记载着农耕文化、农耕文明的活态的遗产。

我这里说的"活态"的含义就在于，作为遗产，一般都是指作古之物、无生气之物、陈列在博物馆中之物，而梯田是活的，1300年间，只要有一年停止劳作，美丽的梯田风光就会抛荒为一片黄土。因此我们一方面感恩各民族先祖顽强的创造力，另一方面也感恩今天哈尼族人的持续守耕与传承。

世界文化遗产的帽子既是一种荣誉，是一种无形资产，运用得当能够给当地百姓带来实实在在的脱贫助益，但同时也是一种沉甸甸的责任，做得不好，也可能吃祖宗饭、断子孙粮。元阳哈尼梯田在去年获得了环保部颁发的全国第二批"绿水青山就是金山银山"实践创新基地，就是要按照新发展理念，严格执行《世界文化遗产公约》和《中华人民共和国文物法》，推进哈尼梯田保护利用和生态环境建设，持续探索哈尼梯田保护性开发、规范性建设、科学性利用、持续性发展。

这里面最重要的是做好农耕文化的传承与保护。前不久出版的《习近平关于"三农"工作论述摘编》一书中，专门有一个专题是关于农耕文化的。哈尼梯田的核心奥秘就在于"森林、村寨、梯田、水系"的四素同构，它的背后是一种深刻的农耕文化传统。元阳的森林覆盖率始终很高，大家都有坚决保护好森林、村寨、梯田、水系的共识，也充分利用梯田"四素同构"的优势,发展农旅融合、文旅融合、产村融合,提升乡村旅游和休闲农业的品质,提高农业附加值。

在产品上打造"元阳红"梯田红米等优质品牌,在文化上充分挖掘哈尼民族文化内涵,结合各村寨不同的发展条件,差异经营,优势互补,满足不同层次的消费需求。而且梯田一年四季,景色各具特色。诚然,秋收过后到开春三月的灌水季最受游客青睐,波光粼粼,在不同时刻的阳光照射下,反射出五光十色、七彩斑斓的美景。但八九月间的滚滚稻浪、四五月间插秧时节的满目青山,也别有一番风味。大概只有六七月份,即便山上也有些炎热,除此外简直是真正四季如春的绝佳旅游目的地。仅今年春节期间,元阳哈尼梯田的旅游收入就突破了1个亿。应该说,是很受大家欢迎的。

80后、90后在基层表现如何

观察者网:现在各地都在党中央的号召下展开"不忘初心,牢记使命"的教育,您觉得在基层应如何扎实地进行相关教育工作,而不使之流于形式?

曹东勃:我觉得这是非常及时的一次主题教育。实际上在将近两年前的十九大报告中,就已经明确提到要开展这个主题教育了,十九大报告的主题中就有"不忘初心、牢记使命"几个字。这次主题教育明确提出"以县处级以上领导干部为重点",这是颇有深意的。今年六月,在我挂职结束前,县委组织部的同志请我去参加他们的支部主题党日活动,邀我讲点体会。我当时刚刚读完《习近平在正定》这本书,就结合读后感想,谈了点体会。实际上,对于基层干部来说,不忘初心、牢记使命,就是要做到既要干净,又要担当。

既要干净,又要担当,是中国共产党在其革命、建设、改革征程中对各级党员领导干部的一贯要求。新中国成立后,针对如何在执政条件下保持革命本色,毛泽东同志尖锐指出,我们共产党人不是要做官,而是要革命;我们的责任,是向人民负责。全心全意地为人民服务,一刻也不脱离群众；一切从人民的利益出发，而不是从个人或小集团的利益出发。

改革开放新时期，"三落三起"的小平同志复出伊始便郑重表示，出来工作，可以有两种态度，一个是做官，一个是做点工作。谁叫你当共产党人呢，既然当了，就不能够做官，不能够有私心杂念，不能够有别的选择，应该老老实实地履行党员的责任，听从党的安排。

习近平总书记则以他厚重的人生阅历和从政实践，诠释了一个共产党员在不同的领导岗位上始终"不忘初心、牢记使命"。在梁家河的七年知青岁月里，作为大队书记，带领村民们发展生产、改天换地，建造了陕西省第一口沼气池。他是最后一个离开的知青，临走的时候流下热泪，因为他牵挂着乡亲们，想带着乡亲们过上更好的生活。

在正定县的三年奋斗岁月中，作为县委书记，他带领全县干部群众改革创新、走出了一条半城郊型县域经济发展的新路。当时《河北青年》杂志记者周伟思曾在采访这位30岁的年轻县委书记时，开门见山地抛出一个敏感问题："你为什么放弃北京机关里的条件，主动申请到一个小县城做基层工作？"习近平回顾了他的插队生活。他说自己忘不了那七年中看到的农民的艰辛和农村的一切，重下基层去"接地气"的渴望越发强烈。他的目的很简单，就是要改善老百姓的生活和改变贫穷落后的面貌，身体力行地做实事。

正因为有这股子信念和底气，他敢于为民请命、以人民为中心，协调上级部门减免掉2 800万斤的粮食征购任务，甩掉了"高产穷县"的帽子；他敢于顶住压力不搞"一刀切"，采用先试点示范、再逐步推开的方式改造"连茅圈"，避免运动式治理带来的后遗症；他敢于推出"六项规定"，向官衙作风和形式主义开刀，推行"无会日"，把基层干部从繁琐的文山会海中解放出来。

这份从梁家河到正定县的初心和热血、从大队书记到县委书记的使命与担当，一直延续着、贯穿于此后的各个阶段，也为今天以县处级以上领导干部为重点、在全党范围内开展的这场"不忘初心、牢记使命"主题教育树立了标杆。今天的乡镇干部，能否像当年的大队书记习近平带领社员建沼气池那样,为了改善老百姓的生活状态,废寝忘食、身先士卒?今天的书记、县长,能否像当年的县委书记习近平为了引进人才而求贤若渴、大半夜跑到外省城市去拜访专家,寻访不到就带着秘书在小区里高喊名字,直至找到为止?今天的基层干部,面对"厕所革命"等可能在执行过程中产生一刀切等运动式治理的问题时,能否有当年的习书记面对"连茅圈"治理时顶住压力、坚持实事求是的勇气?面对文山会海、请吃应酬等不胜其烦的形式主义、官僚主义怪象时,能否有当年的习书记坚决治理官衙主义、给基层减负的决心?这些都是值得思考的问题,应该努力的方向,也是这次主题教育应当攻克的地方。

观察者网:越来越多的高校学生在毕业后选择当"选调生",在您的工作中是否也遇到过这样的例子?您觉得选调生越来越热的原因是什么?

曹东勃:最近这些年,高校毕业生在毕业后到基层工作或从事志愿服务的平台和选择越来越多了,这是一件好事。我专门谈过"三下乡≠上山下乡",除了本科毕业后选择报名"研究生支教团"这种到西部边远地区支教一年的形式(结束后回校读研),还可以选择报名"西部计划志愿者"的方式,直接到西部基层政府或事业单位志愿服务一到两年,这带有准就业的性质,结束后可能留在当地,也可能另去他处。但无论怎样,这两种方式,都会在一个青年的成长过程中留下宝贵的人生阅历和经验。

选调生的历史比研支团还要早一点,而且不局限于西部、边远、基层范围,理论上讲,参加者也可能被选调到城市甚至省城的政府机关中工作。只不过,近些年来从上到下更加重视基层,所以一般情况也都是要先把选调生放到基层岗位锻炼一段时间,再根据具体表现决定后续的去向。

无论是报考选调生、西部计划还是支教团,都是学生个人的自主选择,无可厚非。我也遇到一些同学会在这些人生选择的问题上跟我交流,究竟要不要先去乡镇?将来回来的话,究竟要回A单位好,还是

B单位好?我都会帮他们客观分析。我觉得这些考量都无伤大雅。最重要的是,个人确实得到了锻炼和成长,国家确实培养和拣选了人才,百姓确实得到了实惠,那就可以了。

观察者网:最近一段时间,我们常能看到一些90后挂职县长上新闻。而有一些公众也会质疑,这么年轻能做好工作吗?对于这一现象您怎么看?

曹东勃:我注意到一些报道了。需要区分两种情况,一种是借助于某种特权,没有经过合法程序,抑或表面上经过了合法程序但事实上经不起深究的,这类例子有不少报道其实也已经有了后续的处理结果,这里不去讨论。

我想说的是另外一种情况。我们在认识上形成对这种世代的观念,其实时间并不算长。80后可能是这样被指称(或指摘)的第一代人,当然一旦人们开始接受这种分类方式,不仅会向后延伸,也会向前追溯到70后、60后等等。

但是一方面人们会大惊小怪,以至于每隔一段时间就惊叹"英雄出少年":汶川地震的时候再没人说80后是"小皇帝""垮掉的一代",似乎一夜之间扛起了家国重任,最近十年间,很多急难险重的救灾现场、不少科技攻关的紧要关头,也都能看到90后的身影,人们也会一改先见,大加好评。其实这都很正常,到了这个阶段、放在这个岗位,很多行为就是理所当然、很多情感就是油然而生,毫无必要棒杀或捧杀。

另一方面,人们的记忆太过深刻,时不时还会表露出"Ta还是个孩子呀"的怀疑心态。比如去年11月份那位一夜爆红的80后乡党委书记,就是因为人们很难把80后、白发、乡党委书记、拟任县政协副主席这些关键词串联起来,非要觉得违和:80后不是很年轻吗?怎么会这么显老?这么年轻怎么就提升县政协副主席了?一定要么是年龄造假,要么是有别的什么问题。后来真相大白,没有一件怀疑是靠谱的,人家就是地地道道的扶贫工作成绩突出的一个80后乡党委书记,而且严格按照脱贫之前可以提职但岗位不动、不脱贫不离岗的要求,只是职务级别上提为副县处级,还要继续兼任乡党委书记,带领全乡人民脱贫。

这种例子还有很多,我们县有一位乡党委书记因为工作突出被提拔和兼任县委常委,我们州也有一位县委书记被提拔和兼任州委常委、另一位县委书记被提拔和兼任州政协副主席,但他们的工作岗位都没有改变。其实,80后、90后都奔四、奔三了,真的不小了。在我所挂职的县,县委、县政府班子里,80后就有五位。在委办局和科级层面,90后脱颖而出的很多。他们很多都是经过不同县市、不同岗位的锻炼,有丰富的基层工作经历。所以我觉得还是不能简单地以年龄论高下,关键还是看能力、德行是否与工作岗位的需要相匹配。

基层工作是一座富矿。选调也好、交流也好,如果没有这些制度安排和组织的信任、重视,个人可能一生都未必有机会跨越几千里路,饱览大好河山,感知不同的地域、民族、风俗,提升自己的本领。基层是一本大书,实践是一座熔炉,你可以在这里学会面对和处理复杂局面,学会与人打交道,学会理论联系实际。任何时候不能放弃学习,脑子要始终高速运转,把工作变成研究,把研究做成工作,在工作中研究,在研究中工作。

年轻人应该珍惜和把握住这种机会,多向身边的领导和同事学习,多向基层工作的"老法师""明白人"请教,多往下面跑一跑,听听你的服务对象的需求和难处,尽力地帮助他们排忧解难。就像总书记所强调的那样,越是机关工作人员,越应该不断自觉提醒自己要下基层、接地气,这样你对真实中国的理解才能更深,对基层工作者政策执行过程中的不易才会理解更透,反过来才会在机关的政策制定过程中更加注重基层视角、避免拍脑袋决策。

基层工作会议的强度和工作量超乎想象

观察者网:文山会海、任性问责、一票否决、频繁检查、精准填表……近年来,形式主义在基层不断被吐槽,却仍有蔓延之势。您在基层工作时,是否也有这样的体验?您觉得对于基层形式主义的某些现象,有何破解之道?

曹东勃: 这点的确是有体会和同感。我看了一下这一年的工作日志,最密集的时候大概每天都在开会。有的会是要做出决策和部署工作的,有其必要性。而且这类会议的强度和工作量之大也超乎想象,比如政府常务会通常两周一次,有需要的时候还会临时加场。最忙的一次,政府常务会的议题多到50几个,那几乎是整整一天屁股离不开椅子。为了应对上级的各种一票否决和检查督查的要求,基层政府也只能一石多鸟、会中套会,专题研究相关工作,留下痕迹,便于备查。

县级政府不同于同一级别的其他单位,它实际上是国家治理体系中的重要枢纽。所以一个条线部门的处级干部,可能都未必有机会"开如此多的会议",但是同级别的县级领导,各种会议都会找上他们。某些重要的工作会议,为了把责任压实,会一直把视频会议开到县级层面,比如非洲猪瘟防控、校园安全检查等等。那么中央的会议开完后,省级的就要接着开,然后是州市的再开,一环套一环地往下开。这类会议效率是比较高的,讲的也都是干货。

还有一类会议的"含金量"就打了折扣,明明可以借助通信技术手段通过视频就能够开好的会议,一定要把各县市的领导干部召集到州府所在地去开会,会场也没有讨论,只是领导讲话布置工作,讲完就散会。很多边远县市从山沟沟里坐车绕着盘山公路几个小时赶过来,虽然一句话不说,但这种现场聆训的感觉,正是主办方想要的那种"领导重视"。因而此类鸡肋会议也是始终存在。

除了这种开会,还有来自条线和地方的各种考核、督导、督查、调研,这里面总不免有一些重复性的、低效率的事情,给基层的日常工作造成一些影响。以前人们总是抱怨"上有政策,下有对策",实际上这个话现在要中性地看,基层有的时候之所以要不得不"有对策"、搞变通,也是迫不得已,很多事情不得不同时顶着多个帽子来做,一石多鸟,否则难于应付铺天盖地的各类要求。所以这两年"上面千把锤,下面一颗钉"这句话得到更多的认同,也得到上级的理解。它的基础是我们这样的五级政府格局下,县级及以下是根本,是"上面千条线,下面一根针"。这种复杂形势下,一旦出现形式主义,会产生严重的"中梗阻"后果。所以中央下决心要解决这个问题,真的很有必要。

我觉得作为基层干部,经常在思想观念、生活学习作风上检视自己,通过"不忘初心、牢记使命"主题教育,是一种很有必要的净化灵魂、改变思路、更新观念的必要形式。关键是把自己、把本职工作"摆进去",对照同领域的最好标准来"找差距""抓落实"。少签一些除了转移责任之外别无价值又很难落实的责任状,少搞一些拍脑袋、一刀切的运动式治理、泛滥成灾的一票否决和虚头巴脑、大而呼隆的考核。严格落实好中央对于为基层减负、治理文山会海的各项文件精神,简化考评体系,相信一些现状是会得到改变的。

后　记

2019年6月中旬,我结束了为期一年的滇西扶贫挂职工作,卸下云南省红河哈尼族彝族自治州元阳县人民政府副县长的职责,返回上海。这段经历,注定会在我的人生中留下深刻的印记。

心在远方

2018年6月底,我接到正式通知,7月初启程赴滇。名单是6月19日上报的,实际上组织动员和谈话差不多在5月初就开始了。那时我正忙于应对市里的教学竞赛,最终获得一等奖。随后的全国决赛候选人选拔赛中,惜败于另一位老师,因此也就不存在7月和8月间参加市教委统一组织的集训,以及代表上海参加8月底的全国赛了。于是我知道,组织的召唤和去滇的脚步更近了。

整个6月,都有一种争分夺秒的感觉。倍加珍惜在学校里的每一分每一秒,与家人在一起的每个瞬间;不想放过任何一次参与学生活动的机会;给本科生和研究生上的最后一次课都比以往花了更多的备课时间,只因不想留下遗憾。

儿子9月份就要入园,班主任老师发来短信说7月初来家访,我说能不能请老师安排再早一点呢?连着两个周末我带儿子去游乐园,有一天下很大的雨,我说还是去吧,不然下次还不知道要隔多久。那次跟他在室内游乐场里滑了不下50次各种滑梯,几个小时走了14 000多步。临走前给他提前理了个发,虽然还没到剪头发的时候,等不得了。从他出生以来,差不多每个月剪一次,都是我的手艺。

学院的毕业晚会上,曲终人散。唱了两首老歌,张学友的《祝福》,蒋大为的《敢问路在何方》。

其实,在此之前的2018年3月,我和两位同事就随校领导去元阳看望我的前任挂职干部袁海萍同志。途中领导半开玩笑问我们,有没有兴趣来接替海萍。说实话当时我并没有认真考虑。我惊讶的是,同行的两位看似柔弱的女老师,此前都有过一年西部支教或挂职的经历。这是我身边的榜样。

前几年,作为评委参加学校研究生支教团和西部计划志愿者遴选,每每感动于不少学生成绩很好,绩点很高,直接保送研究生也有绝对的把握和竞争力,但他们就是希望先去边远山村服务一年,再继续学业。真的是非常纯粹,敢于追梦,乐于奉献,没有半点功利心。这是95后学生给我上的生动一课。

如果我始终只是作为一个年长者,停留在被学生感动的层面上坐而论道,恐怕久而久之也会流于浅陋和虚伪。

能够作为学校前后7年对口联系帮扶云南元阳的关键一棒,作为一个新云南人,在那片美丽的土地上,在新中国成立70周年的时刻见证贫困地区精准脱贫的历史行程,何尝不是一种莫大的光荣?

我对云南并不陌生。2010年初,我读博三,正逢云南大旱,跟着上海市政府发展研究中心团队,飞越2 000公里,去做昆明水务十三五规划。那是我第一次去云南。

我对农村更不陌生。之前在华东理工大学工作时,跟着曹锦清先生和熊万胜老师等同事一道,每年都带学生走入田野,支教、调查,充实得很。

上海财经大学的校训是经济匡时，姚耐老校长在1954年给毕业生的题词是"一切为着建设祖国"。新中国成立之初百废待兴、经济建设急需人才，我们有一两届毕业生整整提前了一年毕业参加工作，也就是只有三年学制。这固然是那个带有鲜明时代烙印的计划经济时期的某种反映，但从另一个角度说，大概也是对"一切为着建设祖国"的一种诠释和"经济匡时"校训的一种体现。

"到西部去，到基层去，到祖国最需要的地方去。"这话不能总是对学生说，现在也要对自己发问，对自己言说。有个老歌唱的是"祖国要我守边卡，扛起枪杆我就走，打起背包就出发"，从一纸通知到"靴子落地"的倒计时节奏中，我也体会到了那种"打起背包就出发"的紧迫感。

路 在 脚 下

精准脱贫是十九大报告中明确宣示的2020年前必须打赢的三大攻坚战之一。"两不愁三保障"，即不愁吃、不愁穿，义务教育、基本医疗、住房安全有保障，其中的教育扶贫正是斩断贫困代际传递的根本路径。在这方面，教育部滇西挂职扶贫这项工作，具有独特优势。

2018年7月5日，我来到云南省红河州元阳县，正式开启我的滇西挂职扶贫之路。我们作为教育部第六批滇西挂职干部，由60多个部属高校和部属事业单位派出。具体又分为两类，一类叫做"定点帮扶"，多是一些综合性、理工类高校；另一类叫做"对口联系专项帮扶"，主要是诸如师范、政法、财经、外语等专业性、文科类高校。定点帮扶单位要在产业、科技、医疗、教育等多方面全面帮扶；对口联系专项帮扶单位的工作重心主要是做好贫困地区干部培训、文化下乡、智力帮扶等方面。就此而言，我的"额定"工作压力是要小于那些定点帮扶高校的"挂友"的。

然而我这个人从小到大有一个习惯，越是在没有压力或压力较小的时候，越能有种自我折腾的劲头，用好这个自由度来自我规划，做好规定动作之余,只争朝夕地做好自选动作。这一年的扶贫挂职生涯,基本是这一经验模式的再现。我珍惜每一天的工作体验。一有时间,就招呼上办公室的同事一起去下乡调研,在与乡村教师、留守儿童、乡镇干部的频繁接触中,读懂社情民意,理解真实中国。

人们常说云南四季如春,不过这对于元阳还不太准确。元阳位于北回归线以南,属于三季如夏、一季如春,只有春夏、无问秋冬的地带。

2019年4月,教育部长陈宝生同志在云南与第六批滇西扶贫挂职干部座谈时,叮嘱我们三句话:第一句是,挂职,就是把自己的岗位搬到脱贫攻坚一线,在那里去不懈奋斗;第二句是,在参与脱贫攻坚战的过程中,把自己锤炼成能够"打粮食"的人而不是空谈的马谡;第三句是,希望每一个挂职干部,在脱贫攻坚挂职扶贫的过程中,谱写好值得让自己永生难忘的一段史诗。他特别强调,这一段挂职经历,要产生史诗般的记录,每一个人都是一个作者。你的心灵、身体、工作、家庭……所有这些,都作为重要的要素和影响因子参与到这个过程,如果不能产生出一段"史诗",就太可惜了,挂职就要释放自己全部的光和热,不要留下遗憾。

时间真的很快。

一年间,我跑遍了全县14个乡镇。散布在2 200平方公里的200多所学校和教学点,我去了接近50个。到党政机关、高中、初中、小学讲过党课、示范课、公开课6次,与老师同学面对面讲座、座谈多次。我跑完了若干乡镇中心校后,不认为这就是乡村教育的全部。于是就按图索骥,选了统计表格上各项指标最差的一所小学调研。来回往返行程用了8个小时,跟唯一一名乡村教师从上午十一点半谈到下午一点,没吃午饭就往回走了。他很激动,说之前没有县领导来过这里,还愿意听他讲这么长时间。那一天的山路非常难走,几次下车步行,这种下沉到底,让我看到了最边远的村小和"一师一校"的真实状况。

一年间,我直观感受到国家的幅员辽阔和国情的深刻复杂,由衷感佩于山河的宏大壮美与人民的智慧勤劳,更深切体认到教育的重要意义和扶贫的光荣使命。在协助县长负责教育工作之余,也借着替其他副县长同事分担一些事项的难得机会,熟悉了其他领域的很多工作(如第一次下到矿井了解安全生产),了解了县级党政机构运作、县域经济社会的一些特征和规律,体会到"郡县治,天下安"这个大道理背后的"事非经过不知难"。

一年间,围绕脱贫攻坚特别是教育扶贫,我写了四万多字的工作日志,公开发表40余篇报刊文章,累计完成了16万字的手稿,这便是本书的"胚胎"。虽远达不到陈部长所说的"史诗",也算不负岁月、无愧于心。

我试着以教育部第六批挂职干部的视角,对自身挂职副县长期间在农村教育、文化、产业发展等方面的所做、所看、所思加以系统整理。从脱贫攻坚的制度优势、"两不愁三保障"的两大瓶颈、脱贫攻坚的文化支撑、乡村教育的现代性工程、控辍保学的攻防拉锯、寒门学子的逆袭之道、创造希望的根本出路、永生难忘的道德修行等角度入手,尽量生动地记录一个边疆民族山区的国家级贫困县摆脱贫困的艰辛历程,也尽量完整地留存挂职扶贫干部的工作思考与经验总结。其中关于乡村教育发展的有关研究,可能对奋战在教育扶贫一线的管理者和乡村教师,具有一定的参考价值。

我来做这件事有几个有利条件:一是身份相对超然。既是脱贫攻坚的一线工作者、参与者、见证者,又是脱贫攻坚的观察者、思考者、研究者;既了解相关政策,也比较接近基层的执行链条;既"身在此山中",又具备条件尽量做到"功夫在诗外"。二是主题相对聚焦。以一县、一年为时空边界,深耕教育扶贫,兼顾脱贫攻坚的其他领域,希望能由小见大、见微知著,呈现国家层面脱贫攻坚的宏大叙事在基层落细落小落实的具体过程。三是文风相对清新。这些年来,曾先后在主流媒体和新媒体撰写发表220余篇专栏文章和评论,比较注重受众的阅读观感和体验。上述三方面的考虑或优势,也一直贯穿于本书由"胚胎"而发育生长、完善成书的整个过程。

作为一名扶贫工作者,我亲身参与到这场力度空前的脱贫攻坚战中。这样一整套稳扎稳打的顶层设计和政策组合拳,置诸于全球金融危机之后、资本主义贫富分化日益加剧的时代场域中,置诸于追求高质量发展、满足人民美好生活需要的新时代背景下,确实如中共十九大报告所指出的那样,拓展了发展中国家走向现代化的途径,给世界上那些既希望加快发展又希望保持自身独立性的国家和民族提供了全新选择,为解决人类问题贡献了中国智慧和中国方案。中国的精准扶贫实践绝不是临时性的头疼医头、脚疼医脚、救一时之急,而是始终致力于长远根本能力的培养。扶贫过程不是孤立的、被动的,而是把贫困地区作为整个社会经济发展中的重要链条甚至新增长点来看待,对不同的贫困地区因地制宜、因地施策,纳入国家整体发展的轨道。扶贫者在扶贫中不是被"消耗",而是发展、成长、壮大了自身,这既体现于个人的思想、觉悟、道德、心灵的升华和澄净,也体现于工作能力、经验、方法、作风的提高和历练。双方都在这个过程中不断强化对社会主义事业的信心,加深对社会主义本质的理解,巩固对命运共同体的自觉认同。因此这既是一场经济层面的重构,更是一场政治领域的动员和社会领域的再造。

几点致谢

一年挂职留给我的不只是一个人生的阅历,更是一笔宝贵的精神财富。在此,我想特别想表达几层谢意。

一是感谢给予我包容、接纳、培养和历练的元阳大地和红河两岸可亲、可敬、可歌、可爱的父老乡亲,感谢在工作中提供了各种支持和帮助的省、州、县各级领导,感谢教育部第六批滇西挂职总队一起并肩奋战的 60 余位"挂友"。如果没有挂职交流的制度设计,我一辈子都不会有幸跋山涉水、历练成长、横跨数千公里,见识这样壮美的名山大川、拥有这样难忘的人生阅历,能在脱贫攻坚的最后时刻身临其中、躬逢其盛、参与其中。一年滇西行,一生滇西情。云南、红河、元阳,也将成为我永远难忘的第三故乡,并从我离开的一刻起,酝酿出永不消散的新的乡愁。

二是感谢我的派出单位上海财经大学。许涛书记、蒋传海校长和其他各位领导,在这一年间始终关心惦记着我,在挂职工作中给了很多极富启发性的具体指导和建议。许书记在教育部相关部门任职期间就十分关心乡村教育特别是乡村教师的发展,他对教育扶贫和农村教育的很多洞见给我很大启发。没有组织的信任和厚爱,没有母校的领导、同事、全体师生和广大校友作为我的坚强后盾,情牵红河、心系元阳,举全校之力提供支持,在干部培训、师资培训、资源共享、爱心捐助、义务支教等方面"火力全开",将帮扶元阳作为自家之事、分内之事,这一年我也难有作为。

三是要感谢我最牵挂的家人们的理解和支持,最敬重的师长们的鼓励和帮助,以及最惦记的学生们。曾经在前两年的毕业季频繁听到一首歌,里面唱到:"你我来自湖北四川广西宁夏河南山东贵州云南的小镇乡村,曾经发誓要做了不起的人;却在北京上海广州深圳某天夜半忽然醒来,像被命运叫醒了,它说你不能就这样过完一生。许多年前,你有一双清澈的双眼;奔跑起来,像是一道春天的闪电;想看遍这世界,去最遥远的远方;感觉有双翅膀,能飞越高山和海洋。"在挂职前和归来后听这首歌,我的感觉是截然不同的。每每听到此处,几欲落泪。当我们鼓励大山里的孩子勇敢地闯荡世界的时候,我们作为北上广深的城市中人,作为承担立德树人使命的高校教师,却很有必要逆流而行、溯源而上,钻进大山,读懂真实中国,去深刻理解课堂上那些来自"湖北四川广西宁夏河南山东贵州云南的小镇乡村"中聪慧质朴的有志青年一路走来是何等艰辛。透过他们"清澈的双眼",分明能看到每天走十几里山路上学的"冰花男孩"的身影。他们值得我们去付出、去关爱,去尽绵薄之力,让城乡"同此凉热"。2018年临行时,我对学生说:"岁月催人,江湖易老,愿我们阅尽千帆,逍遥依旧,仍是少年。"而今归来,熟人相遇,总免不了调侃我两个变化:肤色黑了不少,鬓角白了许多。我笑着回应:告别"肤浅",不再"装嫩"。其实滇西挂职一年,我感觉自己"年轻"了,依然热血在胸。青春与年龄无关。牢记最初的梦想,朝着高尚、纯粹、脱离了低级趣味的理想状态永久奋斗。永葆初心，就永葆青春；初心不改，则使命必达。

四是要感谢本书写作和出版过程中以不同形式给予帮助的各位同仁。《文化纵横》《农民日报》《中国教育报》《中国青年报》《解放日报》《文汇报》《中国旅游报》等报刊以及腾讯·大家、澎湃新闻等新媒体，刊发了部分内容。复旦大学出版社副总经理王联合教授一年来的多番鼓励和大力支持，则坚定了我的信心，也促成了本书的顺利出版。复旦大学出版社资深编辑吴仁杰先生、责任编辑陈沛雪女士在书稿编校过程中颇多辛劳，提出不少宝贵建议。对上述诸位朋友，一并表示感谢。

刚工作时带教过我的杨苏教授关切叮嘱我："应该把这一年的见闻思考记录下来，不然可惜了。"我如实相告，正待整理。杨老师又问，题目想好了没有？我说，还没想好。他一拍大腿："我已经给你想好了，就叫'红河边的中国'，怎么样？"当时我就震惊了！陡然想起著名社会学家曹锦清先生2019年3月应邀专程来元阳调研考察时对我的鼓励，以及先生在20世纪末河南调研后写成、20年前出版的三农名著《黄河边的中国》。那就索性不揣浅陋冒昧、不妨斗胆比附，就把这些滇西挂职之路的观察与反思、感悟和心得，名之"红河边的中国"，为这场史无前例的脱贫攻坚战留下一个微小的时代注脚吧。

曹东勃

2019年8月

图书在版编目(CIP)数据

红河边的中国:滇西挂职行思录/曹东勃著. —上海:复旦大学出版社,2020.1
ISBN 978-7-309-14694-3

Ⅰ.①红… Ⅱ.①曹… Ⅲ.①扶贫-工作经验-云南 Ⅳ.①F127.74

中国版本图书馆 CIP 数据核字(2019)第 288471 号

红河边的中国:滇西挂职行思录
曹东勃 著
责任编辑/陈沛雪

复旦大学出版社有限公司出版发行
上海市国权路 579 号 邮编:200433
网址:fupnet@fudanpress.com http://www.fudanpress.com
门市零售:86-21-65642857   团体订购:86-21-65118853
外埠邮购:86-21-65109143
常熟市华顺印刷有限公司

开本 787×960 1/16 印张 17 字数 217 千
2020 年 1 月第 1 版第 1 次印刷

ISBN 978-7-309-14694-3/F·2639
定价:59.00 元

如有印装质量问题,请向复旦大学出版社有限公司发行部调换。
版权所有　侵权必究